natürlich oekom!

Mit diesem Buch halten Sie ein echtes Stück Nachhaltigkeit in den Händen. Durch Ihren Kauf unterstützen Sie eine Produktion mit hohen ökologischen Ansprüchen:

- 100 % Recyclingpapier
- mineralölfreie Druckfarben
- Verzicht auf Plastikfolie
- Finanzierung von Klima- und Biodiversitätsprojekten
- kurze Transportwege – in Deutschland gedruckt

Weitere Informationen unter www.natürlich-oekom.de und #natürlichoekom

Bibliografische Information der Deutschen Nationalbibliothek:
Die Deutsche Nationalbibliothek verzeichnet diese Publikation in der Deutschen Nationalbibliografie; detaillierte bibliografische Daten sind im Internet über www.dnb.de abrufbar.

oekom – Gesellschaft für ökologische Kommunikation mbH
Goethestraße 28, 80336 München
+49 89 544184 – 200
www.oekom.de

Layout und Satz: Reihs Satzstudio, Lohmar
Lektorat: Lena Denu
Korrektur: Petra Kienle
Umschlaggestaltung: Sarah Schneider, oekom verlag
Umschlagabbildungen: © Nick Schramm, erstellt mit Pixelmator Pro und WOMBO Dream
Illustrationen im Buch: S. 298 © Nick Schramm, erstellt in Kooperation mit Fa. C-Design Frau Dr. Petra Schmidt, alle weiteren Abbildungen im Buch © Nick Schramm, erstellt mit Pixelmator Pro und WOMBO Dream

Druck: Elanders Waiblingen GmbH, Waiblingen

ISBN 978-3-98726-126-8
https://doi.org/10.14512/9783987263880

Carolin Rüffert
Nick Schramm

Auf den Spuren der Freiheit

Wege in eine hoffnungsvolle Zukunft

Einsichten aus einem Selbstversuch

Inhaltsverzeichnis

III

Hoffnung – Wege in eine hoffnungsvolle Zukunft

IV

Nachwort und Anhang

Versucht,
die Welt ein bisschen besser zurückzulassen,
als ihr sie vorgefunden habt.

Robert Baden-Powell

Einleitung

Jede Utopie beginnt mit der Veränderung bei uns selbst.

Da Sie gerade diese Zeilen lesen, gehen wir davon aus, dass Sie sich die gleichen oder zumindest ähnliche Fragen stellen wie wir. Uns beschäftigt vor allem, wie wir mit unserem Tun oder auch unserem Nichttun dazu beitragen können, die Welt ein bisschen besser zu machen oder ihren Zustand zumindest nicht zu verschlechtern. Dabei sind unsere Ziele tatsächlich eher einfacher Natur. Wir sind auf der Suche nach Wegen zu einem guten, freien und maßvollen Leben, welches Wohlstand, Zufriedenheit, Umweltschutz und Humanität vereint. Wir wollen unseren Beitrag leisten, damit für heutige und nachkommende Generationen ein lebenswertes Dasein auf diesem wundervollen Planeten möglich bleibt. Dafür suchen wir nach einem erfüllten Leben, welches theoretisch alle Menschen führen könnten – ohne weiteres Ausbeuten von uns selbst und der Natur.

Unser Lebensstil soll nicht länger zu Lasten anderer gehen und unser ökologischer Fußabdruck auf dieser Erde soll mit unserem Scheiden schwinden. Bleiben soll das, was wir geschaffen haben, wie beispielsweise dieses Buch, welches Sie gerade in Ihren Händen halten. Um dies zu erreichen, wollen wir unsere Perspektive darauf ändern, was ein gutes und freies Leben für uns tatsächlich ausmacht. Dazu fragten wir uns, was wirklich wichtig ist, welche die richtig schönen Momente des Lebens sind und was mit uns passiert, wenn wir dem allgemeinen Streben nach immer mehr Geld, Konsumgütern und Highlights entgegenwirken, es auf ein maßvolles Niveau herunterfahren?

Wir begannen bei uns selbst und machten uns auf den Weg, die verschiedenen Bereiche unseres Lebens zu hinterfragen und neu zu denken. Dies brachte uns zur Idee eines Selbstversuchs. Wir wollten herausfinden, wie weit man mit 990 Euro pro Monat und Person in Berlin kommt, welchen Wohlstand ein solches Leben im Vergleich zu denen der Kaiserinnen und Könige* vergangener Tage bietet und wie sich diese Veränderung auf das Zusammenleben mit unseren Mitmenschen auswirkt.

Eines wurde uns im Laufe unseres Selbstversuchs ganz besonders deutlich: Je intensiver wir uns mit unserem gegenwärtigen Leben beschäftigten, desto bewusster nahmen wir wahr, wie einzigartig und wundervoll es ist. Dabei stießen wir auch auf größere Fragen unseres gesellschaftlichen Zusammenlebens und setzten uns mit diesen auseinander. Fragen wie: Auf welchen Werten und Grundannahmen basiert unsere Gesellschaft eigentlich? Wie ist es um unsere Demokratie und Freiheit bestellt und wofür stehen diese Begriffe überhaupt? Wie könnte ein friedliches Miteinander verschiedenster Kulturen auf unserer gemeinsamen, einzigen Erde ermöglicht werden? Eines der wichtigsten Ziele dieses Buchs ist es daher, Diskussionen und gesellschaftliche Auseinandersetzungen zu diesen Themen anzuregen oder zu erweitern. Damit wir uns anschließend die Frage nach dem Warum erlauben können und auch zutrauen.

Selbstkritisch und mit einem Augenzwinkern möchten wir an dieser Stelle noch anmerken, dass wir vom Weltretten keine Ahnung haben. Noch dazu ist allein der Gedanke an sich anmaßend. Auch hatten wir keine Ahnung davon, wie man ein Buch schreibt. Dennoch haben wir uns nicht davor gescheut, beides anzugehen.

Wir waren es leid, darauf zu warten, dass irgendjemand irgendetwas tut, deshalb haben wir uns entschieden, selbst loszulegen, uns auszuprobieren, zu schauen, was möglich ist und wie weit wir damit kommen. Mit diesem Buch möchten wir unseren Beitrag leisten für eine friedliche, freie und hoffnungsvolle Zukunft. Wir möchten unsere Erfahrungen an Sie weitergeben, mit Ihnen darüber in den Austausch kommen und sind ebenso gespannt auf Ihre Ideen und Gedanken.

Die Grafiken in diesem Buch sind ein Ausdruck unserer Gedanken- und Gefühlswelten, welche wir beim Schreiben der jeweiligen Kapitel oder Text-

* Im Sinne der Geschlechtersensibilität verwenden wir in diesem Buch, wann immer möglich, geschlechtsneutrale Formulierungen oder sowohl die männliche als auch die weibliche Schreibweise. Wenn dies einer guten Lesbarkeit im Wege steht, nutzen wir vorwiegend die männliche Schreibweise. Gemeint sind stets alle Geschlechter.

passagen vor unseren geistigen Augen sahen. Sie sind zudem ein Spiegelbild und eine Verstärkung dessen, was wir ausdrücken wollen.

QR-Codes unterstützen und erweitern diesen Effekt und führen sowohl zu weitergehenden Informationen als auch zu Musikvideos. Diese Songs haben uns während des ganzen Schreibprozesses begleitet. Sie gaben uns die Energie, dranzubleiben auf den Wegen in eine hoffnungsvolle Zukunft.

Genug der langen Vorrede, legen wir los.

I

Aufbruch – unser Weg

Und jedem Anfang wohnt ein Zauber inne,
Der uns beschützt und der uns hilft, zu leben.

Hermann Hesse

Loslassen, Teil 1

Es war einmal an einem entspannten Abend im Herbst des 243. Jahres unserer Zeitrechnung. Draußen war es windig und kühl. Wie so oft genossen wir den Moment bei einem Glas Tee und einem Buch. Wir tauschten uns angeregt über den Inhalt unserer Lektüre aus. Jedoch war Nick an diesem Abend in Gedanken versunken und hörte nur mit einem Ohr zu. Ein Gedanke beschäftigte ihn seit Tagen, er kreiste in seinem Kopf und hinterließ dabei Spuren der Freude und Demut. Er musste raus damit, es mit Carolin teilen.

Kurz überlegte er, wie er den Gedanken formulieren sollte. Er machte sich auch ein wenig Sorgen, dass dies zu verrückt sei, aber er entschloss sich, es mit einfachen Worten zu sagen: »Was wäre, wenn wir unsere Träume, Ideale, unsere Wünsche einfach leben würden?«

Zu seinem Erstaunen war Carolins Reaktion eher die einer angenehmen Überraschung, nicht, wie Nick vermutete, eine verstörte Gesichtsentgleisung. Carolins Neugier war fast überschwänglich. »Wann geht es los?«, fragte sie.

Nick erzählte an diesem Abend zum ersten Mal von dem Wunsch aus seiner Jugend, nach Berlin zu gehen, da dort einfache Möglichkeiten bestehen, sich weiterzubilden, sich weiterzuentwickeln und sich darüber hinaus gesellschaftspolitisch einzubringen. Carolin stellte nicht die Fragen Was?, Wieso?, Weshalb?, Warum?, sie war einfach nur interessiert, wollte teilhaben und sich einfühlen in den Gedanken. Es tat so gut, wie schon die ganze Zeit, in der sie sich kannten, nicht für die gesprochenen Gedanken skeptisch von der Seite beäugt oder gar verurteilt zu werden. In diesem tollen Moment fiel Nick, in Anlehnung an John Lennons Worte, ein: Ein Traum, den man alleine träumt, ist nur ein Traum. Ein Traum, den wir gemeinsam träumen, das ist Realität.

Ein paar Gedanken, ein paar Gespräche, ein paar Herbsttage später wussten wir, wir machen das. Wir leben unsere Träume und unsere Ideale. Das

Loslassen starteten wir mit den leichten Aufgaben, wir begannen uns von materiellen Gegenständen zu trennen und stellten uns die Frage: Wie viel ist genug? Wir verkauften ein Haus, an welchem viele Erinnerungen hingen, ein Auto, ein Quad und die meisten Dinge, die damit in Verbindung stehen.

Ein großes Haus leer zu räumen, führt zwangsläufig zu der Frage: Wohin mit all diesen Sachen? Ein Teil landete bei der Familie, ein Teil bei Freunden, und oft fuhren wir bei der Tafel vorbei und bereiteten somit unbekannten Menschen eine Freude. Nach Berlin konnten und wollten wir nur einen kleinen Teil mitnehmen, da einer unserer Träume eine befreite, nachhaltige und ressourcenschonende Lebensweise ist. Vor allem die Reduzierung der Wohnfläche von damals insgesamt 200 Quadratmetern war eine von uns bewusst gewählte Veränderung, welche nur eine begrenzte Mitnahme von materiellen Gütern ermöglichte.

Auch Verträge und Verpflichtungen wollten wir auf ein Maß reduzieren, welches eine Balance zwischen Freiheit und gesellschaftlich anerkanntem Wohlstand bietet.

Uns war klar, dass ein sehr schwieriger Schritt das Loslassen beziehungsweise die Veränderung der über viele Jahre liebgewonnenen menschlichen Beziehungen werden würde, welche die räumliche Entfernung von unseren Familien, Freunden, Kolleginnen, Vereinskameraden und gesellschaftspolitischen Weggefährten gezwungenermaßen mit sich bringt.

Berlin ist nur zweieinhalb Zugstunden und dreieinhalb Autostunden von unserer Thüringer Heimat entfernt, jedoch war uns bewusst, dass sich diese Verbindungen nicht in vollem Umfang aufrechterhalten ließen. Es würden neue Formen dieser Beziehungen entstehen und entstehen müssen. Am schwierigsten war und ist es jedoch, alte Glaubenssätze, Gewohnheiten und Denkmuster abzulegen.

Uns immer wieder selbstkritisch zu hinterfragen, ist eine Aufgabe, die uns das ganze Leben begleiten wird. Das deutlich reduzierte Konsumieren von materiellen Dingen und Medien machte uns diese Aufgabe jedoch erheblich leichter. Dabei fiel uns auf, dass eine Sache ganz besonders in uns arbeitete: der ständige Griff nach dem Smartphone oder Tablet. Auch dort reduzierten wir Apps und Benachrichtigungen und schafften somit mit viel Anstrengung eine Bildschirmzeit von durchschnittlich unter einer Stunde am Tag, was eine deutliche Verbesserung darstellt, uns aber immer noch zu viel erschien. Wir stellten fest, dass Loslassen verschiedene Formen und Bedeutungen kennt und wir aufgrund der wiederkehrenden Anhäufung von Sachen und Gewohnheiten auch dies als einen lebenslangen Prozess begreifen wollen.

Probieren Sie es selbst einmal aus, einen Tag loszulassen, sich zu befreien von den Gewohnheiten und Ablenkungen des Alltags. Beispielsweise einen Tag in der Woche oder einen Tag im Monat oder auch nur einmal in Ihrem Leben ganz und gar bei sich zu sein und raus zu gehen in die Natur, ohne Smartphone, auch nicht, um nur damit zu fotografieren, ganz ohne Buch oder Zeitung. Befreien Sie sich für diesen Tag von all Ihren Aufgaben und Verpflichtungen, damit nichts ansteht, was Ihre Aufmerksamkeit ablenkt. Packen Sie sich ein wenig frisches, regionales Obst und Gemüse ein, dazu eine Thermoskanne Tee oder Kaffee und lassen Sie den ganzen Tag, vielleicht sogar vom Sonnenaufgang bis zum Sonnenuntergang, auf sich wirken. Und mit ein wenig Glück sehen, hören und riechen Sie eine Welt, in der wir alle gemeinsam leben. Genießen Sie für diesen Moment die Schönheit und die Vielfalt, welche Sie umgibt. Denn die Verbundenheit zur Natur, sie steckt in uns allen, und manchmal können wir diese sogar fühlen. Sie werden überrascht sein, in welch wundervoller Welt wir leben. Alles, was Sie dafür tun müssen, ist loszulassen und loszugehen.

Ein gutes Leben mit 990 Euro?

Als wir begannen, die Ausrichtung unseres Lebens in kleinen und großen Schritten zu überdenken und zu verändern, stellten wir uns immer wieder die Frage: Wie viel braucht es für ein gutes und maßvolles Leben? Wie viel braucht es für ein Leben, in dem wir uns wohlfühlen, nach unseren Interessen und Wünschen entfalten und dabei gleichzeitig umweltfreundlich und human leben können? Ein Leben, in dem wir unseren ökologischen Fußabdruck reduzieren, im besten Fall neutralisieren, und dabei weiterhin Teil des allgemeinen gesellschaftlichen Lebens sein können. Ein Leben, bei dem ein Weniger sogar zu einem Mehr werden kann. Ein Weniger von Materiellem und Konsum, ein Weniger von »höher, schneller, weiter«, zu einem Mehr an Zeit, Entspannung, Bewusstsein und Selbstbestimmung.

Um uns diesen Fragen anzunähern, entwickelten wir die Idee zu einem Selbstversuch, welchen wir Mitte des Jahres 2020 mit unserem Umzug nach Berlin starteten. Wir entschieden uns, für mindestens ein Jahr ein Leben mit 990 Euro pro Person und Monat auszuprobieren. Dieses Budget setzten wir uns selbst und aus freien Stücken, um zu schauen, wie weit wir damit in Berlin kommen und inwiefern es uns unseren Zielen näherbringt. Die Idee entstand aus den Überlegungen, die wir über unsere bisherigen finanziellen Rahmenbedingungen anstellten. Wir machten uns bewusst, wie hoch unsere monatlichen beziehungsweise jährlichen Fixkosten sind und blickten genauer auf unsere bis dahin üblichen sonstigen Konsumausgaben. Dabei wurde uns immer klarer, wie weitreichend sich diese finanziellen Abhängigkeiten auf unsere tägliche Lebensgestaltung auswirken und dass sie den Dingen, die uns wirklich wichtig sind, mehr im Weg stehen, als ihnen zu nützen.

In unserem neuen, klar abgesteckten Budget sahen wir die Möglichkeit, mehrere Fliegen mit einer Klappe zu schlagen. Zum einen ging es uns darum, unsere Verträge und Fixkosten auf den Prüfstand zu stellen und uns zu einem großen Teil von ihnen und den damit verbundenen Verpflichtungen und Abhängigkeiten zu befreien. Zusätzlich sahen wir die Chance, langfristig unsere Erwerbsarbeit zu reduzieren und stattdessen mehr Entspannung und frei gestaltbare Zeit genießen zu können. Gleichzeitig hofften wir, dass uns diese Veränderung mehr Raum geben würde, um uns angemessen im Ehrenamt zu engagieren. Weniger Geld zur Verfügung zu haben, hieß für uns auch, Kaufentscheidungen bewusster und durchdachter zu treffen und unseren Konsum insgesamt deutlich zu reduzieren, was für uns einen entscheidenden Schritt hin zu mehr Ressourcenschonung und Umweltschutz bedeutet. Außerdem wollten wir herausfinden, ob wir mit weniger Geld dennoch in den unterschiedlichsten alltäglichen Lebensbereichen wie Ernährung, Kleidung, Freizeit, Mobilität und Reisen zu umweltfreundlichen und humanen Alternativen greifen und gleichzeitig unsere Bedürfnisse abdecken und Wünsche erfüllen können. Es ging uns darum, ein gutes und angenehmes Maß im Zusammenwirken dieser Aspekte zu finden.

Wenn wir Freunden und Bekannten davon erzählten, blickten wir oft in erstaunte Gesichter. Die Idee, sich freiwillig für weniger Geld zu entscheiden, statt, wie gesellschaftlich üblich, nach immer mehr zu streben, überraschte oft. Außerdem führte sie häufig zu Reaktionen wie: »Von 990 Euro ein gutes Leben in Berlin führen? Soll das ein Witz sein? Davon könnt ihr nicht mal die Miete bezahlen.« Die Frage, ob wir in den Urwald ziehen und mit Baströckchen um die Hüfte um ein Feuer tanzen wollen, mussten wir uns dabei auch des Öfteren anhören. Dies spornte uns nur noch mehr an. Voller Neugier, Motivation und Freude stürzten wir uns ins Abenteuer.

Zunächst entwickelten wir die folgende Budgettabelle pro Monat und Person. Hierbei gingen wir beispielhaft von einem Haushalt mit zwei erwachsenen Personen aus. Kinder sind dabei nicht berücksichtigt. Diesen Rahmen haben wir uns bewusst gesteckt. Er ist unser Idealfall, unsere Orientierung, welcher wir in der Realität möglichst nah kommen wollen. Wichtiger als das Finanzielle ist dabei jedoch das Erreichen eines möglichst neutralen ökologischen Fußabdrucks. Deshalb haben wir uns beim Wasser- und Energieverbrauch zusätzliche Zielvorgaben gesetzt, unabhängig von den Kosten. Die entsprechenden Werte finden Sie in Klammern in der Budgettabelle. Auch waren wir uns klar darüber, dass manche Ausgaben tatsächlich höher, andere niedriger ausfallen und einige auch von Monat zu Monat schwanken würden.

Ausgabe	Unser Ziel	Ihr Ziel
Miete inkl. Heizkosten, Wasser (Ziel: 30 m³/Jahr) und Betriebskosten	350 €	
Strom (Ziel: 600 kWh/Jahr)	20 €	
Einkäufe (Lebensmittel, Hygieneartikel, ...)	125 €	
Gemeinsame Freizeit (Essen gehen, Ausflüge, ...)	125 €	
Individuelles Taschengeld	50 €	
Kleidung	30 €	
Mobilität (ÖPNV Berlin, Bahnfahrten, ...)	75 €	
Versicherungen (Haftpflicht, Hausrat, Unfall)	15 €	
Bankgebühren	5 €	
GEZ	10 €	
Internet	10 €	
Handyvertrag	15 €	
Streamingdienste	5 €	
Spardose für Reisen und Urlaube	85 €	
Reserve für Reparaturen, notwendige Ersatzanschaffungen, ...	35 €	
Sonstiges (Bücher, Geburtstagsgeschenke, ...)	35 €	
Summe:	**990 €**	

Wir hatten nicht den Anspruch, diese Zahlen eins zu eins zu erreichen. Sie wissen ja sicher aus eigener Erfahrung, wie das mit zu festen Plänen so ist. Das Leben steckt voller Überraschungen.

Auf den folgenden Seiten bieten wir Ihnen einen detaillierten Einblick in unsere Veränderungen und auf das Leben mit einem angenommenen Nettoeinkommen von 990 Euro pro Monat in einer Großstadt.

Was denken Sie, wie viel Geld Ihnen für ein gutes Leben genug wäre? Wie fühlen Sie sich, wenn Sie an Ihre monatlichen festen Ausgaben denken? Welche Ausgaben würden Sie gerne kürzen oder ganz aus Ihrem Leben streichen? Würden Sie Geld gegen mehr Entspannung, Freizeit und Selbstbestimmung eintauschen beziehungsweise denken Sie, dass das möglich ist? Halten Sie es für möglich, dass ein gutes Leben maßvoll, ressourcenschonend und human sein kann?

Wie viel Raum braucht der Mensch?

Eine der zentralen Fragestellungen, mit der wir starteten, war: Wie groß sollte eine Wohnung sein, damit sie nachhaltig ist und sich zugleich gut anfühlt? Sind Raum und Zeit korrelierende Weggefährten des Glücks? Wussten Sie, dass die durchschnittliche Pro-Kopf-Wohnfläche in Deutschland in den 1960er-Jahren bei etwa 22 Quadratmetern lag und sich noch Ende des 19. Jahrhunderts eine Familie häufig einen einzigen Raum teilte, in welchem Strom und Heizung ferne Utopien waren?

Unser Umzug nach Berlin ging mit einer deutlichen Wohnraumveränderung einher. Wir tauschten eine große Wohnung und ein Einfamilienhaus gegen eine 62 Quadratmeter große, modernisierte DDR-Plattenbauwohnung. Damit bleiben wir deutlich unter dem heutigen Durchschnitt der Wohnungsgröße von 92 Quadratmetern und auch unter der Pro-Kopf-Wohnfläche von rund 47 Quadratmetern in Deutschland. Diese Entscheidung war für uns sehr wichtig, und wir fühlen uns rundum wohl in unserem neuen Heim. Jetzt hat ja so ein sozialistischer Einheitsbau den Charme einer Minecraft-Umgebung, aber auch die gleiche Freiheit, ihn individuell zu gestalten und sich darin zu entfalten.

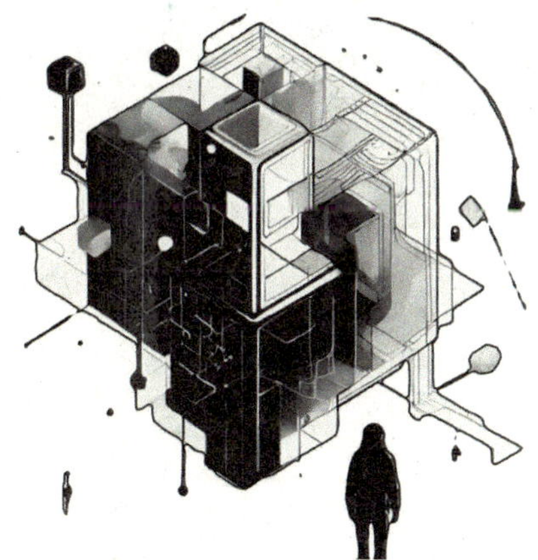

Mit einer deutlich kleineren Wohnfläche gingen wir einen entscheidenden Schritt, um mehr unserer wertvollen und begrenzten Lebenszeit mit unseren Interessen, Hobbys, Familien und Freunden verbringen und genießen zu können, denn so benötigen wir im Schnitt nur noch etwa zweieinhalb Stunden in der Woche für den Haushalt. Für uns ist dies ein Abwägen von Prioritäten. Ein schönes Häuschen mit Garten hat seine Reize. Demgegenüber stehen aber viele, viele Stunden, welche man mit Aufräumen, Putzen, Gestalten und Instandhaltung verbringt, und noch mehr Stunden, um das nötige Geld zu verdienen, sich eine solche Wohnsituation leisten zu können. Für uns war und ist immer wieder die Frage: Wie viel Zeit bleibt letztlich noch übrig, das mühsam Erschaffene auch zu genießen – geschweige denn so viele weitere schöne Momente des Lebens – und braucht es diesen Umfang?

Unsere »kleine« Wohnung erfüllt uns, neben der Zeitersparnis, auch alle weiteren Wünsche, mit denen wir uns auf die Suche nach einem neuen Zuhause begeben hatten. Wir schauen in eine ruhige Grünanlage, haben durch einen guten Schnitt sogar ein Gäste-/Hobby-/Arbeitszimmer und einen gemütlichen Balkon und kommen in den Genuss, im Badezimmer über ausreichend Platz für Badewanne und Waschmaschine zu verfügen. Wir können zu jeder Tages- und Nachtzeit die Fenster weit öffnen und hören üblicherweise nichts als entspannende Ruhe sowie ab und an das sanfte Klacken eines Zuges in der Ferne. Und dies, obwohl wir mitten in Berlin leben. Gleichzeitig erreichen wir in etwa zehn Minuten zu Fuß unser Lieblingskiez, das Kultur- und Kneipenviertel am Ostkreuz, und gelangen in wenigen Schritten an eine U-Bahn- und vier S-Bahn-Stationen. Auch die Miete passt mit 505 Euro kalt und 709 Euro warm in unseren Lebensentwurf und unser angestrebtes Budget. Wobei wir die Kaltmiete als überzogen empfinden.

Nun leben wir auf rund 31 Quadratmetern pro Person. Nicht viel, könnte man denken. Für uns fühlt es sich jedoch ganz anders an. Unsere Wohnung ist Spielplatz, Lebensraum, Entfaltungsstätte, Ruhepol und Kreativ- und Workspace, wenn man so möchte. Tee kochend, durch die Küche tanzend und uns fröhlich die neuesten Gedanken und Ideen zurufend, können wir all diese Lebensbereiche entspannt miteinander verbinden. Dabei steht die Tür jederzeit für Familie, Freunde, Nachbarn und Couchsurfer offen, um gemeinsam lustige Stunden zu verbringen.

Wohnen ist für uns ein wichtiger Teil der öffentlichen Daseinsvorsorge, welcher auf die Bedürfnisse von Mensch und Umwelt ausgerichtet sein sollte. Dabei spielt der schonende Umgang mit Ressourcen eine zentrale Rolle. Dies bedeutet für uns beispielsweise möglichst geringe Bodenversiegelung sowie

Grünanlagen auf Dächern, die Nutzung umweltfreundlicher Baumaterialien und eine sparsame und regenerative Energieversorgung beim Bau sowie bei der Nutzung des Wohnraums. Als Vorreiter und große Inspiration betrachten wir Friedensreich Hundertwasser. Nicht nur, dass für ihn die Harmonie von Architektur mit Mensch und Natur wichtig war, durch seine farbenfrohe Gestaltung und das Aufbrechen steifer Formen verbindet er Wohnraum mit Leichtigkeit und Lebensfreude, was sicherlich nicht nur in den darin Wohnenden ein positives Lebensgefühl weckt.

Wie wir unsere vier Wände in Zukunft gestalten werden, steht in den Sternen. Wir können uns gut vorstellen, bis ins hohe Alter in unserer jetzigen Wohnung zu leben, denn dies ist auch eine Form der Nachhaltigkeit. Möglicherweise verschlägt es uns irgendwann auch zurück nach Thüringen, um dort gemeinsam mit unseren Familien unter einem Dach zu leben. Auch der Gedanke, Teil einer Tiny-House-Farm oder einer anderen Form ökologischen und gemeinschaftlichen Zusammenlebens zu werden, klingt für uns verlockend.

Arbeit – alles im Leben?

In der Zeit vor und während unseres Umzugs wurden wir mehrfach gefragt, ob wir in Berlin eine bestimmte Arbeitsstelle in Aussicht hätten. Dies war nicht der Fall. Die Entscheidung, nach Berlin zu gehen, war der Stadt an sich und deren Freiräumen geschuldet. Wir genießen die Mischung aus Weltoffenheit und den verschiedenen Möglichkeiten, sich politisch sowie gesellschaftlich einzubringen. Berlin bietet zusätzlich gute Weiterbildungsmöglichkeiten, eine vielfältige Kultur und sogar richtig viel Natur sowie einen gut ausgebauten öffentlichen Personennahverkehr, wodurch wir eines unserer wichtigsten Ziele verwirklichen können: den Verzicht auf ein privates Auto. Aus all diesen Gründen wagten wir den Schritt.

Keine Frage, auch wir müssen von etwas leben. Wir möchten allerdings aus Freude an und Lust auf etwas entscheiden und nicht aus Ängsten heraus oder in Abhängigkeit von einer Arbeitsstelle. Dies war ein großer Punkt, der leichter gesagt ist als getan. Denn auch für uns spielt der Sicherheitsaspekt eine Rolle. Sich von diesem ein Stück weit zu lösen und ein gewisses Risiko einzugehen, entwickelte sich zu einer großartigen Erfahrung, die, im Nachhinein betrachtet, befreit hat. Dabei haben wir uns noch mal ganz neu die Frage gestellt: Wie wollen wir eigentlich leben und welchen Stellenwert, welchen Raum soll Erwerbsarbeit dabei für uns einnehmen? Uns wurde klar, dass wir langfristig in Teilzeit tätig sein wollen. Gleichzeitig fragten wir uns: Welcher Art von Arbeit wollen wir nachgehen, in welchem Umfeld, mit welchem Team, zu welchen Bedingungen? Eine sinnstiftende berufliche Tätigkeit ist für uns ein wichtiger Teil eines erfüllten Lebens, aber nicht allein, sondern im Einklang mit anderen Lebensbereichen. Wir begannen, mehr in Möglichkeiten und Chancen zu denken, weniger in Gewohnheiten und Risiken, und stellten fest, dass wir durchaus auch bereit waren, noch mal eine neue Ausbildung oder ein neues Studium anzufangen. Unserem Geist und unserem Handeln etwas mehr Flexibilität einzuräumen, machte diesen

Weg so viel leichter, ebenso wie die Akzeptanz dafür, dass der erste Job nicht sofort der perfekte sein muss. Wir befinden uns immer auf einem Weg und wer weiß, was sich aus den Umwegen des ganz normalen Lebens noch alles Tolles ergeben kann.

Wie ist Ihr Wunsch, bezogen auf Wohnraum, Haus- und Lohnarbeit beziehungsweise Zeit für Ihre Familie, Hobbys und sich selbst?

Loslassen, Teil 2

Wussten Sie schon, dass deutsche Haushalte heute durchschnittlich über 10.000 Gegenstände verfügen? Eine ziemliche Menge, nicht wahr? Vor allem, wenn man bedenkt, dass ein Großteil davon nie benutzt wird und sehr viele Ressourcen für ihre Produktion nötig waren. Auch bei uns hatten sich im Laufe der Jahre scheinbar wie von Zauberhand viele, viele Dinge angehäuft. So sahen wir unseren Umzug nach Berlin auch als großartige Gelegenheit, uns von einer Menge materiellen Ballasts zu befreien. Wir betrachteten unsere Habseligkeiten genau. Dabei kam ein erstaunlicher Berg von Sachen zusammen, die wir schon sehr lange Zeit nicht in der Hand gehabt und teilweise schon nicht mal mehr auf dem Schirm hatten. Bei allen fragten wir uns: Haben wir sie bisher benutzt? Gefallen sie uns wirklich? Haben sie eine persönliche, emotionale Bedeutung für uns? Und benötigen wir sie zukünftig?

Viele Sachen schafft man sich aus einem Impuls, einer Laune heraus an. Kleidungsstücke, die beim zweiten Anprobieren dann doch nicht mehr so gefallen. Haushaltsgeräte, die man viel seltener nutzt, als man es sich beim Kauf vorgestellt hat. Bücher, die nach ewigen ungelesenen Jahren im Schrank nicht mehr interessieren. Gefühlt tausend Dekoartikel, mit denen man in den überwiegenden Fällen nicht viel verbindet und die einem fast nur auffallen, wenn man sie beim Staubwischen immer wieder einzeln in die Hand nehmen muss und sich fragt, warum hier eigentlich so viel Kram herumsteht und ob man sich wohlfühlt, wenn das so weitergeht.

So haben wir viele unserer Gegenstände zusammengetragen und diese Organisationen wie der Tafel gespendet. Dort hat man sich darüber gefreut und wir fühlten uns gut dabei, die Dinge einem weiteren Leben zugeführt zu haben. Uns ist sehr wichtig, dass Sachen möglichst lange genutzt und nicht einfach entsorgt werden, auch wenn man diese selbst aussortiert hat. Dabei bemühen wir uns, Organisationen auszuwählen, bei denen wir sicher sein können, dass die Dinge dort ankommen, wo sie gebraucht werden und helfen. In unserem neuen Wohnhaus gibt es dafür übrigens eine ebenso simple wie tolle Lösung im Kleinen. Im Eingangsbereich befindet sich eine Sitzbank, auf der die Bewohner Sachen ablegen können, die sie nicht mehr benötigen. So haben alle anderen Mieter und Gäste die Möglichkeit, sie mitzunehmen und weiterzuverwenden, was auch rege genutzt wird.

Uns ist wichtig, nur noch die Dinge um uns zu haben, die wir wirklich benutzen, die uns viel bedeuten und uns Freude bereiten. Und auch diese nur in einem überschaubaren Maß. Es ist eine wunderbar befreiende Erfahrung, mit weniger Dingen zu leben. So passen beispielsweise all unsere Kleidungsstücke zusammen in einen kleinen Schrank und eine noch kleinere Kommode. Das Ganze führt auch dazu, dass wir die Dinge, die wir besitzen, öfter und bewusster nutzen, uns wirklich mit ihnen beschäftigen. Für die Produktion jedes noch so kleinen Gegenstands braucht es Rohstoffe und Energie und um alles, was man besitzt, muss man sich auch kümmern, sei es nur in Form von Stauraum, den man zusätzlich benötigt, finanzieren und unterhalten muss. Davon wollen wir uns ein Stück weit lösen, was sich unglaublich erleichternd und gut anfühlt. Stellen Sie sich nur vor, was es für ein großartiges Gefühl wäre, nicht mehr mit Schrecken daran denken zu müssen, dass man ja schon seit Jahren mal wieder den Keller oder den Dachboden entrümpeln wollte, von dessen Untiefen man nur noch eine verblasste Ahnung hat.

Dabei kamen wir auch immer wieder zu der Erkenntnis, dass es im Leben viele Dinge gibt, die man mit mehreren Familien gemeinsam nutzen kann, um damit auch einen großen Beitrag zum Schutz unserer Umwelt zu leisten. Zahlreiche Werkzeuge und Haushaltsgeräte bleiben die meiste Zeit des Jahres unbenutzt und füllen die Schränke. Braucht jede Familie ihre eigene Bohrmaschine, mit der sie vielleicht einmal im Jahr ein Regal an die Wand bringt und die ansonsten im Keller einstaubt? Benötigen wir alle unseren eigenen Spieleschrank oder sogar Partyraum, wenn dies doch nur in größeren Gruppen und gemeinsam wirklich Spaß macht? Wie viel Zeit verbringt man damit, all diese Dinge anzuschaffen und zu pflegen, und wie oft genießt man sie im Verhältnis dazu? Geht es ums Besitzen oder ums Nutzen?

Wir haben uns auch angewöhnt, die Dinge, die wir besitzen, möglichst lange zu nutzen und sie schonend und wertschätzend zu behandeln. So bringen wir beispielsweise kaputte Kleidung in ein kleines Nähstübchen zur Reparatur. Das ist nicht nur nachhaltig, sondern unterstützt auch das Handwerk vor Ort. Diese Haltung führt außerdem zu weiteren schönen Nebeneffekten. So lernten wir zum Beispiel wieder, Socken zu stopfen, was uns einen Nachmittag lang in Geduld und Konzentration üben ließ und unsere Fingerfertigkeit verbesserte. Auch kamen wir dadurch mit unserem sehr hilfsbereiten Nachbarn in Kontakt, der gefühlt alle Werkzeuge der Welt griffbereit hat und diese gern teilt und von dem wir zusätzlich immer wieder nützliche Handgriffe lernen.

Kaufen, kaufen, kaufen

Wir können keineswegs behaupten, dass wir uns völlig von Konsum befreit hätten oder nicht auch hin und wieder mal etwas ersetzen müssten, und natürlich bemerken auch wir die verlockend in Szene gesetzten Möglichkeiten, die uns Schaufenster und Werbeangebote verheißen. Wir gönnen uns auch mal etwas Neues. Hierfür haben wir aber hilfreiche Routinen entwickelt, um uns größtenteils davor zu bewahren, von Werbung eingenommen zu werden, die ja nur dafür da ist, uns Konsumwünsche einzureden, auf die wir von allein nie gekommen wären. So verzichten wir weitestgehend auf Fernseh- und Radiosender, die uns alle paar Minuten mit Werbespots einzulullen versuchen, und ebenso auf postalische Werbung, Kataloge sowie werbefinanzierte Zeitungen und Zeitschriften. Von Newslettern und Bonuskarten haben wir uns verabschiedet und lehnen diese auch bei neuen Anfragen konsequent ab. Und auch wenn es auf so ziemlich jeder Homepage aufs Neue nervt, nehmen wir uns bewusst die Zeit, alle Cookies abzulehnen. Wir haben Tracking und Ähnliches von unseren Geräten eliminiert und verwenden alternative Browser und Suchmaschinen. Zu guter Letzt haben wir unsere Smartphone-Einstellungen so angepasst, dass wir sie überwiegend anzeige- und somit »nervfrei« nutzen können. Ja, das Ganze hat etwas Zeit in Anspruch genommen, unser Leben dafür aber langfristig sehr entspannt. Ein Großteil der möglichen Versuchungen zieht nun einfach unbemerkt an uns vorüber.

Uns gelingt es außerdem immer besser, dem spontanen Kaufimpuls bewusst zu widerstehen. Wir fragen uns, was wir wirklich benötigen, was uns langfristig gefallen würde und welche Umweltbelastungen mit unnötigem Konsum einhergehen. Wir nehmen ein paar Tage Abstand und denken noch mal darüber nach, ob wir uns etwas Bestimmtes wirklich kaufen wollen oder ob eigentlich ganz andere Bedürfnisse dahinterstehen. Dabei haben wir auch immer wieder die Erinnerung im Kopf, wie gut es sich angefühlt hat, sich von so vielen Dingen zu lösen, und dass wir nicht wieder so viel anhäufen wollen. Entscheiden wir uns dann doch, etwas zu kaufen, schauen wir, ob wir es gebraucht finden, oder wir suchen nach kleinen Läden in der Nähe, denn wir unterstützen gern den Handel vor Ort und mögen den persönlichen Kontakt sowie die Beratung. Der Preis ist dabei nicht unser alleiniges Kriterium. Wir nehmen uns Zeit, die Arbeits- und Umweltbedingungen in der Produktions- und Lieferkette zu berücksichtigen.

Natürlich ist das nicht immer so einfach und wir sind uns auch im Klaren, dass unser Konsumverhalten durch Dritte und die Gesellschaft insgesamt beeinflusst wird und dass auch Siegel zwar ein gutes Gefühl geben können, aber dennoch häufig eine Täuschung sind. Alles in allem haben wir als Konsumierende nur eine begrenzt freie Wahl und auch für uns gilt »Nobody is perfect« – das wollen wir auch gar nicht sein. Dennoch möchten wir die Verantwortung nicht von uns schieben. Wir betrachten es als eine Balance aus Verantwortung von Politik, Wirtschaft und Gesellschaft auf der einen und jedem und jeder Einzelnen auf der anderen Seite. Wir alle können mit unseren Kaufentscheidungen ein Zeichen setzen und einen Unterschied machen. So erobern wir uns auch immer wieder ein Stück Freiheit und Selbstbestimmung zurück.

Wenn wir uns auf die Suche begeben, eröffnen sich Wege und Möglichkeiten. So stießen wir kürzlich in einem kleinen Modeladen auf eine Karte von Berlin, in der viele Geschäfte eingezeichnet sind, die umwelt- und menschenfreundlichen Maßstäben gerecht werden. Solche Kooperationen und praktische Übersichten sind einfach großartig. Sie machen Veränderungen so viel leichter.

Wocheneinkäufe und Ernährung

Etwa einmal pro Woche schnappen wir uns unsere großen Umhängetaschen und machen uns auf den Weg zum Einkaufen. Seit unserem Umzug nach Berlin erledigen wir das zu Fuß, mit dem schönen Nebeneffekt, dass es uns fit hält. Von unserer Wohnung aus erreichen wir verschiedenste Einkaufsmöglichkeiten in wenigen hundert Metern Entfernung, und wenn die Einkaufstasche mal besonders schwer ist, greifen wir uns jeder einen Henkel und teilen die Last. Mit dem Ziel, nur die Lebensmittel zu kaufen, die wir wirklich benötigen und aufbrauchen können, schlendern wir am liebsten samstagvormittags über den nahegelegenen Wochenmarkt. Die Atmosphäre, den Duft, das natürliche Licht und die angenehmen Gespräche mit den hilfsbereiten Verkäuferinnen und Verkäufern kann kein Supermarkt bieten. Dort erhalten wir die meisten Produkte ohne Umverpackung und von den Erzeugern aus der Region. Salate, Käse und andere frische Waren werden uns in die von uns mitgebrachten Gläser und Taschen gefüllt.

Was wir dort nicht erhalten, bekommen wir in kleinen Geschäften und Bioläden in unmittelbarer Umgebung. Dabei achten wir auch dort darauf, möglichst auf Verpackungen, insbesondere Plastik, zu verzichten. In der Obst- und Gemüseabteilung haben wir dafür die größten Chancen. Wir gewöhnten uns an, die losen Lebensmittel in leere, meist umherliegende Kartons zu packen, um sie so geschützt an der Kasse vorlegen zu können. Das hat schon manchem Verkäufer ein überraschtes Lächeln entlockt und Aufmerksamkeit erregt.

Aber auch in anderen Bereichen achten wir mit kleinen Entscheidungen darauf, einen großen, umweltschädlichen Müllberg zu vermeiden: Wir wählen Süßigkeiten, die nicht nochmal einzeln verpackt sind, verzichten auf Käse, dessen Scheiben durch Folien getrennt sind, und kaufen Joghurt, wann immer möglich, im großen Mehrwegglas. Bei Hygieneartikeln greifen wir zu Verpackungen aus Pappe oder recyceltem Plastik sowie Recyclingtoilettenpapier und -taschentüchern und schauen nach umweltfreundlichen Produkten ohne Mikroplastik.

Auch die Aspekte Regionalität, Saisonalität, biologischer Anbau und fairer Handel spielen bei unseren Kaufentscheidungen eine große Rolle. Uns ist wichtig, die Umwelt und unsere Mitmenschen nah und fern mit unserem alltäglichen Leben so wenig wie möglich zu belasten. Dabei sind wir immer wieder freudig überrascht, wie viele Lebensmittel sich inzwischen in diesen Bereichen finden, und es scheinen immer mehr zu werden. Unsere Auswahl enthält fast kein Produkt mehr, für das es nicht eine umwelt- und menschenfreundliche Alternative gibt. Selbst im Fertigproduktbereich haben wir kürzlich Gerichte aus Deutschland entdeckt, die auf regionalen Bioanbau setzen, mit weitestgehend plastikfreier Verpackung und komplett vegan. Auf große

Mengen Zucker und künstliche Zusatzstoffe wird dabei auch verzichtet und sie schmecken einfach hervorragend.

Je überlegter wir einkaufen, umso mehr können wir uns auch Produkte sparen, die wir gar nicht wirklich brauchen. Die Vermeidung unnötigen Konsums nutzt Mensch und Natur in Sachen Müll- und Treibhausgasreduzierung letztlich am meisten. Für unseren Einkauf geben wir pro Woche etwa 50 Euro aus. Dass wir fast ausschließlich Leitungswasser und Tee trinken, spart uns dabei einige Kosten sowie viel Schlepperei und Verpackungen. Und wussten Sie, dass wir mehr CO_2 vermeiden könnten, als der innerdeutsche Flugverkehr produziert, wenn alle Deutschen von Mineral- zu Leitungswasser wechseln würden?

Zu Hause angekommen gestalten wir unsere Mahlzeiten mit viel Gelassenheit. Wir haben keine festen Essenszeiten, bereiten uns nach Hunger und Lust etwas zu und verzichten darauf, jeden Tag zu kochen, um unseren Alltag zu entspannen. Wir kochen nur, wenn wir Muße dazu haben, und nicht aus einem inneren oder gesellschaftlichen Zwang heraus. Ein belegtes Knäckebrot mit frisch aufgeschnittenem Gemüse genießen wir ebenso wie eine warme Mahlzeit. Dies gilt für uns auch an Festtagen. Wir nehmen uns zum Beispiel nicht auf Biegen und Brechen vor, jedes Jahr Weihnachtsleckereien zu backen. Aber als Nick in einem Jahr von den köstlichen selbstgebackenen Lebkuchen seiner Oma schwärmte, entschieden wir uns spontan und aus purer Freude, diese nachzubacken. Sie schmeckten großartig! Wir verzierten sie mit Schokoklecksen und Mandeln und genossen für viele Tage den märchenhaften Weihnachtsduft in der ganzen Wohnung. Obwohl es ein großer Aufwand war, empfanden wir ihn nicht als Last, da es kein Muss war.

Auf unserem Frühstückstisch finden sich immer weniger tierische Produkte. Unseren Fleisch- und Wurstkonsum haben wir deutlich reduziert, und Käse, auf den wir nur schwer verzichten können, ersetzen wir inzwischen immer öfter durch vegane Aufstriche. Diese sind mit ihren zahlreichen Geschmacksrichtungen nicht nur eine sehr leckere Neuentdeckung, sondern meist auch in Gläsern und damit umweltfreundlich verpackt und sehr lange haltbar. Bei Streichbutter schauen wir zunehmend nach einem geringeren Milchanteil, achten darauf, sie seltener und dünner aufs Brot zu streichen, und wählen hin und wieder pflanzliche Alternativen. Den cremigen Schuss

Milch in unserem schwarzen Tee haben wir in ein Schüsschen verwandelt und tauschen ihn häufig gegen vegane Ersatzprodukte, von denen es inzwischen sehr leckere Sorten gibt. Oft sind wir auch schon mit einem reinen Obst- und Gemüsefrühstück satt und glücklich. Dabei wollen wir uns nichts kategorisch verbieten und genießen auch tierische Produkte, aber deutlich seltener und bewusster. Wenn uns mal der Appetit packt, gehen wir gern zu einer Naturfleischerei, die wir vor einiger Zeit bei einem gemütlichen Sommerausflug zufällig entdeckten und die uns sogar in Berlin mit original Thüringer Bratwurst verwöhnt. Ab und an lassen wir uns auch mal entspannt Essen liefern. Da wir die üblichen Lieferdienste aufgrund der Arbeitsbedingungen der Mitarbeitenden und dem Umgang mit den Restaurants nicht unterstützen wollen, haben wir uns eine eigene Liste von Restaurants zusammengestellt, die selbst liefern.

Ein weiterer Schritt auf unserem Weg ist, dass wir uns große Mühe geben, möglichst keine Lebensmittel wegzuwerfen. Ein wertschätzender Umgang mit ihnen liegt uns sehr am Herzen. Die Mengen, die allein in Deutschland Jahr für Jahr auf dem Müll landen, sind für uns erschreckend und wir möchten mit unserem Tun zur Verringerung dieser beitragen. Wir kochen gern aus Resten neue Gerichte und entdecken dabei leckere, uns bisher unbekannte Kreationen. Wenn doch einmal etwas übrig ist, finden wir andere Wege, die Lebensmittel zu verwerten. So freuten sich zum Beispiel unsere Nachbarn, als wir ihnen Joghurt schenkten, bevor wir über die Weihnachtsfeiertage nach Thüringen aufbrachen. Sollte der Weg in den Abfall einmal unumgänglich sein, haben wir seit knapp drei Jahren unseren kleinen Biomülleimer. Auch im Umgang mit anderen Ressourcen achten wir sehr auf eine korrekte Mülltrennung.

Unsere Veränderungen beim Einkaufen und beim Umgang mit Lebensmitteln betrachten wir als Prozess, der uns wahrscheinlich unser Leben lang begleiten wird. Dabei freuen wir uns über jeden kleinen Schritt, den wir uns weiterentwickeln, und ärgern uns nicht über die Punkte, die wir noch nicht umsetzen oder für die wir noch keine Alternative gefunden haben. Wir gehen das Ganze mit Leichtigkeit und Spaß am Entdecken an. Es ist verblüffend, wie viele Möglichkeiten sich ergeben, wenn wir die Augen offen halten und uns auf sie einlassen. Dabei verändert sich auch unser Blick auf Nahrungsmittel und Genuss. Wir haben den Eindruck, dass unsere Gesellschaft sehr an günstige tierische Produkte in großen Mengen, immer greifbares Obst und Gemüse in allen Sorten aus der ganzen Welt sowie viel Schokolade zu niedrigsten Preisen gewöhnt ist. Diese Dinge sind inzwischen alltäglich und waren vor nicht allzu langer Zeit noch purer Luxus. Luxus, von dem oft nicht einmal Kaiserinnen und Könige der vergangenen Jahrhunderte zu träumen wagten.

Seit wir seltener zu tierischen Produkten und exotischem Obst und Gemüse greifen und Schokolade bewusst aussuchen, sind sie für uns wieder etwas Besonderes geworden. Wir genießen sie mehr, wenn wir sie nicht jeden Tag haben, schmecken sie bewusster und verspüren eine größere Freude dabei. Es ist ein bisschen wie Weihnachten: In vielen Familien gibt es an den Festtagen Gerichte, die es sonst das ganze Jahr über nicht gibt. Der Duft des Essens und der Geschmack wecken wohlige Erinnerungen. Wir verbinden sie mit der weihnachtlichen Stimmung. Wenn wir diese Gerichte auch über das Jahr verteilt immer wieder essen würden, wäre es nicht mehr dasselbe. Wir gewöhnen uns daran und die Freude lässt nach. An der alten Weisheit »Weniger ist mehr« ist etwas dran.

Dabei können wir sogar mehrere Fliegen mit einer Klappe schlagen, denn auch unserer Umwelt und unseren Mitmenschen tun wir damit etwas Gutes: Tierische Produkte belasten die Umwelt deutlich stärker als pflanzliche Lebensmittel und verursachen in den weit überwiegenden Fällen auch einen viel größeren CO_2-Fußabdruck. Sie sind so günstig, weil ihre Umweltkosten nicht realistisch eingepreist werden, aber am Ende müssen wir doch alle diese Kosten tragen. Auch der Import exotischer Früchte und Gemüse trägt stark zur Zerstörung unserer Lebensgrundlagen bei. Und Kakao wird noch immer in den meisten Fällen nicht fair gehandelt, dabei müssten wir pro Tafel Schokolade nur etwa fünf Cent mehr bezahlen, damit die Kakaobauern vernünftig davon leben könnten. Es zeigt sich hier wieder wunderbar, wie wir mit kleinen Entscheidungen einen großen Unterschied machen können.

Wenn wir uns in Sachen Freiheit etwas wünschen dürften, dann wäre dies eine große Anzahl von Wochen- und Supermärkten, die ausschließlich Produkte anböten, welche frei von Ausbeutung, Umweltzerstörung und Ressourcenverschwendung sind. Dies wäre ein Stück echte Freiheit. Noch besser wäre es natürlich, wenn dies immer und für alle Produkte gelten würde. Denn in unseren Gesprächen mit unseren Mitmenschen stellte sich klar heraus, dass die allermeisten unter uns faire und umweltschonende Produkte ganz selbstverständlich wählen würden, wenn sie die wirklich freie Wahl hätten.

Geschenke – gut gemeinter Irrsinn?

Wenn es draußen allmählich kälter wird und die Nacht sich früher über die Dächer der Stadt legt, kuscheln wir uns auf dem Sofa unter der Decke enger zusammen. Ein tiefes Gefühl der Freude durchströmt uns, wenn wir die Hände um die heiße Tasse Tee schließen und köstlicher, unverwechselbarer Lebkuchenduft die wohlige Stimmung der Weihnachtszeit verheißt. Das sanfte Rieseln der ersten Schneeflocken vor dem Fenster lässt die Augen strahlen und der Kerzenschein krönt die Gemütlichkeit. Die Lust auf fröhliche Abende mit Familie und Freunden wird noch stärker. Zusammensitzen, Leckereien genießen, das Jahr Revue passieren lassen, all die schönen und weniger schönen Momente in Gedanken nochmal erleben und miteinander teilen.

Doch, oh Schreck, welcher Gedanke schaut da um die Ecke? Wie viele Geschenke müssen wir noch besorgen? Wen dürfen wir dabei nicht vergessen? Wann und wo können wir all die Dinge bekommen? Was wird wohl die größte Freude auslösen? Wie stressig wird es diesmal im Gewirr der vorweihnachtlichen Innenstadt? Und wie lässt sich all der Trubel eigentlich mit Ruhe und Besinnlichkeit verbinden, dem einfachen Genuss und der Wahrnehmung des Augenblicks, des Zusammenseins?

Wir haben uns in den letzten Jahren viele Gedanken um das Schenken und Beschenktwerden gemacht und einige Gespräche darüber mit Familie und Freunden geführt. Natürlich freuen wir uns, wenn die Augen der Liebsten beim Auspacken des neuesten Spiels oder der lang ersehnten Technik strahlen. Unserer Erfahrung nach hält diese Freude aber in den meisten Fällen nicht allzu lange an. Materielle Dinge verschwinden schnell wieder in den Tiefen der bereits vollen Schränke, der Wunsch nach wieder Neuem entsteht und die Konsumspirale, getragen durch das kurze Glücksgefühl, dreht sich von vorn, mit all ihren Folgen für Mensch und Natur. Keine Frage, auch wir fühlen uns von neuen Dingen angezogen und sind nicht frei von Konsum. Wir stellen aber immer wieder fest, dass die Momente im Leben, die wirklich in Erinnerung bleiben und langfristig Freude bereiten, meist die sind, in denen man schöne Erlebnisse mit seinen Lieben hatte. Momente, in denen man sich nah war, zusammen gelacht und sich den Rücken gestärkt hat. Für uns ist gemeinsame Zeit das schönste und wertvollste Geschenk, das man einem Menschen machen kann. Sich wirklich mit voller Aufmerksamkeit zuzuhören und zugewandt zu sein.

Die Anlässe zum Schenken sind in unserer Gesellschaft schier unendlich, als da wären: Weihnachten, Nikolaus, Ostern, Geburtstag, Hochzeit, Geburt, Taufe, Schulanfang, Jugendweihe, Konfirmation, Kommunion, Neujahr, Valentinstag, Umzug, neuer Job, Einladungen zum Essen, Mutter- und Vatertag, Namenstage, Erkrankungen … Und dabei drängt sich immer wieder der Gedanke auf: »Da kannst du doch nicht mit leeren Händen hingehen.« Aber warum nicht?

In unserer Gesellschaft kann man den Eindruck gewinnen, dass wir Zuneigung und Dankbarkeit fast nur noch durch Konsumgüter ausdrücken. Verlernen wir dabei die vielen anderen Formen? Reicht uns das Zusammensein mit Familie und Freunden als Glück nicht aus? Geht es um die materiellen Dinge oder die zwischenmenschliche Verbindung? Und wieso machen wir uns diesen Druck? Warum verbinden wir Schenken mit einem Gefühl des Müssens und Erwartens oder gar einem Kosten-Nutzen-Kalkül? Warum wird Schenken zu einem Abarbeiten? Wie viel hat das noch mit dem Ursprungsgedanken des Schenkens zu tun? Wäre es nicht viel schöner und entspannter, aus freien Stücken zu schenken, wenn es sich einfach ergibt, wenn wir die Lust danach verspüren und Geschenke aus tiefstem Herzen machen? Aus diesen Gründen und Überlegungen befinden wir uns seit ein paar Jahren in einem Prozess, materielle Geschenke im Geben und Empfangen zu reduzieren. Diese Veränderung fühlt sich sehr bereichernd und entspannend an. Wir schaffen stattdessen mehr Zeit für Familie und Freunde, genießen Treffen bewusster und können durch geringeren Konsum viel Stress aus unserem Leben streichen und die Umwelt schonen. Dabei waren wir besonders überrascht, wie schwer es oft ist, das eigene Beschenktwerden zu verringern.

Wenn wir heute etwas verschenken, geht es uns nicht um die Sache als Konsumgut und neuen Besitz, sondern darum, was wir damit erreichen können. Vergangenes Weihnachten verschenkten wir beispielsweise ein Bausteinset und stellten wieder vergnügt fest, dass das Besondere und Schöne daran die Zeit war, die wir damit verbrachten, es gemeinsam aufzubauen. Wir faszinierten uns für die verblüffenden Formen mancher Steine, freuten uns am gemeinsamen Erschaffen, am Staunen, Lachen, Scheitern und Fluchen. Wir schwelgten in spielerischen Fantasien und erfanden immer neue Szenarien. Den Höhepunkt erreichte unser Schauspiel auf der Suche nach einem vermeintlich heruntergefallenen Teilchen. Es ist ein unvergleichlich komisches Bild, wenn Jung und Alt gemeinsam über den Boden kriechen, sich zu den kleinsten Ritzen hinabbeugen, Tische und Schränke verrücken und liebevoll den Teppich durchkraulen … um letztlich festzustellen, dass das so sehnlich gesuchte Stück längst irrtümlich an einer anderen Stelle verbaut ist.

Medienkonsum

Das Hinterfragen unseres Konsums führte uns über die Bereiche typischer Shoppinggüter und Lebensmittel weit hinaus. So setzten wir uns auch mit dem medialen Input auseinander, welcher uns täglich umgibt, und fragten uns, welchen Nachrichten, Sendungen, Filmen, Büchern, Spielen, Apps und so weiter wir unsere Aufmerksamkeit wirklich schenken wollen. Uns ist wichtig, mit Bewusstsein auszuwählen, was wir sehen, hören oder lesen, denn wir sind überzeugt davon, dass das, womit wir uns medial umgeben und beschäftigen, eine Wirkung auf uns hat. Es beeinflusst unsere Sicht der Welt, unsere Gedanken und damit auch unsere Handlungen. Daher möchten wir auch in diesem Lebensbereich eine Balance finden. So nehmen wir uns ein Stück weit aus katastrophisierenden Nachrichtenkanälen heraus und meiden Medien mit ausufernder verbaler und physischer Gewalt. Stattdessen halten wir Ausschau nach inspirierenden und motivierenden Inhalten. Nach Nachrichten über erfolgreiche humanitäre oder Umweltschutzprojekte und Reportagen, die aufzeigen, dass an vielen Orten unserer Welt bereits tolle Ideen entstehen und zukunftsfähige Projekte umgesetzt werden, nach Berichterstattungen, die Beispiele liefern, wie wir alle zusammen ein gutes Leben auf diesem Planeten führen können. Unser Blick soll nicht an den Problemen unserer Zeit haften bleiben, sondern sich möglichen Lösungen zuwenden. Dabei machten wir auch die Erfahrung, dass dies manchmal kein leichtes Unterfangen ist.

Waren Sie schon einmal auf der Suche nach utopischen Romanen oder Fantasiebüchern, die ohne Gewalt auskommen? Nach Geschichten, in denen die Charaktere im Einklang miteinander und der Natur ein gutes Leben führen und dies auf friedlichem, gemeinschaftlichem Weg erreichen? Wenn wir durch Buchhandlungen stöbern und die Buchhändler nach dieser Art von Literatur fragen, reagieren sie oft überrascht: »Das ist eine gute Frage. Spontan fällt mir dazu nichts ein, aber lassen Sie uns mal schauen.«

Dann durchstreifen wir gemeinsam mit ihnen die Regalreihen und erblicken dabei die unterschiedlichsten Erzählungen, darunter auch viele Dystopien. Unsere Suche bleibt jedoch meist erfolglos und wir fragen uns, wie das kommt. Umso größer ist unsere Freude, wenn wir doch hin und wieder solche Werke entdecken. Die größte Freude und Bereicherung bereitet es uns aber immer wieder, all die faszinierenden und mitreißenden Inhalte mal beiseitezuschieben und ganz und gar im Hier und Jetzt zu sein.

Unsere ganz persönliche Verkehrswende

Auch die Mobilitätsfrage haben wir uns gestellt. Schicker, in der Sonne glänzender Lifestyle-SUV mit »E-« in der Bezeichnung oder ein Leben mit Bus und Bahn? Kommt dieser Ansatz nur der Umwelt zugute oder bringt er auch Entspannung und Genuss mit sich?

Der Verkauf unserer privaten Autos war ein entscheidender Schritt hin zu einem klimafreundlicheren und ressourcenschonenderen Leben. Autofahren macht auch uns großen Spaß und fühlt sich oft bequem an. Das Bewahren unserer überlebenswichtigen Umwelt hat für uns aber eine deutlich höhere Bedeutung und so tauschten wir das Lenkrad gegen eine BahnCard 25 und eine Umweltkarte der Berliner Verkehrsbetriebe, mit der wir alle ÖPNV-Angebote der Stadt jederzeit nutzen können. Dabei schlugen wir mehrere Fliegen mit einer Klappe, denn uns wurde auch immer klarer, welche enormen Aufwendungen mit einem Auto verbunden sind. Nun sparen wir uns regelmäßige hohe Kosten für Raten, Sprit, Parkplatz, Garage und Werkstatttermine, ganz zu schweigen von unvorhergesehenen teuren Reparaturen, und kommen somit unserem Budget von 990 Euro ein gutes Stück näher. Reinigung und Pflege, das Freikratzen bei eisiger Kälte im Winter, endloses Rundendrehen bei verzweifelter Parkplatzsuche, der Stress im Straßenverkehr und vieles mehr konnten wir damit auch hinter uns lassen. So haben wir mehr Zeit und Ruhe und genießen diese Entspannung.

Wir sind jetzt noch mehr als früher leidenschaftliche Bahnreisende und können auf unseren Fahrten zwischen Berlin und Thüringen so richtig entspannen. Die vorbeiziehende Landschaft genießend oder ein Buch lesend, lassen wir die Gedanken einfach schweifen. Hier können wir die Kontrolle abgeben, müssen nicht hoch konzentriert auf Asphalt und Schilder schauen und sind für Aufgaben nicht greifbar. Ein richtig meditativer Zustand und für uns immer wieder eine Wohltat. Frühzeitig gebucht, ergattern wir oftmals günstige Tickets, und mit der Bahn sind wir sogar schneller bei unserer Familie als mit dem Auto.

Allein in Deutschland können wir mit dem Zug rund 5.700 Bahnstationen erreichen, von denen aus man prima die Orte und Umgebungen erkunden kann. Wenn man jeden Tag nur eine davon besuchen wollte, benötigte man allein dafür mehr als 15 Jahre. Mit schnellen Hochgeschwindigkeitszügen, bequemen Nachtzügen, gemütlichen Regionalbahnen oder beeindruckenden Nostalgiezügen kann man sogar durch ganz Europa reisen, und das vom Mittelmeer bis zum Polarkreis oder von der Atlantikküste bis ans Schwarze Meer. Diese Möglichkeiten faszinieren uns immer wieder. Die allermeisten Königshäuser vergangener Tage konnten zu keiner Zeit in dieser Geschwindigkeit, geschweige denn in unserer heutigen Vielfalt, reisen. Für sie waren weite Wege durch Europa und den Vorderen Orient oft mit großen Entbehrungen und hohen Kosten verbunden. Gegenwärtig benötigt man mit der Bahn von Berlin nach Istanbul rund zwei Tage und zahlt dafür in etwa 250 Euro.

Auch in kleineren Dimensionen sind wir sehr gern mit dem ÖPNV unterwegs. Wir nutzen ihn für den Weg zur Arbeit oder zum Erkunden und Erleben Berlins. Manchmal schauen wir einfach auf den Streckenplan und düsen zu dem Ziel, das uns spontan anspricht. Dabei blicken wir begeistert aus dem Fenster und genießen unsere individuelle Stadtrundfahrt. So kommen wir ebenso gemütlich zu den Hotspots der Stadt wie ins ruhige Grüne oder ans Wasser und dabei an Orte, die uns sonst vielleicht nie eingefallen wären. Die kurze Taktung und meist unkomplizierte Verzahnung des ÖPNV in Berlin sind dabei ziemlich gut und unserer Meinung nach besser als ihr Ruf. Wenn es doch mal etwas länger dauert, sehen wir das als prima Gelegenheit, uns in unserer schnelllebigen Zeit mal wieder in Geduld zu üben, uns bewusst zu machen, dass wir nicht immer alles schnell und sofort machen und haben müssen und wie schön es doch ist, einfach mal in Ruhe durchzuatmen.

Entschleunigung genießen wir auch auf unseren zahlreichen Fußwegen. Wir erledigen viele Wege per pedes, scheuen uns nicht vor langen Strecken und gehen sehr gern ausgiebig spazieren. So erleben wir unsere Umgebung bewusster, können alles entspannt und ausführlich bestaunen und spüren, wie unsere Gedanken zur Ruhe kommen – und nach weiten Wegen schläft es sich so richtig gut. Wir haben uns lange nicht so fit gefühlt. Wussten Sie außerdem schon, dass Gehen wie eine Massage für den Rücken ist? Damit tun Sie also nicht nur der Umwelt, sondern auch sich selbst etwas Gutes.

Nach nun einigen Jahren ohne privates Auto fehlt es uns erstaunlich selten. So schnell wir uns an eins gewöhnt hatten, so schnell haben wir es uns auch wieder abgewöhnt. Nur in wenigen Fällen greifen wir auf eins zurück. Es geht uns auch nicht darum, Autos kategorisch abzulehnen. Es gibt Situationen und Regionen, in denen sie berechtigt und sinnvoll sind. Carsharing ist dabei aus unserer Sicht in unterschiedlichen Formen eine gute Ergänzung für moderne, zukunftsfähige Mobilität. Stellen Sie sich nur vor, wie viele Spielplätze, Sportanlagen oder Grünflächen aus all den Parkplätzen und Stellflächen entstehen könnten, wenn es weniger Autos gäbe, die die meiste Zeit ihres Lebens ungenutzt herumstehen.

Reiselust

Ob Tagesausflug, Wochenendtrip oder längere Sommerreise, die Welt zu entdecken ist eine unserer großen Leidenschaften. Im Kleinen und Großen, im Nahen und Fernen unterschiedliche Landschaften, Architekturen, Menschen und Kulturen kennenzulernen, fasziniert uns. Wenn wir unterwegs sind, wird unser Blick auf die Welt immer wieder durch neue Facetten erweitert. Wir tauchen in andere Lebenswirklichkeiten ein und sehen unsere eigene dabei in einem neuen Licht, so entwickeln wir uns weiter und werfen einen Blick über den Tellerrand. Schon wenn wir nur einen Tag durch Berlin schlendern, dabei unbekannte Ecken und Menschen neu und bekannte immer wieder anders entdecken, spüren wir, wie sich unsere Gedanken vom Alltag lösen, eingefahrene Bahnen verlassen und wir neue Impulse und Blickwinkel hinzugewinnen. Dies empfinden wir als große Bereicherung. Wir können entspannen, Geist und Körper kommen zur Ruhe und uns wird wieder klarer, was uns im Leben wirklich wichtig ist.

Als wir uns entschieden haben, ein Leben mit 990 Euro pro Monat und Person auszuprobieren, schloss dies für uns auch Kosten für Ausflüge und Reisen ein und somit die Frage, was für Unternehmungen in diesem Rahmen möglich sind. Kaum vorstellbar, könnte man meinen. Unsere Umsetzung sah folgendermaßen aus: Von unserem Budget haben wir monatlich jeweils 85 Euro für längere Reisen zum Ansparen eingeplant. Die gemeinsamen monatlichen 500 Euro (250 Euro pro Person) in unserem Portemonnaie sollten sowohl Lebensmitteleinkäufe, Essen in Restaurants als auch Ausflüge abdecken und wenn am Monatsende von diesem Geld noch etwas übrig war, floss es ebenso mit in unsere Reisespardose. Unsere Ausflüge und Reisen stellen wir meist selbst zusammen. Dabei war es eine spannende und erkenntnisreiche Erfahrung, unsere Ausgaben bei der Planung und während unserer Unternehmungen genau im Blick zu behalten.

Wohin des Weges?

Bei der Auswahl unserer Ausflugs- und Reiseziele fällt uns immer wieder auf, wie wunderschön und vielfältig schon unsere nahe Umgebung ist. Allein Berlin bietet uns unzählige sehenswerte Ecken. Wir lieben das viele Grün, die kleinen und großen Parks, in denen Menschen einfach zusammensitzen, gemeinsam die Sonne genießen, spielen, lachen, essen und trinken, die traumhaft weiten Seen, die Buchten und Flusszüge, die bunten und kreativen Szene- und Kneipenviertel. Während unserer Ausflüge erleben wir Berlin in all seiner faszinierenden Vielfalt. Die unterschiedlichen Kieze und angrenzenden Dörfer, die kulinarischen Kreationen mit Düften und Geschmäckern aus nahezu allen Ländern unserer Welt, die verschiedensten Lebensweisen. Immer wieder haben wir den Eindruck, beim Schritt über die Schwelle unserer Haustür die ganze Welt zu betreten. Schon hier gibt es jeden Tag etwas Neues zu entdecken, ohne weit reisen zu müssen, und mit unserer Umweltkarte für den ÖPNV erreichen wir günstig und umweltfreundlich jeden Winkel.

Wenn uns die größere Reiselust packt, sind wir auch sehr gern in anderen Regionen Deutschlands, Europas und der Welt unterwegs. So machten wir schon einen spontanen Tagesausflug nach Wismar, verbrachten wunderschöne Wochenenden in Amsterdam und Prag, versanken in den schier endlosen literarischen Tiefen eines Bücherhotels in Mecklenburg-Vorpommern, bestaunten die märchenhafte Landschaft des Königssees und genossen im Sommer von San Gimignano bis nach Vinci wandernd das mediterrane Lebensgefühl der Toskana oder auf unserer Rennsteigwanderung die urige Natur des Thüringer Waldes. Dabei sind wir, wann immer möglich, mit dem Zug unterwegs und suchen unsere Ziele auch oft danach aus, wie gut sie mit der Bahn erreichbar sind. Die Preise dafür können durchaus überschaubar sein und passen gut in unser Budget, insbesondere wenn wir die Fahrten frühzeitig buchen. So kamen wir von Berlin und mit einer BahnCard 25 schon ab 20 Euro mit Regionalzügen bis nach Wismar an die Ostsee. Mit 25 Euro erreichten wir mit dem EC Prag, ohne umzusteigen, und für nur 30,90 Euro düsten wir mit dem ICE nach Amsterdam. Allerdings müssen wir erwähnen, dass die Website der Deutschen Bahn und ihre App oft nicht auf dem einfachsten Weg die günstigsten Möglichkeiten verraten und wir die Flexpreise für sehr überteuert halten. Oft kommen wir ohne Recherche und Vorwissen nicht an die preiswerten Angebote. Gerade in diesen Punkten sollten die Anbieter dringend nachbessern, damit die Bahn und der ÖPNV an sich attraktiver werden.

Unsere Fahrt mit dem Nachtzug nach Venedig war ein ganz besonderes Erlebnis. Hier haben wir uns auf ein Abenteuer eingelassen, wählten wir doch bewusst den Sitzwagen. Angekommen in unserem Abteil stellten wir überrascht und freudig fest, dass sich die Sitze mittig zusammenschieben ließen und so richteten wir uns eine gemütliche Liegewiese ein. Schön altmodisch und vertraut ratternd führte uns der Zug so in die Nacht hinaus. Wir schliefen selig ein und erwachten unter den sanften rosafarbenen Schleiern des Sonnenaufgangs über den Ausläufern der Alpen. Ein einmaliger Moment. Wir gönnten uns einen warmen Tee aus unserer Thermoskanne und genossen die letzten Kilometer der Fahrt mit neugierigen und faszinierten Blicken auf die vorbeiziehende italienische Landschaft. Ein paar Gedanken später erreichten wir pünktlich um acht Uhr morgens Venedig und starteten ausgeruht und glücklich direkt in unseren ersten Urlaubstag.

Solche schönen Erlebnisse nehmen wir auf unseren Ausflügen und Reisen immer wieder wahr. Wir wählen bewusst die kostengünstigeren Ticketvarianten, verzichten üblicherweise auf Sitzplatzreservierungen und reisen dennoch in den überwiegenden Fällen gemütlich und entspannt. Dinge finden und ergeben sich und es ist auch immer eine Frage des Blickwinkels. Wir nehmen kleine Widrigkeiten eher als Abenteuer und Erfahrung denn als Störfaktor wahr und lösen uns von dem Anspruch, dass jeder Moment perfekt sein muss. Begeistert entdecken wir bei unseren Fahrten immer wieder neue Züge und Strecken. So fand unsere Italienreise mit einer ausgiebigen Tour quer durch die idyllischen Schweizer Alpen einen stimmungsvollen Ausklang, was die lange Verspätung in Mailand mehr als wettmachte.

Sollte unser Ziel mal nicht direkt mit dem Zug erreichbar sein, nehmen wir auch gern den nächsten Bus oder meistern das letzte Stück zu Fuß. Dabei nutzten wir einmal eine Bushaltestelle an einer abgelegenen Landstraße mitten in Mecklenburg-Vorpommern und versetzten den Busfahrer damit in schieres Erstaunen. Er begrüßte uns mit den Worten: »Ich fahre diese Strecke jetzt seit 30 Jahren, aber noch nie ist jemand an dieser Haltestelle eingestiegen« und erfreute uns den Rest der Fahrt mit vielen spannenden Informationen über die Gegend. Wir wollen zum Schutz der Umwelt möglichst auf Flugreisen verzichten und sind immer wieder fasziniert, wie weit man mit Bus und Bahn kommen kann.

Ich packe meine Koffer …

Was unsere Ausflüge und Reisen auch enorm entspannt, ist, dass wir darauf achten, nur das Nötigste mitzunehmen. Für uns ist es ein so befreiendes und angenehmes Gefühl, mit leichtem Gepäck unterwegs zu sein, nur die Kleidungsstücke mit uns zu tragen, von denen wir wissen, dass wir sie wirklich brauchen, Hygieneartikel und Kosmetik in den Mengen und Varianten, die wir wirklich benötigen, Technik in sehr geringem Ausmaß und auch keine übermäßige Verpflegung. Gleichzeitig ist das für uns in einem Rahmen, mit dem wir uns rundum wohlfühlen. So sind wir bei Tagesausflügen oder Wochenendtrips in der Regel zusammen mit nur einem kleinen Rucksack unterwegs und werden auch bei längeren Reisen mit unserem wenigen Gepäck immer wieder mit erstaunten Blicken bedacht. Auf unserer Rennsteigwanderung wogen unsere beiden Rucksäcke, bepackt mit Kleidung für 14 Tage, Hygieneartikeln, Handtüchern, dem Reiseführer, Handys samt Ladegeräten, kleinen Werkzeugen und Kerzen, inklusive Isomatten und Schlafsäcken und ohne Verpflegung beispielsweise nur fünf und sieben Kilogramm.

Bisher fühlt sich das für uns immer wieder sehr gut an, wir vermissen nichts. Unsere Kleidungsstücke reichen in den allermeisten Fällen aus und wenn es doch mal knapp wird, waschen wir sie einfach von Hand aus und lassen sie über Nacht trocknen. Auch als uns auf der wilden Jagd nach einem verborgenen Geocache mal eine Hose aufgerissen ist, wir keinen Ersatz dabeihatten und deshalb spontan eine neue besorgen mussten, nahmen wir das mit Humor und als lustige Reiseanekdote. So was kann immer passieren und auch in diesen Fällen ist uns minimalistisches Gepäck angenehmer als mehrere Koffer und Taschen schwer schleppen zu müssen. Damit wollen wir uns auf Ausflügen und Reisen noch mal in besonderem Maße aus gefühlten materiellen Abhängigkeiten befreien und dadurch mehr im Moment sein, mehr an den Orten, die wir besuchen, befreit und leicht. So verzichten wir beispielsweise auch auf übermäßiges Fotografieren, um die schönen Momente und Ausblicke direkt zu genießen und auf uns wirken zu lassen, wenn sie geschehen, ohne durch Technik abgelenkt zu sein, was zugegebenermaßen manchmal leichter gesagt ist als getan.

Unterkünfte und Übernachtungen

Auch in Sachen Übernachtungen sind wir mit einfachen Dingen sehr glücklich. Eine kleine Pension oder eine Herberge mit Frühstück sind für uns völlig ausreichend. Oft versorgen wir uns auch selbst auf Reisen und sind couchsurfend unterwegs. Für uns ist das eine großartige Möglichkeit, die Menschen vor Ort und damit die Gegend noch persönlicher kennenzulernen. Dadurch entstand schon vor unserem Umzug unsere erste Berliner Bekanntschaft, mit der wir bis heute lustige und bereichernde Abende verbringen und über die sich sogar die erhoffte Doppelkopfrunde in einer der urigsten Kneipen Berlins fand.

Auf unseren Reisen wissen wir am Morgen manchmal nicht, wo wir am Abend schlafen werden. Wir entscheiden gern aus der Tageslaune und dem Augenblick heraus, wohin und wie weit wir am heutigen Tag wollen, und suchen dann spontan nach einer Übernachtungsmöglichkeit. Dazu verzichten wir größtenteils auf Buchungsportale, schauen einfach auf die Karte der Umgebung und nehmen persönlichen Kontakt mit den Gastgebern auf. Das Ganze gehen wir mit Vertrauen und Gelassenheit an und empfinden es als Entspannung, keinem konkreten Plan zu folgen, auch wenn uns bewusst ist, dass das nicht für jeden etwas ist und eine gewisse Risikobereitschaft dazugehört. Wir sind damit bisher sehr gut gefahren, haben immer eine Unterkunft gefunden und in den überwiegenden Fällen auch noch eine günstige. Dabei sind für uns bis zu 35 Euro pro Übernachtung und Person ein sehr guter Preis, der sich mit unserem Budget entspannt vereinbaren lässt. Und immer wieder sind wir überrascht, was für eine große Auswahl an schönen Übernachtungsmöglichkeiten man dafür schon bekommt. So schliefen wir während unserer

Toskana-Wanderung beispielsweise im verträumten und ursprünglich erhaltenen Gambassi Terme für nur 25 Euro pro Person und Nacht in einer wunderschön altmodisch hergerichteten kleinen Wohnung in einem aus Natursteinen erbauten Haus mit typisch italienischem Flair sowie Blick auf eine Kirche und einen hübschen Platz, auf dem sich ältere Italienerinnen und Italiener freudig auf Bänken sitzend zum Schnattern trafen. Das Ganze war für uns so idyllisch, dass wir spontan eine weitere Nacht blieben, um unsere Seelen noch ein wenig an diesem Ort baumeln zu lassen.

Reiseproviant

Nach einem ausgiebigen Frühstück füllen wir unseren kleinen Rucksack für den Tag meist mit einer Thermoskanne voll heißem Tee oder unseren wiederverwendbaren Wasserflaschen und packen eine Dose mit etwas Obst, ein paar Keksen oder belegten Broten für unseren nächsten Ausflug ein. Gern holen wir uns auch etwas Verpflegung in einer nahegelegenen Bäckerei oder notfalls im Supermarkt und kommen so, lecker versorgt, ressourcensparend und mit geringen Kosten, entspannt über den Tag.

Zwischendurch gönnen wir uns auch gern ein Stück Kuchen oder ein Eis, und am Abend haben wir dann oft Lust auf etwas Warmes und entdecken auch hier beim gemütlichen Schlendern durch die belebten Straßen oder verwinkelten Gassen meist ein preiswertes und gemütlich ansprechendes Lokal oder nehmen auch mal eine ortstypische Spezialität auf die Hand. Dabei sind wir ziemlich unkompliziert und lassen uns freudig gespannt auf Neues ein. Wenn man die Welt couchsurfend entdeckt, bekommt man von den Ortskennern oft auch noch richtig gute Restauranttipps obendrauf. So gehen wir, dank unseres bereits erwähnten lieben Hosts in Berlin, noch heute immer wieder gern zu einem köstlichen Italiener, bei dem man Pasta und Pizza mit frischen Zutaten und in den leckersten Varianten unter 7 Euro bekommt. Insgesamt planen wir auf Reisen pro Person und Tag etwa 20 bis 25 Euro für Verpflegung ein.

Spontan sein

Entspannung und Spontanität sind uns im Allgemeinen und auch bei unseren Ausflügen und längeren Reisen sehr wichtig geworden. Wir möchten uns von Stress und Druck lösen und hinterfragten und veränderten daher auch in diesem Lebensbereich unseren Blickwinkel. So verschaffen wir uns vor Ausflügen und Urlauben zwar noch immer einen Überblick über den Zielort, gehen dabei aber nicht mehr bis ins kleinste Detail. Wir lassen die Dinge nun gern auf uns zukommen, nehmen uns Zeit, starten ganz gemütlich in die freien Tage ohne einen in Stein gemeißelten Plan. Wir lösen uns von dem Anspruch, möglichst viele Highlights zu erleben und alle schönen Flecken gesehen haben zu müssen. Natürlich gibt es auch für uns interessante Sehenswürdigkeiten, Museen oder Erlebnisse. Diese aber nur grob und nicht im Überfluss einzuplanen oder als Muss zu betrachten, tut uns sehr gut. So machen wir auch ganz automatisch weniger Dinge, die Eintritt kosten, was wiederum unserem Budget zugute kommt.

Dabei ist Geocaching für uns eine tolle Möglichkeit, Orte zu entdecken, etwas über ihre Geschichte zu lernen, sie aus einem neuen Blickwinkel zu sehen, genauer hinzuschauen und kleine und große Abenteuer zu erleben, und das alles kostenfrei. So erkundeten wir schon gemütliche Innenhöfe, riesige, geschichtsträchtige Lost Places, atmeten den Hauch der Vergangenheit zwischen den rostigen Überbleibseln früherer Betriebsanlagen, kletterten in Baumkronen, »zwängten« uns durch die schmalste Gasse Venedigs und lernten eine freundliche Familie bei dem Versuch kennen, inmitten eines nahezu undurchdringlichen und stacheligen Gebüschs, dessen Eingang wir erst nach mehreren irreführenden Umrundungen ausfindig machen konnten, das Rätsel eines vermeintlichen Vogelhäuschens zu knacken, um anschließend mit wilder Frisur und leicht zerkratzten Händen und Füßen wieder herauszufinden und erst mal herzhaft zu lachen.

Wir gehen meist einfach drauflos, verweilen an den Orten, die uns gefallen, ohne den Druck zu haben, dass woanders vielleicht etwas noch Besseres warten könnte. So landeten wir auf der Suche nach Kaffee und einem leckeren Stück Kuchen schon in einer verträumten Buchhandlung, in welcher uns die nette Angestellte auf eine gemütliche Couch einlud und mit heißer Schokolade und Keksen verwöhnte. Plötzlich fanden wir uns mit ihr in einem anregenden Gespräch über Gott und die Welt wieder, aus dem wir nach Stunden – die sich wie Minuten anfühlten – mit völlig neuen Gedanken und Ideen wieder herauskamen. So vergessen wir bei unseren Unternehmungen oft Raum und Zeit. Das ist für uns Erholung und Urlaub pur.

Wir genießen es sehr, von jetzt auf gleich in die Welt hinauszustarten und den Tag spontan ganz woanders zu verbringen. So hatten wir eines Samstagmorgens auf einmal die Idee, an die Ostseeküste zu fahren. Wir schnappten unseren Rucksack, rannten zum Bahnhof Ostkreuz und erreichten, verschwitzt und außer Puste, gerade noch den nächsten Zug nach Wismar, der zu unserem Glück etwas verspätet startete, da es Probleme mit einer Fahrradmitnahme gab. Diese Erinnerung lässt uns noch heute schmunzeln.

Die kleinen und großen Veränderungen in unserer Haltung und unserer allgemeinen Lebenssituation machen all diese schönen Augenblicke, Reisen und spontanen Trips möglich. Für uns ist das eine enorme Bereicherung bei gleichzeitiger Erleichterung, für die wir sehr dankbar sind.

Rennsteig

Unsere Rennsteigwanderung war für uns eine ganz besondere Erfahrung. Wir waren elf Tage auf dem Kammweg des Thüringer Waldes unterwegs und ließen dort die Tiefe und Weite der Natur auf uns wirken. Jede zweite Nacht verbrachten wir mit unseren Schlafsäcken und Isomatten auf Holzbänken in offenen Schutzhütten am Wegesrand, schliefen wohlig warm eingekuschelt mit dem Blick in die Unendlichkeit unter freiem, von Sternen übersäten Himmel ein und erwachten mit der erfrischenden Luft des aufgehenden Sommermorgens, umgeben von den sanften Geräuschen des Waldes. Eine wundervolle Zeit, in der wir uns stark mit der Natur verbunden fühlten und auf das Ursprüngliche, das Einfache und Schöne des Lebens und des Seins besannen. Es war so erholsam und frei, im Rucksack nur das Wichtigste dabeizuhaben, leicht und beschwingt, umringt von saftigem grünem Klee, entlang an sanft plätschernden Bächen und vorüber an Pilzen, so groß, wie man sie sonst nur aus Märchen kennt, von einem ergreifenden Ausblick zum nächsten Berg zu wandern, unser eigenes Tempo zu finden, Zeit zu haben und uns diese auch bewusst zu lassen.

Die Wildnis lehrte uns Geduld und Ausdauer beim Pflücken leckerer, naturbelassener, winziger Heidelbeeren, die sich immer wieder wie ein ganzes Meer vor uns erstreckten, denn auch zu zweit benötigten wir einige Zeit, um unseren kleinen Becher mit diesen Köstlichkeiten zu füllen. Dabei machten wir auch die nette Bekanntschaft mit einer sympathischen Anwohnerin, die uns mit tiefblauen Fingern berichtete, dass sie ihr Eimerchen füllt, um ihre Kinder am Wochenende mit einem selbstgebackenen Heidelbeerkuchen zu verwöhnen.

Teilweise schlugen wir schon am Nachmittag unser Lager in einer der hölzernen Schutzhütten auf und ließen uns darauf ein, mal nichts anderes zu tun, als die Umgebung in all ihren Formen, Farben, Lichtspielen, Düften und Geräuschen auf uns wirken zu lassen, bis die Nacht hereinbrach. In unserer sonst so hektischen Welt, in der an jeder Ecke eine Aufgabe, ein Erlebnis oder eine Beschäftigung winken, war es eine sehr erkenntnisreiche Erfahrung, dass wir uns erst auf diesen seltenen Umstand der vollkommenen Ruhe einlassen mussten, um dann richtig herunterfahren zu können.

...

Beim Rückblick auf all die schönen Erlebnisse, Ausflüge und Reisen sind wir immer wieder erstaunt und begeistert, wie viel mit unserem selbstgewählten Budget und den öffentlichen Verkehrsmitteln möglich ist. Finanziell bedurfte das Ganze für uns eines gewissen Augenmaßes, dennoch mussten wir nicht jeden Euro dreimal umdrehen. Wir fühlten uns frei in der Auswahl unserer Unternehmungen und konnten uns Dinge gönnen. Es war eine großartige Erfahrung, festzustellen, wie viele Orte wir entspannt auch umweltschonend erreichen können und dass wir ziemlich schnell und leicht auch immer wieder preiswerte und gleichzeitig wohltuende Unterkünfte sowie leckere Restaurants und Cafés fanden. Uns ist natürlich klar, dass nicht jeder Bahnfahren und Wandern als Erholung und Urlaub empfindet oder gern in einer Herberge oder unter freiem Himmel übernachtet. Auch wir sind nach langen Strecken zu Fuß und gelegentlichen unbequemen Nächten körperlich erschöpft. Jedoch erholt sich unser Geist sehr gut auf diesen Touren und wir fühlen uns mit unserer Art der Ausflüge und Reisen sehr wohl. Dieser Weg ist auch nur eine mögliche Alternative zu Flügen, langen Autofahrten oder Kreuzfahrten. Es ist der Weg, den wir für uns wählen und ausprobieren. Vielleicht haben Sie ganz andere tolle Ideen für Reisen, Erholung und Urlaub, die gleichermaßen klimafreundlich und ressourcenschonend sind.

Fazit unseres Selbstversuchs

Nach all den großen und kleinen Veränderungen in unserem Leben, neuen Wegen und Betrachtungsweisen stellt sich natürlich die Frage: Welche Wirkung hatte unser Selbstversuch und wie weit kamen wir mit dem Budget von 990 Euro pro Monat und Person?

Als wir unseren Versuch Mitte 2020 starteten, wollten wir diesen für ein Jahr ausprobieren. Im Laufe der Zeit wurde er ein Teil unseres Lebens, den wir bis heute weiterführen und den Umständen der Zeit anpassen. Hier soll es nun erstmal um unser Fazit der ersten anderthalb Jahre gehen. In dieser Zeit erlebten wir einige Höhen und Tiefen und gewannen dabei Erkenntnisse, die wir rückblickend nicht mehr missen möchten.

Ein Blick ins Portemonnaie

Kommen wir zunächst zu den nackten Zahlen. Hier können Sie sehen, welches Budget wir tatsächlich erreichten.

Ausgabe	Unser Ziel	Realität
Miete inkl. Heizkosten, Wasser (Ziel: 30 m³ – erreicht: 34,5 m³) und Betriebskosten	350 €	364 €
Strom (Ziel: 600 kWh – erreicht: 616 kWh)	20 €	15 €
Einkäufe (Lebensmittel, Hygieneartikel, …)	125 €	125 €
Gemeinsame Freizeit (Essen gehen, Ausflüge, …)	125 €	125 €
Individuelles Taschengeld	50 €	100 €
Kleidung	30 €	35 €
Mobilität (ÖPNV Berlin, Bahnfahrten, …)	75 €	90 €
Versicherungen (Haftpflicht, Hausrat, Unfall)	15 €	21 €
Bankgebühren	5 €	9 €
GEZ	10 €	10 €
Internet	10 €	12 €
Handyvertrag	15 €	15 €
Streamingdienste	5 €	3 €
Spardose für Reisen und Urlaube	85 €	85 €
Reserve für Reparaturen, notwendige Ersatzanschaffungen, …	35 €	45 €
Sonstiges (Bücher, Geburtstagsgeschenke, …)	35 €	40 €
Summe:	**990 €**	**1.094 €**

Diese Zahlen stellen die Durchschnittswerte pro Person für uns beide über die betrachteten anderthalb Jahre dar. Sie spiegeln auch wider, dass wir uns viele Ausgaben in unserer gemeinsamen Wohnung und unserem Alltag teilen. Außerdem haben wir bei Wasser, Heizung und Strom pauschal 15 Prozent für Aufenthalte außerhalb unserer Wohnung hinzugerechnet. Es war für uns sehr schön zu erleben, dass wir in vielen Bereichen das Zielbudget tatsächlich umsetzen und teilweise sogar unterschreiten konnten. Insgesamt landeten wir mit unseren 1.094 Euro etwas darüber, und doch fühlt es sich gut an, damit einen großen Schritt getan zu haben.

An dieser Stelle ist uns wichtig zu betonen, dass wir nur von unseren Lebensumständen und -vorstellungen sprechen können und uns bewusst ist, dass diese von Mensch zu Mensch sehr unterschiedlich sind. Wir streben aus freien Stücken eine Verringerung unserer Ausgaben an und können dies den Umständen entsprechend anpassen. Im Gegensatz zu vielen Menschen, die gezwungen sind, mit diesem Budget oder weniger auszukommen, und das, obwohl nicht wenige von ihnen 40 Stunden und mehr arbeiten. Dazu aus einer Not heraus verpflichtet zu sein, ist etwas völlig anderes.

Für uns war und ist der Selbstversuch eine Möglichkeit, mit der wir uns unserem Ziel eines befreiteren, entspannteren sowie klimaneutralen, ressourcenschonenden und menschenfreundlichen Lebens annähern. Dabei wollten wir auch herausfinden, was für uns persönlich ein gutes Leben ausmacht. Er war und ist ein hilfreicher Orientierungsrahmen auf der Suche nach einem angenehmen Maß.

Haben wir unsere Ziele erreicht?

Zahlen können uns natürlich helfen, einen ersten Überblick zu gewinnen, doch viel wichtiger ist, inwieweit wir damit unseren darüber hinausgehenden Vorsätzen näherkamen. Welche Erfahrungen und Erkenntnisse gewannen wir? Welche Hürden begegneten uns und wie gingen wir mit ihnen um? Und wie fühlt sich unser neuer Lebensweg eigentlich an?

Insbesondere die Verkleinerung unseres Wohnraums, der Verkauf unserer Autos sowie das Hinterfragen und Verändern einiger Verträge und Verpflichtungen waren für uns bedeutende Schritte und trugen einen großen Teil dazu bei, unseren Zielen näherzukommen. Besonders froh macht uns auch, dass wir unseren Verbrauch an Wasser, Strom und Heizung schon stark senken konnten. Gleichzeitig gaben wir in bestimmten Fällen auch etwas mehr Geld aus, um unseren Werten treu zu bleiben. So wechselten wir beispielsweise zu einer Gemeinschaftsbank, bei der das Geld in ökologische und soziale Projekte investiert wird, obwohl dies mit höheren Kosten verbunden ist, als wir geplant hatten. Dabei mussten wir uns auch des Öfteren fragen: Schaffen wir es diesen Monat, unsere Ziele zu erreichen? Und schaffen wir es auch, dieses Niveau langfristig zu halten? Uns wurde unter anderem klar, dass solche Veränderungen nicht vom Himmel fallen. Unser Wille und unser Bewusstsein sind dafür wichtige Voraussetzungen und entscheidend ist letztlich immer wieder, zu handeln, unsere Werte und Vorstellungen zu leben, sie in die Tat umzusetzen. Rückblickend sehen wir, dass viele kleine Schritte einen großen Unterschied bewirkt haben. Wir sind erstaunt, wie weit wir schon gekommen sind.

Dabei waren wir und ebenso unsere Mitmenschen auch oft überrascht, wie viel mit so einem Budget dennoch möglich ist. Witzigerweise wurde hinter vorgehaltener Hand sogar davon gesprochen, dass wir ein Luxusleben führen würden und dies mit unserem gewählten Budget kaum möglich scheine. Der Überlegung, ob Luxus etwas Relatives ist und eine Frage der Betrachtungsweise, widmen wir uns gleich noch.

Wir sind uns bewusst, dass unsere Veränderungen im ökologischen Sinne noch nicht ausreichend sind, werden aber weiter dranbleiben. Dafür überlegen wir unter anderem, selbst unsere Reisen mit dem Zug weiter zu verringern. Denn auch wenn dieses Verkehrsmittel umweltfreundlicher ist, als ein Auto oder gar ein Flugzeug zu nutzen, produzieren auch Zugfahrten Treibhausgasemissionen, die wir ja möglichst gering halten möchten, um einen ausgeglichenen ökologischen Fußabdruck zu erreichen. Dabei geht es uns auch darum, die berühmt-berüchtigten Rebound-Effekte zu vermeiden und ökologisch vorteilhaftere Alternativen ebenso nur in einem angemessenen Maß zu nutzen. Auch hierbei empfinden wir unser Budget als nützlichen und unterstützenden Rahmen.

Scheitern

Trotz großer Motivation, Lust auf Veränderung und der Bereitschaft, Kompromisse und Umstände in Kauf zu nehmen, war auch unser Weg gelegentlich von Steinen blockiert. Wir mussten vermeintlich gute Lösungen revidieren und neue Pfade finden. Denn je mehr wir uns mit Umweltschutz und Humanität beschäftigten, umso deutlicher wurde uns auch, wie viel wir dennoch jeden Tag »falsch« machen, ohne es überhaupt zu ahnen. Produktionsprozesse, Arbeitsbedingungen und Lieferketten sind kaum zu durchschauen, ein enormer Etikettenschwindel umgibt uns und der Schutz von Mensch und Natur hat so viele Aspekte, dass wir manchmal etwas hilflos aus der Wäsche schauten. So fühlten wir uns bei unserem »100-Prozent-Ökostrom«-Anbieter beispielsweise auf der »sicheren« Seite, bis wir aus einem Bericht erfuhren, dass diese Versprechen meist nicht viel mit der Wirklichkeit zu tun haben und es nur einen Bruchteil Ökostromanbieter in Deutschland gibt, die diesen Namen auch tatsächlich verdienen. Auch lernten wir, dass es zwar schön und gut ist, biologisch angebauten und fair gehandelten Kaffee zu konsumieren, aber ebenso wichtig, ob für die Züchtung der Kaffeepflanzen Urwald abgeholzt werden muss oder dies umweltfreundlich in Wäldern oder Permakultur geschieht. Ganz zu schweigen davon, dass auch »fairer« Lohn relativ ist. Viele solcher Missstände fielen uns bei der Auseinandersetzung mit den von unserem »freien« Markt angebotenen Produkten auf, die somit schon im Grundsatz einer wirklich freien und demokratischen Gesellschaft widersprechen. Allein damit könnten wir ganze Buchläden füllen.

Doch was sollten wir mit diesen Erkenntnissen machen? In den nächsten Flieger nach Hawaii steigen, unsere Köpfe in den feinen, weißen Sandstrand stecken und uns die Sonne auf den Pelz scheinen lassen? Getreu dem Motto: »Wie man es auch macht, es ist sowieso falsch. Wir können doch eh nichts ändern. Dann ist es auch egal«.

Nein, so schnell lassen wir uns nicht abschrecken. Wir beschäftigen uns gern immer tiefer mit dieser Thematik und suchen weiter nach wirklich sinnvollen und umsetzbaren Lösungen. Aber auch wir kommen dabei hin und wieder an unsere Grenzen und stellen fest, dass Einzelne dies nicht allein leisten können. Es braucht ein gemeinsames Vorgehen, für welches die Politik die Rahmenbedingungen im Sinne von Mensch und Natur schaffen und verlässlich umsetzen muss. Ein Lieferkettengesetz, das wirklich die Einhaltung der Menschenrechte bei allen Beteiligten schützt und für die gesamte Wirtschaft gilt, wäre ein guter Anfang. Ebenso wie einheitliche und leicht verständliche Siegel, auf die man als Verbraucher auch vertrauen kann. Und – wenn wir an dieser Stelle ein bisschen träumen dürfen – im Idealfall einer wirklich zivilisierten und weitsichtigen Weltgemeinschaft wäre all dies gar nicht nötig, weil Mensch und Umwelt ganz selbstverständlich in all ihrem Tun und somit auch all ihren Produkten vernünftig und verantwortungsvoll berücksichtigt würden.

Auch zog unser Experiment im persönlichen Umfeld weniger schöne Spuren nach sich. So fällt es uns im Smalltalk mit Freunden, Verwandten und Bekannten immer schwerer, an den häufig ausgiebigen Konsumgesprächen teilzunehmen. Zusätzlich sind unsere Vorstellungen wie fair trade, bio oder secondhand oftmals eher Störfaktoren als verbindende Elemente. Durch die nun teils unterschiedliche Interessenlage geht leider auch ein Stück Nähe verloren. Allein unsere Anwesenheit löst manchmal Unbehagen aus, da wir so eine Art »wandelndes schlechtes Gewissen« geworden sind, weil wir auf viele kleine Dinge achten, um den Zustand unserer Welt durch unser Tun zumindest nicht zu verschlechtern. Gelegentlich schafft es unser Experiment, zum Gesprächsthema zu werden. Allerdings wird dies oftmals nicht an dem bemessen, was wir bisher möglich gemacht haben, sondern und vor allem daran, was wir noch nicht umsetzen konnten. Dabei sind es doch gerade die Dinge, die wir schon erreicht haben, welche das Potenzial haben, einen positiven Beitrag für unsere Welt zu leisten. Zudem fallen uns politische Diskussionen in unserem Umfeld zunehmend schwerer, da wir uns nur noch selten darauf einlassen können, mit erhobenem Finger auf die »schlechte« Politik zu zeigen, ohne auf unser aller Verantwortung in Sachen demokratischer Beteiligung und demokratischer Wahlen hinzuweisen. Denn unsere Regierung hat sich weder an die Macht geputscht noch hochgeschlafen.

Vielmals fühlen wir uns in unserem Experiment ein bisschen wie Entdeckungsreisende, hoffnungsvoll auf der Fahrt zu neuen, unbekannten Flecken unserer Erkenntnis und Erfahrung. Dabei schlagen auch uns gelegentlich die hohen Wellen der Versuchungen und die Gegenwinde persönlicher und gesellschaftlicher Gewohnheiten entgegen, was uns jedoch nicht davon abhält, die neuen Ufer weiter anzusteuern. Hand aufs Herz: Wie leicht fällt es Ihnen, all den Lockrufen der Werbung zu widerstehen? Wohin wir auch blicken oder lauschen, werden uns Tausende und Abertausende von Produkten in bestem Licht angepriesen und es scheint kaum möglich, sich diesen Aufmerksamkeitsfängern gänzlich zu entziehen. Deshalb passiert es uns immer mal wieder, trotz dessen, dass wir dem Konsum Einhalt gebieten wollen, dass Werbung und das Belohnungssystem unseres Hirns die Schranke unseres Bewusstseins überwinden. Tief in uns wird ein Gefühl geweckt, welches unbedingt dieses eine Objekt begehrt, und so kommt es gelegentlich zu Situationen wie der folgenden, die Nick neulich erlebte.

Es war spät am Abend. Während seiner beruflichen Tätigkeit einer Fernwartung zur Update-Installation, welche für 18:30 Uhr noch kurz vor dem

Abendessen angesetzt war und eigentlich nur circa 30 Minuten dauern sollte, waren Warten und Auf-den-Bildschirm-Starren angesagt. Nebenbei checkte er E-Mails und hatte auch ein wenig Zeit, in diese hineinzuschnuppern. Das konsequente Löschen vieler Mails war schnell erledigt, bis eine seine Aufmerksamkeit erregte. Ein »Musiker«-Blog, welchen er schon länger kannte, lieferte eine ungewöhnliche Update-Information. Das fand er in dem Zusammenhang, dass er gerade wegen eines Updates vor dem PC saß, anstatt auf der Couch zu liegen oder auf den Straßen Berlins unterwegs zu sein, besonders witzig. Beschrieben wurde ein Synthesizer. Mit Synthesizern zu spielen, im Sinne von kindlichem Spielen, ist Nicks kreative Ablenkung und so ein halbes Hobby. Besagter Synthesizer wurde um eine Funktion bereichert, durch welche Sprachsynthese zum Beispiel für Roboterstimmen möglich wurde, was als Update sehr ungewöhnlich ist. Und mit dem Update erschien dieser zusätzlich zu seinem sowieso schon enormen Charme in Weiß als Sonderedition in limitierter Auflage. Neugierig, welcher Preis für dieses Instrument in den gängigen Shops aufgerufen wird, stellte Nick zu seinem Erstaunen fest, dass es bereits überall ausverkauft schien. Der Blick auf eBay schockte ihn fast, denn da war der Preis schon mehr als doppelt so hoch.

In ihm klingelten alle Alarmglocken. Eigentlich musste er nach dem Update des Kunden schauen, aber das ließ sich noch immer Zeit. So verging der ganze Abend, bis kurz vor Mitternacht das Kundenupdate abgeschlossen und sein forderndes Belohnungssystem bei nun gefühlten 200 Prozent unterwegs war. Geschafft! Und jetzt noch schnell kaufen via Klick? Natürlich ließ ihm das Teil keine Ruhe und er durchforstete alle gängigen Preissuchmaschinen und zusätzlich die Homepages des lokalen Handels, denn oft steht dort so ein Teil völlig unbeachtet im dunklen, staubigen Lagerraum herum. Aber nichts, kein Treffer. Doch dann fand er einen im DJ-Zubehör-Shop, lagernd, Lieferzeit ein bis zwei Tage. Sein Herz raste. Glücksgefühle, als sei er auserwählt, zum Mond fliegen zu dürfen. Was ihn letztlich rettete, war ein aufkommendes Unbehagen Carolin gegenüber. Er wollte vor dem Kauf mit ihr darüber sprechen, doch sie schlief längst.

Am darauffolgenden Tag gegen Mittag hatte Nick sich dann überwunden, ihr von dem Synthesizer zu erzählen. Ein bisschen in der Hoffnung, Verständnis für seinen Wunsch entgegengebracht zu bekommen. Zum Glück hatte Carolin Verständnis für den Kaufimpuls, welchen sie im Anschluss gemeinsam analysierten. Wie so oft waren sie über die menschliche Psyche erstaunt. Nach einer solchen Analyse ist jeder spontane Konsumwunsch wie weggewischt. Ein anderer Liebhaber wird eines Tages zuschlagen …

Sie stellen sich jetzt vielleicht die Frage, warum dies im Abschnitt »Scheitern« steht? Das ist ganz einfach, denn schlussendlich haben der Trieb und das passende Angebot auf einem Kleinanzeigenportal das Bewusstsein vier Wochen später doch noch niedergerungen. Seither bereichert dieses einzigartige Instrument Nicks kleines Studio mit tollen Sounds.

Ist es nicht erstaunlich, wie viel Kreativität wir entfalten können, wenn wir uns etwas schönreden wollen? Und das nicht nur, wenn es um Konsumwünsche geht. Auch bei uns gibt es Dinge, für die wir eine Schwäche haben, bei denen wir unsere Augen nur schwer vom Schaufenster lösen können und die wir uns ab und zu gönnen. Dabei ist es für uns völlig in Ordnung, auch mal von unserem Ideal abzuweichen, einem Kaufimpuls nachzugeben und die Freude daran auszukosten. Fehlbarkeit ist etwas Urmenschliches, ein ganz normaler und auch wichtiger Teil von uns allen, denn sie unterscheidet uns von Maschinen. Über unsere Fehler offen zu sprechen, dabei wertfrei und liebevoll miteinander und sich selbst umzugehen, fühlt sich immer wieder sehr bereichernd und befreiend an. Oft können wir uns auch köstlich über solche Momente amüsieren.

So geschah es beispielsweise, als Carolin ein Schmuckstück umtauschen wollte, für welches sie keinen Kassenbon mehr hatte. Nachdem die Verkäuferin nach kurzem Zögern so freundlich war, ihr auch ohne Quittung ein neues zu geben, fiel es ihr unglaublich schwer, ihrer anschließenden Verkaufsoffensive zu widerstehen. Am Ende kam sie mit einem weiteren Stück nach Hause. Jedes Mal, wenn sie das gute Stück nun in ihrem Schmuckkästchen erblickt, muss sie gleichzeitig lachen und den Kopf darüber schütteln, dass sie sich der altbekannten Masche nicht entziehen konnte.

Wir sehen solche Erfahrungen als lebenslangen Prozess. Es gibt Dinge, die wir nicht ein für alle Mal hinter uns gelassen haben, sondern mit denen wir immer wieder aufs Neue einen für uns stimmigen und angenehmen Umgang finden wollen. Dabei machen wir auch oftmals die spannende Beobachtung, dass Konsum inzwischen eine viel geringere Rolle in unseren Köpfen spielt, als es zu Beginn des Experiments der Fall war. Sehr viele Gedanken, Entscheidungen und Handlungen basieren auf Gewohnheiten, und es ist schön zu erleben, dass wir diese verändern können.

Unser bisheriger Erfahrungsschatz erlaubt es uns zu sagen, dass ein Weniger an Materiellem und Konsum zu einem Mehr an Freiheit und damit zu einer Bereicherung in vielen anderen Lebensbereichen beigetragen hat. Auch wurde uns klar, dass mit jeder neuen Möglichkeit, welche sich uns bietet, die Freiheit in gleichem Maße schwindet. Das mag widersprüchlich erscheinen und ist es auch. Doch wir können weder alles besitzen noch alles tun, nicht alles essen und ebenso wenig alles erleben. Noch würde es uns, selbst wenn es möglich wäre, irgendeine Freude bereiten. Freiheit benötigt unserer Meinung nach ein Maß und ein Bewusstsein dafür, um diese als solche wahrzunehmen. Die gegenwärtigen gesellschaftlichen Freiheitsversprechen hingegen empfinden wir als maßlos, sozusagen die Unfreiheit durch das Versprechen der Freiheit. Solange wir dies nicht hinterfragten, haben wir es auch als »Freiheit« wahrgenommen, nur irgendwie wirkte diese häufig seltsam und befremdlich. Dazu später in den Kapiteln zu »Freiheit« mehr.

Lebensfreude, Genuss und Achtsamkeit

Heute genießen wir mal wieder einen entspannten Sonntagvormittag in einem der unzähligen gemütlichen Berliner Cafés, lehnen uns in die weichen Kissen zurück und lauschen dem Stimmengewirr um uns herum. All die verschiedenen Sprachen und Lebensentwürfe sind an solchen Orten vereint. Mit dem wohltuenden Duft des Kaffees in der Nase und Vorfreude auf ein köstliches Stück veganen Kirsch-Streusel-Kuchen schließen wir die Augen und werden uns bewusst, wie oft wir solche Augenblicke inzwischen erleben können. Hin und wieder verbringen wir viele Stunden und manchmal auch ganze Tage einfach damit, uns in die Stimmung dieser Stadt fallen zu lassen, durch unterschiedlichste Straßen, Gassen und Parks zu schlendern, uns niederzulassen, wo es uns gerade gefällt, über das Leben und die Schönheit des einfachen Seins philosophierend oder in inspirierende Bücher vertieft.

Wenn wir auf die letzten Jahre zurückblicken, sehen wir, was für ein schönes, erfüllendes Leben wir uns geschaffen haben. Wir genießen das Mehr an freier Zeit und sind uns klarer darüber geworden, wie wertvoll unser Leben im Hier und Jetzt ist, dass auch wir nicht endlos existieren. Selbstbestimmter und freier über die eigene Zeit verfügen zu können, ist für uns ein zentraler Teil des guten Lebens geworden, es ist ein Privileg, ein Luxus, welchen wir uns zurückerobert haben. So überlegen wir uns jetzt viel bewusster, womit wir unsere Lebenszeit wirklich verbringen wollen, was Glück, Wohlstand und Reichtum für uns wirklich bedeuten, und erkennen dabei, dass es die vermeintlich einfachen und kleinen Dinge sind, die das Leben schön machen. Lachende Menschen, spielende Kinder, gute Gespräche, wärmende Sonnenstrahlen, bunte Frühblüher, die mutig ihre Köpfe emporrecken, dem letzten Frost trotzend. Unser Blick für all die Wunder unserer Welt wurde wieder wacher. Das Leben an sich ist zu unserem Highlight geworden. Wir verweilen bei Straßenmusikern, statt gestresst an ihnen vorbeizuhetzen, und nehmen uns wieder mehr Zeit, neue Menschen und Kulturen kennenzulernen, eine Fremdsprache zu erlernen oder Kleinkunstabende zu genießen. Wir räumen uns bewusst Entspannung ein und üben uns in Gelassenheit. Nehmen uns wieder Zeit, in aller Ruhe einen Kuchen zu backen, spontan, einfach weil uns gerade danach ist. Stöbern durch Rezeptideen, wagen uns mutig an neue Kreationen und wandeln sie nach unseren Vorlieben ab. Auch Momente des reinen Nichtstuns haben wieder Platz in unserem Leben gefunden. Wenn wir dann positiv überrascht feststellen, dass wir die letzten Stunden gar nicht auf unsere Smartphones geschaut haben und nicht einmal wissen, wo sie gerade liegen, bemerken wir, wie gut sich das auf unsere innere Ruhe und unser Wohlbefinden auswirkt.

Wir lernen, Stück für Stück zu reflektieren, wann wir uns in unserem Leben und insbesondere unserer Freizeit selbst stressen oder in Perfektionismus und das berühmte »höher, schneller, weiter« verfallen. Dann treten wir bewusst einen Schritt zurück und hinterfragen den Druck und das Müssen. Dinge machen dann wieder richtig Spaß, wenn wir sie aus freien Stücken tun und uns wirklich in sie hineinfühlen, statt sie zu einem Abarbeiten zwischen vielen anderen Aufgaben verkommen zu lassen. Dabei nehmen wir Verpflichtungen und Verantwortungen ernst und wissen, dass auch sie zu einem guten Leben dazugehören. Uns geht es vielmehr darum, zu überlegen, was dabei im Einzelnen wirklich zählt und wie man dem auf entspanntere

Weise gerecht werden kann. So achten wir jetzt unter anderem besser darauf, uns nicht in zu vielen gesellschaftlichen und politischen Engagements gleichzeitig zu verlieren und auf Dauer darin auszubrennen, sondern uns gezielt in Projekte einzubringen und eigene ins Leben zu rufen, wenn wir wirklich die Zeit und Energie haben und damit einen sinnstiftenden, wertvollen Beitrag leisten können. Wir beteiligen uns nun beispielsweise gern an Naturschutz- und Pflegeeinsätzen des NABU oder an Müllsammelaktionen und unterstützen Aktionen und Demonstrationen für Umweltschutz, Menschenrechte und Frieden. Dass damit nicht nur Arbeit, sondern auch jede Menge Spaß verbunden ist, erleben wir immer wieder. Voller Motivation und Begeisterung zusammen mit Tausenden anderen Menschen auf dem Fahrrad über eine völlig freie Autobahn zu düsen, um gegen den irrsinnigen Weiterbau der A 100 mitten durch Berlin zu demonstrieren, deren Planung schon im letzten Jahrhundert nicht mehr zeitgemäß war, fühlt sich einfach großartig an. Ein Zeichen voller Leben und Freude, das zeigt, wie viel schöner, entspannter und ruhiger eine Stadt mit weniger Autoverkehr sein könnte.

Ganz besonders freut uns auch, dass wir uns nun den Raum geschaffen haben, uns in Vorlesungen, auf Veranstaltungen, in Organisationen, Dokumentationen und Büchern tiefer mit gesellschaftlichen, politischen sowie Umweltthemen auseinandersetzen zu können, die uns schon seit Jahren unter den Nägeln brennen. Dabei tauchen wir in neue Erkenntnisse, Ideen und Möglichkeiten ein, bauen sie in unser Leben ein und geben sie weiter.

Achtsamer mit den wertvollen Ressourcen, der Schönheit und Vielfalt unserer Erde umzugehen, ins Handeln zu kommen, um diese zu bewahren, und etwas Sinnvolles zur Lösung der derzeitigen Probleme in Umwelt und Gesellschaft beizutragen, vermittelt uns ein tieferes Gefühl der Verbundenheit mit allem, was uns umgibt. Dabei erleben wir, was alles möglich ist, wie viel man schon im Kleinen verändern kann, wie viele Menschen sich ebenso bereits auf den Weg gemacht haben und wie unsere Weltgemeinschaft, unsere Politik und Wirtschaft auch ganz anders, viel umweltfreundlicher und gerechter funktionieren könnten.

Die Freude und den Spaß, die wir durch die Veränderungen und das Erleben des Selbstversuchs spüren, kann kein Konsum langfristig ersetzen. Wir haben meist gar nicht den Eindruck, auf etwas zu verzichten, und fühlen uns noch immer als normaler Teil des gesellschaftlichen Lebens. Wir haben viele materielle und immaterielle Abhängigkeiten hinter uns gelassen, Ängste, Glaubenssätze und jahrzehntelang gelernte Muster ein Stück weit aufgebrochen und dafür Vertrauen in uns selbst und das Leben an sich hinzugewonnen. Im Frühjahr 2021 kam uns dann die Idee, unser Selbstexperiment in Form eines Buchs weiterzutragen. Ergänzen wollten wir es mit ein wenig Gesellschaftskritik.

Nichts ahnend, was es letztlich bedeuten würde, ein solches Buch zu schreiben, legten wir los. In Sachen Freiheit, Demokratie und was es bedeutet, Mensch zu sein, haben wir uns bis zu den Wurzeln durchgearbeitet. Wir wollten wissen, auf welchen Fundamenten unsere heutige Vorstellung von Gesellschaft ruht und ob sich daran etwas ändern lässt. Unsere Erkenntnisse dazu finden Sie im zweiten Teil dieses Buchs.

Hätten wir damals gewusst, dass wir weit mehr als drei Jahre brauchen und viele tausend Stunden der neu gewonnenen Freizeit dafür aufwenden würden, wer weiß, ob wir nicht eine andere Form des Einsatzes für Natur- und Umweltschutz, für Freiheit und Demokratie und für ein friedliches Zusammenleben gewählt hätten …

Und wie geht's weiter?

Nachdem wir in den vergangenen Jahren so viele positive Erfahrungen sammeln durften, wollen wir den eingeschlagenen Pfad auch zukünftig weiter beschreiten.

Doch da auch an uns die Entwicklungen der letzten Zeit nicht spurlos vorübergingen, mussten wir unser Budget aufgrund der stark angestiegenen Energiepreise und allgemeinen Lebenshaltungskosten anpassen. Seit Januar 2023 leben wir daher mit durchschnittlich 1.250 Euro pro Monat und Person.

Zufriedenheit und ein gutes Leben …
Ist alles eine Frage der Erwartungshaltung?

Konkrete Veränderungstipps

In den bisherigen Kapiteln haben wir unsere Veränderungen und die damit verbundenen Erfahrungen beschrieben. Daran anknüpfend möchten wir hier konkrete Tipps und Anregungen zusammenfassen, mit denen wir alle die Welt jeden Tag ein Stückchen besser machen können. Kleine Beispiele, die Ihnen helfen, Ressourcen zu schonen, das Klima zu schützen, fair zu handeln und dabei gleichzeitig den Geldbeutel entlasten und Ihren Nerven etwas Gutes tun. Was will man mehr?

Wahrscheinlich werden Ihnen die meisten Tipps nicht neu sein. Aus eigener Erfahrung wissen wir jedoch, dass kleine Erinnerungen oft helfen, auch bereits Bekanntes nochmals anzugehen. Vieles davon haben wir ausprobiert und in unseren Alltag einfließen lassen, anderes steht noch auf unserer Liste und an manchem verzweifeln wir auch. Das ist aber überhaupt nicht schlimm, denn jeder noch so kleine Schritt ist einer in die richtige Richtung. Unser wichtigster Tipp ist: Weniger ist meist der bessere Weg, um das Ziel eines neutralen ökologischen Fußabdrucks zu erreichen. Für die Übersichtlichkeit haben wir die Anregungen nach verschiedenen Lebensbereichen untergliedert.

Strom

- Strom aus erneuerbaren und lokalen Energiequellen wählen.
- Energiesparende Elektrogeräte verwenden und generell elektrisch betriebene Haushaltsgeräte reduzieren.
- Nicht oder nur selten genutzte elektrische Geräte ganz ausschalten oder vom Stromnetz trennen. Das geht bequem durch schaltbare Steckdosen und vermeidet den Stromverbrauch im Stand-by-Modus.
- Energiesparende »Glühbirnen« verwenden und darauf achten, Licht nicht unnötig eingeschaltet zu lassen. Effektbeleuchtung vermeiden.

- Backofen und Herd nur so weit aufheizen wie nötig und nicht ungenutzt beheizt lassen. Herdplatte passend zur Größe von Topf beziehungsweise Pfanne wählen.
- Mit geschlossenem Topfdeckel kochen.
- Ein gut gefüllter, auf 7 °C eingestellter Kühlschrank verbraucht weniger Energie als ein leerer mit 5 °C, kühlt aber ebenso gut. Mit Getränken lässt er sich leicht auffüllen. Kühlschrank stets nur kurz öffnen.
- Im Wasserkocher nur die benötigte Menge erhitzen. 500 Milliliter für eine kleine Kanne Tee brauchen viel weniger Energie und auch Zeit als die maximale Füllmenge.
- Waschmaschine und Geschirrspüler nach Möglichkeit nur gut gefüllt laufen lassen. Das spart zusätzlich Wasser sowie Waschmittel und Geschirrspültabs.
- Oberbekleidung zwischendurch auslüften und nur bei konkreter Verschmutzung waschen. Das schont auch die Stoffe. Auch Handtücher und Bettwäsche ein wenig länger nutzen, bevor man sie wieder wäscht.
- Strombetriebene Wäschetrockner so gut es geht meiden.

Heizen

- Heizungen in Wohnräumen nur so weit aufdrehen wie nötig. Jedes Grad schont das Klima und spart Geld.
- Beheizte Räume fünf bis zehn Minuten pro Tag stoßlüften und Fenster sowie Türen ansonsten geschlossen halten.
- In nicht oder nur wenig genutzten Räumen die Temperatur absenken.
- Heizkörper in unbeheizten Räumen auf Frostschutz stellen, um Schäden an den Anlagen vorzubeugen.

Wasser

- Wasserhähne nur so weit öffnen wie erforderlich und beim Händewaschen sowie anderen kurzen Nutzungen nur kaltes Wasser verwenden. Dies spart zusätzlich Heizenergie der Warmwasserversorgung.

- Wasserhähne und Dusche zwischen den Nutzungsphasen schließen, beispielsweise bei den Klassikern Zähneputzen oder Einschäumen.
- Bei der Toilettenspülung zwischen großem und kleinem Geschäft unterscheiden, gegebenenfalls die Stopptaste betätigen.
- Dem guten, alten Waschlappen Vorrang vor Dusche oder Badewanne geben. Das tut auch der Haut gut.
- Beim Baden und Duschen Wassermenge und -temperatur auf ein ausreichendes Maß reduzieren.
- Aufsätze für Wasserhähne und Duschköpfe nutzen, die den Verbrauch senken. Gerade beim Duschen lässt sich so eine Menge Wasser und Heizkraft einsparen, ohne Komfortverlust.

Küche und Badezimmer

- Milde, umweltfreundliche, mikroplastikfreie Putz- und Waschmittel, Hygieneprodukte und Kosmetik wählen, diese sparsam verwenden und restlos aufbrauchen. Sich dabei auch mal fragen, auf welche Mittel man ganz verzichten kann, beispielsweise Raumsprays oder Weichspüler.
- Müllbeutel, Küchenrollen, Taschentücher, Toilettenpapier, Wattestäbchen, Servietten etc. aus umweltfreundlichen oder recycelten Materialien nutzen und sparsam einsetzen. Man erzählt sich, auch Küchenrollen kosten Geld.
- Müll nach Plastik, Papier, Bio, Glas, Restmüll, Grobmüll und Elektroschrott trennen. Den kleinen Umweg zum Glascontainer kann man prima in den nächsten Spaziergang einbauen.

Ernährung

- Nur die Lebensmittel einkaufen, die benötigt und aufgebraucht werden.
- Regionale, saisonale, bio und fair gehandelte Produkte wählen.
- Wenn möglich, unverpackte Lebensmittel bevorzugen oder auf Glas, Pappe und recycelte Verpackungsmaterialien zurückgreifen, um Plastik zu reduzieren.

- Beim Einkaufen mitgebrachte Taschen und Beutel nutzen und immer wieder verwenden. Sollte man um Plastikverpackungen oder -beutel mal nicht herumkommen, kann man schauen, ob man diese anschließend noch für etwas anderes verwenden kann.
- Lebensmittel so lagern, dass sie lange genießbar bleiben. Beispielsweise frischen Fisch oder rohes Fleisch im Kühlschrank möglichst weit unten und hinten ablegen, da dort die Temperatur üblicherweise am niedrigsten ist.
- Reste aufbrauchen. Hier kann man sich kreativ und fantasievoll an neuen Rezeptideen ausprobieren. Salate oder Eintöpfe eigenen sich dafür besonders gut.
- Den Anteil pflanzlicher Lebensmittel im Alltag erhöhen und Fleisch, Fisch sowie Milchprodukte und Eier maßvoll genießen.
- Wiederverwendbare Teesiebe und Kaffeefilter nutzen.
- Einweggeschirr meiden.
- Unterwegs auf selbst gefüllte Brotdosen und wiederverwendbare Getränkeflaschen zurückgreifen.
- Für Getränke und Mahlzeiten to go selbst mitgebrachtes Geschirr verwenden oder Pfandoptionen wählen.
- Bei Büfetts Teller mehrfach nutzen und nur so viel auftun, wie man wirklich essen kann.
- Nach Möglichkeit auf einzeln verpackte Portionsgrößen verzichten.
- Bei Bestellungen in Cafés oder Restaurants darauf hinweisen, wenn Zucker, Milch, Ketchup oder bestimmte Beilagen etc. nicht benötigt werden. So müssen diese nicht unangetastet weggeworfen werden.

Materielles und Konsum

- Ab und an einen Schrank oder ein einzelnes Schubfach ausmisten und sich fragen, welche Dinge man davon wirklich nutzt und einem langfristig Freude bereiten.
- Nicht mehr Benötigtes verkaufen, tauschen, verschenken oder spenden. So können die Dinge weiterverwendet werden.

- Kaufentscheidungen bewusst treffen und den ein oder anderen Kaufimpuls einfach mal vorüberziehen lassen.
- Jegliche Form von Werbung meiden – zur Rückeroberung der Selbstbestimmung.
- Gegenstände lange und schonend nutzen und bei Defekten, wenn möglich, reparieren, statt neu anzuschaffen. Dabei kann man auch schauen, ob aus alten Dingen neue geschaffen werden können, und seiner Kreativität freien Lauf lassen.
- Auf gebrauchte Güter, Tauschbörsen sowie Teil- oder Leihmöglichkeiten zurückgreifen. Dafür gibt es vor Ort sowie online viele Möglichkeiten, oder man fängt einfach im eigenen Familien- und Freundeskreis damit an.
- Kleine, regionale Produzenten, den lokalen Handel und Handwerksbetriebe vor Ort unterstützen.
- Bei Buchungsportalen, Lieferdiensten etc. auf fair ausgestaltete zurückgreifen oder diese ganz umgehen und die gewünschten Einzelanbieter direkt kontaktieren. Das führt auch oft zu netten, persönlichen Kontakten sowie besseren Informationen und Angeboten.

Mobilität und Reisen

- Das Auto mal stehen lassen und Wege zu Fuß oder mit dem Fahrrad erledigen.
- Den Besuch bei Freunden mal mit Bahn oder Bus machen.
- Sich beim nächsten Reiseziel informieren, wie man es per Bahn oder Bus erreichen könnte.
- In die Urlaubsplanung nahegelegene Ziele einbeziehen.
- Umweltfreundliche Unterkünfte wählen.
- Das Zweit- und Drittauto gegen eine BahnCard tauschen.
- Für Individualverkehr, wenn möglich, auf Sharing-Modelle zurückgreifen. Das schont Ressourcen, spart Geld und Zeit.

Umwelt

- Öffentliche Einrichtungen ebenso pfleglich behandeln wie das eigene Zuhause.
- Grünanlagen nach dem gemütlichen Picknick sauber verlassen und Müll ordentlich entsorgen. Auch gern ab und zu anderen Müll auf Straßen oder in der Natur aufsammeln und in den nächsten Mülleimer werfen. An Müllsammelaktionen teilnehmen.
- In der Wohnung unwillkommene Insekten mit einem Glas einfangen und anschließend in die Freiheit entlassen, statt sie zu erschlagen. Damit leistet man einen einfachen kleinen Beitrag für den Artenschutz.

Körper und Geist

- Medien bewusster und seltener nutzen.
- Auch sein digitales Leben mal entrümpeln. Beispielsweise überflüssige Apps vom Smartphone löschen, sich von nervigen Mailinglisten austragen oder das Datensammelsurium auf dem Computer sortieren und ausmisten.
- Benachrichtigungen und sonstige Einstellungen von Smartphones, Computern etc. so konfigurieren, dass man sich damit wohlfühlt und nicht von ihnen bestimmt wird.
- Einfach mal im Hier und Jetzt sein und spüren, was einen in diesem Moment umgibt, was man fühlt.
- Sich überlegen, was die wirklich schönen und wichtigen Momente des Lebens sind und diesen mehr Raum geben.
- Die eigenen Verpflichtungen und Abhängigkeiten überdenken und reduzieren.
- Denkmuster, Glaubenssätze und Gewohnheiten hinterfragen.
- Sich aus Perfektionismus, Sofortismus und der Jagd nach immer neuen und immer mehr Highlights mal bewusst herausnehmen.
- Anderen etwas Gutes tun.

- Zeit und Aufmerksamkeit verschenken.
- Sich eine »bessere« Welt vorstellen und danach leben. Das wirkt inspirierend und motivierend, auf sich selbst und andere.

Sonstiges

- Die Bank wechseln. Bei der Auswahl eines nachhaltig agierenden Geldinstituts kann man beeinflussen, für welche Zwecke das eigene Geld eingesetzt wird. Es gibt Modelle, die gemeinschaftlich organisiert sind und in Umweltschutz- sowie humanitäre Projekte investieren.
- Linux als Open-Source-Betriebssystem für PCs, Notebooks, Smartphones und Tablets verwenden. Das schont die Nerven, ist nachhaltig, spart Kosten und erhöht zudem den Datenschutz erheblich.
- Sich bei konkreten Projekten, Petitionen oder Demos für Umweltschutz, Humanität und Frieden engagieren. Dabei kann man auch Kontakte zu Gleichgesinnten knüpfen und gemeinsam mehr erreichen.

Dies ist nur eine kleine Auswahl an Möglichkeiten, die noch um viele Punkte erweitert werden könnte. Vielleicht schlagen Sie das Buch ja hin und wieder auf und setzen einzelne Ideen daraus in den folgenden Tagen um. Damit würden Sie schon einen großen Beitrag zur »Rettung« unserer Welt leisten. Und wer möchte nicht gern eine Weltretterin oder ein Weltretter sein? Sie können sich auch konkrete Einsparziele setzen und mit Ihren Freunden darüber sprechen, das hilft bei der Umsetzung und der Verbreitung.

Unser Fußabdruck

Wir wollten es im Laufe unseres Selbstexperiments zunächst schaffen, den ökologischen Fußabdruck unseres alltäglichen Lebens um mindestens 50 Prozent zu reduzieren. Damit würden laut der Organisation Brot für die Welt nur noch circa 20 Prozent für eine ausgeglichene Bilanz fehlen. Um die Wirkung unserer Veränderungen greifbar zu machen, nutzten wir online den Fußabdrucktest von Brot für die Welt, in welchem wir die Werte unseres alten und neuen Lebensstils gegenüberstellten. Tests wie diese zeigen auf bildhafte und leicht verständliche Weise auf, in welchem Ausmaß unsere Handlun-

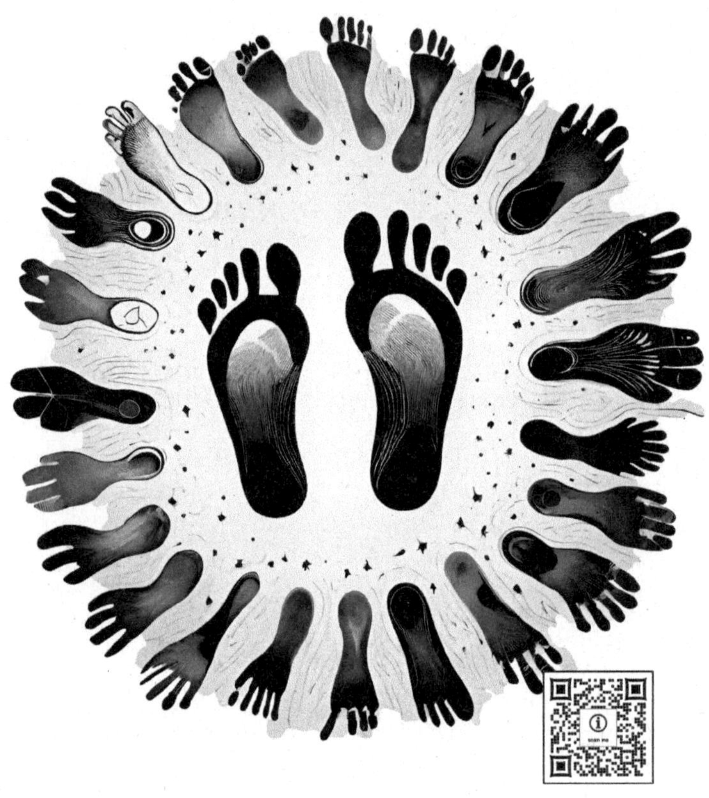

gen die Umwelt beeinflussen und wie schnell wir diese Auswirkungen mit einzelnen Entscheidungen positiv verändern können. Tatsächlich gelang es uns, unseren Fußabdruck bereits um mehr als 50 Prozent zu reduzieren, und seither liegen wir deutlich unter dem deutschen Durchschnitt, jedoch leider noch immer zu hoch für ein nachhaltiges Sein auf unserer Erde. Vergleichbare Werte erreichten wir auch beim Klimarechner des WWF.

Beim Benutzen dieser Websites, wie auch anderer, sollten Sie darauf achten, Cookies konsequent abzulehnen oder nur die notwendigen zu akzeptieren. Im Idealfall wählen Sie, zum Schutz Ihrer Identität und Ihrer persönlichen Daten, einen anonymen Browser und ebenso eine anonyme Verbindung, sofern Ihnen das möglich ist.

Wir werden auf jeden Fall weiter daran arbeiten, unser Ziel eines nachhaltigen Lebens zu erreichen, auch wenn die fehlenden ca. 20 Prozent der schwierigere Teil sind. Vielleicht schaffen wir es baldmöglichst, auch als Gesellschaft vergleichbare Ziele zu verwirklichen und somit die Lebensgrundlagen auf unserem wundervollen Planeten für unsere Kinder, Enkel und Urenkel zu erhalten. Wenn es uns dann noch gelingt, die Ressourcen gerecht zu verteilen, sodass allen Menschen genug für ein gutes Leben zur Verfügung steht, sinkt wahrscheinlich auch das Risiko kriegerischer Auseinandersetzungen.

Wir alle gemeinsam können dies bewerkstelligen. Niemand kann uns daran hindern, unseren Beitrag für eine bessere Welt, für ein menschliches Miteinander zu leisten. Schon mit kleinen Veränderungen können wir ein Stück weit Gestaltungskraft über unsere Zukunft zurückgewinnen.

Könige der Welt

In der Ideenphase unseres Experiments stellten wir uns die Frage: Wie ist unser 990-Euro-Leben im Vergleich zu denen der Kaiserinnen oder Könige vergangener Tage? Dies löste oftmals ein Schmunzeln bei uns aus, vor allem dann, wenn wir uns die damals Herrschenden in der Gegenwart vorstellten. Es sind urkomische Gedanken, Kleopatra mental auf einen Hometrainer zu setzen und ihr zu erklären, dass sie sich damit fit halten kann, oder Caesar auf eine Tupperparty einzuladen, um ihm die Vorzüge von Dosen näherzubringen. Ein seriöser Vergleich ihrer und unseres Lebens scheint kaum möglich, jedoch halfen uns solche Betrachtungen immer wieder, unsere Lebensumstände einzuordnen. Deshalb stöberten wir ein wenig in der Geschichte verschiedener Zivilisationen, um uns ein besseres Bild von diesen Zeiten zu verschaffen.

Wenn man sich noch dazu mit Recht und Freiheit auseinandersetzt, kommt man um den babylonischen Herrscher Hammurapi nicht herum. Der nach ihm benannte Codex Hammurapi aus dem 18. Jahrhundert vor Christus gilt als eines der ältesten Zeugnisse niedergeschriebenen Rechts. Daraus lässt sich ableiten, dass schon damals eine Unschuldsvermutung galt, welche besagte, dass eine Schuld vor Gericht bewiesen werden musste. Im Laufe der wechselvollen Geschichte der Menschheit war dies nicht immer so. Insgesamt kann man das Babylonische Reich als eine frühe Hochkultur mit Bildung, Kunst, umfangreichen Erkenntnissen in der Medizin und zahlreichen bemerkenswerten Architektur- und Ingenieurleistungen bezeichnen. Die fruchtbaren Böden zwischen Euphrat und Tigris boten über einen langen Zeitraum stabile Verhältnisse und ermöglichten eine solche Entwicklung.

Wir interessierten uns natürlich auch für das Alltagsleben von König Hammurapi selbst. Gesicherte Erkenntnisse dazu sind jedoch rar. Überliefert sind vorwiegend Eroberungszüge, Feindschaften und Freundschaften mit weiteren Herrschern seiner Zeit. Wahrscheinlich wurde er etwa 60 Jahre alt, was für die damalige Zeit beachtlich ist. Allerdings kann er, wie auch die meisten anderen Herrschenden vergangener Tage, nicht mit unserem heutigen gesellschaftlichen Durchschnittsalter mithalten. In Sachen Lebenserwartung geht der Punkt eindeutig an uns. Keiner der von uns betrachteten Kaiserinnen oder Könige erreichte dieses. Kleopatra, die siebte und letzte Herrscherin der Ptolemäer über Ägypten, wurde vermutlich 39 Jahre alt. Karl der Große, erster Kaiser des Fränkischen Reiches, wahrscheinlich 67 und Kaiserin Elisabeth von Österreich-Ungarn, auch Sisi genannt, 60 Jahre. Wir streben in unserer Lebenslust übrigens dreistellige Werte an.

In Sachen Bildung waren Kleopatra und Sisi besonders eifrig und wissbegierig. Beide beherrschten beispielsweise mehrere Sprachen und hatten Einblicke in verschiedenste Kulturen. Auch Hammurapi und Karl der Große legten, neben Eroberungszügen, Wert auf gute Bildung und gelten als hoch gebildet. Es fällt uns schwer, in Sachen Bildung einen eindeutigen Punkt zu vergeben. Zwar stehen uns insgesamt sehr viel mehr Wissen und Lernmöglichkeiten zur Verfügung, da das heutige Bildungssystem jedoch vordergründig einer Verwertungslogik unterliegt, haben wir uns für eine Punkteteilung entschieden.

Die persönliche medizinische Versorgung, die allen Vieren zur Verfügung stand, wird der unseren weit überlegen gewesen sein, bleibt aber deutlich hinter dem heutigen medizinisch-technischen Fortschritt zurück. Unser Gesundheitswesen verhindert jedoch einen Punkt zu unseren Gunsten, denn dessen Orientierung am Profit birgt erhebliche Risiken für unser aller Gesundheit. Somit vergeben wir auch hier jeweils einen halben Punkt.

In Sachen Wohnen kann unser DDR-Plattenbau nicht mit dem Prunk ihrer Schlösser mithalten, wahrscheinlich nicht einmal mit den Zelten, die Hammurapi und Karl auf ihren Eroberungszügen bewohnten. Doch dafür haben wir immer warmes Leitungswasser, angenehme Raumtemperaturen, elektrischen Strom und sogar WLAN. Zusätzlich beherbergt unser Kühlschrank jederzeit frisches Obst, Gemüse sowie kühle Getränke, die auf kürzestem Wege zu erreichen sind. Eine Punkteteilung scheint uns daher auch hier gerecht. Wir persönlich würden unseren Komfort jedoch nicht gegen den Prunk eines kalten Schlosses tauschen wollen.

Kurzer Zwischenstand vor den drei letzten Vergleichen: 2,5 zu 1,5 für unser einfaches Leben und gegen das königliche beziehungsweise kaiserliche.

Das führt uns zur Frage der Nahrungsversorgung, die wir kurz machen können: Ein solches Sortiment an frischen Waren, welches uns auf jedem Wochenmarkt oder in den zahlreichen Supermärkten Tag für Tag angeboten wird, stand keinem der Genannten je zur Verfügung. Dieser Punkt geht somit eindeutig an uns.

Bei der Mobilität und den Reisemöglichkeiten müssen wir differenzieren. Hammurapis Reisefreiheit wird beschränkt gewesen sein. Die anderen drei kannten wahrscheinlich den Mittelmeerraum, ein bisschen Atlantikküste bis hin zur Nordsee und in Teilen auch die Ostsee sowie Vorderasien. Sisi war oft mit ihrer eigenen Yacht unterwegs, bereiste ganz Europa und hatte zusätzlich die Möglichkeit, in den fernen Osten oder nach Amerika zu gelangen. Insgesamt waren ihre Reisemöglichkeiten den unseren weit unterlegen, selbst dann, wenn wir »nur« Bus, Bahn und Carsharing heranziehen. Aktuell benötigen wir von Berlin nach Lissabon mit dem Zug etwas mehr als 40 Stunden und nach Rom etwa 14 Stunden. Unsere Reisefreiheit und ein solches Tempo waren zu ihren Lebzeiten undenkbar. Klarer Punkt an uns.

Die prachtvollen, maßgeschneiderten Kleider Kleopatras, Sisis und Karls können wir uns nicht leisten. Über die Garderobe Hammurapis ist wenig bekannt, wir können aber davon ausgehen, dass er königlich gekleidet war. Auch wenn uns ein Überangebot an Kleidung zur Verfügung steht, so können wir diesen Punkt nicht auf unser Konto verbuchen.

Einen Zusatzpunkt vergeben wir uns selbst für den Komfort, die Technik und den Luxus, die uns umgeben. Keiner der Herrschenden hatte annähernd solche Möglichkeiten wie wir. Sie kannten weder TV noch Radio oder Internet, nicht einmal eine elektrische Leselampe stand ihnen zur Verfügung. Ebenso wenig kannten sie Shoppingmalls, Freizeitparks oder Kinos. An Smartphones, Spielekonsolen, Kaffeemaschinen oder einen simplen Föhn war nicht zu denken. Eine solche Aufzählung könnte beliebig fortgesetzt werden, würde aber das Endergebnis von 5,5 zu 2,5 Punkten nicht mehr beeinflussen.

Mit jedem praktischen Gegenstand, den wir zwei heutzutage in den Händen halten, mit jedem tiefen Atemzug Berliner Luft, mit jedem Apfel aus dem elterlichen Garten wird uns klarer, welches Glück wir haben, ein solches Leben zu führen. Ist dieses von uns freiwillig vereinfachte Leben besser als das der Kaiserinnen und Könige vergangener Tage? Dies lässt sich nicht allgemein gültig beantworten. Aus unserer Sicht ist es eine Frage der persönlichen Perspektive. Uns wurde im Laufe des Experiments und der Auseinandersetzung mit dieser Frage immer deutlicher, welchen Gewinn unser eigener Perspektivwechsel mit sich brachte. Wie sehen Sie das? Wäre für Sie ein vergleichbarer Perspektivwechsel denkbar und ebenso ein Gewinn?

Nach diesen Erfahrungen und Beschreibungen könnte man meinen, wir leben im Schlaraffenland. Wenn denn die Schattenseiten wie beispielsweise Umweltzerstörung, Ausbeutung und Entmenschlichung, die unser heutiges Gesellschaftssystem mit sich bringt, nicht wären. Mit dieser Kehrseite der Medaille beschäftigen wir uns im zweiten Teil des Buchs, weshalb es auch die Überschrift »Dämmerung« trägt. Wir fragen uns darin auch, ob unsere Freiheiten und demokratischen Möglichkeiten zunehmend eingeschränkt werden, bei gleichzeitigem immerwährenden Ausrufen für Demokratie und Freiheit. Die Frage nach dem Warum erlauben wir uns ebenso.

Es gibt aber mindestens noch eine weitere Perspektive auf unser Sein in der westlichen Welt, die wir ebenso im zweiten Teil ein wenig näher beleuchten werden.

Einen kleinen Vorgeschmack darauf erlauben wir uns an dieser Stelle. Dazu wählen wir den Blick aus der ISS heraus, welche etwa 415 Kilometer über unseren Köpfen schwebt. Durch ihre mehr als fünf Zentimeter dicke Fensterkonstruktion schauen wir nun auf unseren wunderbaren, einzigartigen Planeten Erde und betrachten das Leben aus diesem kosmischen Winkel. Was wir dann, neben der Schönheit der Natur, erblicken können, wollen viele von uns nicht sehen, so ist zumindest unsere Erfahrung. Denn unser Gesellschaftsmodell hat den meisten unter uns ermöglicht, in sehr viel mehr Wohlstand zu leben, als dies für Kaiserinnen und Könige vergangener Tage denkbar war. Das Kuriose dabei ist, dass ein großer Teil dies nicht als solch königlichen Wohlstand wahrnimmt. Ebenso fehlt oftmals der Blick auf die Menschen und die Umstände, die dies ermöglichen: die Näherin in Bangladesch, der Obstbauer in Chile, die Rosenzüchter in Afrika und die vielen Kinder, die in Minen Edelmetalle und Edelsteine für uns ans Tageslicht holen. Im Alltag sehen wir all diese Menschen meistens nicht, würden sie wahrscheinlich erst dann bemerken, wenn sie nicht mehr wie selbstverständlich und oft unter sehr fragwürdigen Bedingungen für uns arbeiten.

Wir schließen uns der Entschuldigung Alexander Gersts an unsere Enkelkinder an.

Eine zutiefst menschliche Sichtweise könnte sich durch einen solchen Betrachtungswinkel bei der wohlwollenden Beobachtung des irdischen Seins ergeben, denn von dort oben aus gesehen sind alle Menschen gleich, da wir alle Menschen sind. Was fühlen Sie im Angesicht der Erkenntnis Ihres königlichen Seins und, wenn man so will, mit der damit verbundenen Verantwortung?

II

Dämmerung – Gesellschaftskritik

Was opfern wir alles für Macht und Gier?
Was hingegen müssten wir opfern, um die Erde,
die Natur und die Menschlichkeit zu bewahren?
Wäre es mehr als Gier und das Streben nach Macht?

Aufklärung im 21. Jahrhundert

Es ist immer wieder ein gutes Gefühl, zu wissen, in einer aufgeklärten Gesellschaft aufzuwachsen und zu leben. Mehr als drei Jahrhunderte lang haben wir uns ausgiebig mit Vernunft, Moral, dem vorurteilsfreien, rationalen Denken und Handeln sowie der Hingabe zur Wissenschaft als Kernelemente der Aufklärung auseinandergesetzt. Wir haben in dieser Zeit sozusagen gelernt, unsere Unmündigkeit hinter uns zu lassen. Wer will schon unaufgeklärt sein? Die Aufklärung war und ist eine Epoche, welche sowohl die Rolle des Einzelnen als auch die Art und Weise unseres gesellschaftlichen und zivilisatorischen Zusammenlebens hinterfragt, alternative Ansätze hervorbringt und diese zur Diskussion stellt. Man nennt sie deshalb auch das Zeitalter der Vernunft.

Als die Aufklärung im 18. Jahrhundert aufflammte, war es insbesondere eine Frage, ob die vorherrschenden religiösen Vorgaben und Einschränkungen für das Leben, Denken und Handeln geeignet sind, ein freies, friedliches und fortschrittliches Miteinander zu ermöglichen. Viele sinnlose Kriege und Auseinandersetzungen, viel Elend bei gleichzeitigem verschwenderischen Reichtum, viel Willkür durch »gottgegebene« Würdenträger bei gleichzeitiger Ohnmacht der allgemeinen Bevölkerung befeuerten die Aufklärer damals. Noch dazu gab es ein Hauen und Stechen einiger Machthaber untereinander, was den Glauben an sie und ihre Eignung berechtigterweise infrage stellte.

Dies führt uns in Überlegungen zur Gegenwart: Wie aufgeklärt ist unsere westliche Gesellschaft? Reicht es aus, im Fahrwasser großer Aufklärer zu schwimmen, um aufgeklärt zu sein? Ist Aufklärung Auswendiglernen der Zustände der Vergangenheit oder eher das Begreifen und Hinterfragen der Umstände der Gegenwart? Ist es genug, wenn ein intellektueller Kreis sich als aufgeklärt betrachtet, oder gehören nicht alle zu einer aufgeklärten Gesellschaft dazu? All dies führt uns zur Frage: Ist eine neue, unabhängige, selbstkritische Aufklärung für das 21. Jahrhundert erforderlich?

Uns treiben diese Gedanken schon seit einiger Zeit um. Regelmäßig sprachen wir in unserem Umfeld gesellschaftliche Themen an. Doch in diesen Diskussionen hatten wir immer wieder den Eindruck, dass große Unwissenheit über elementare Teile unseres Zusammenlebens herrscht. Was bedeutet Freiheit? Was meint man mit Demokratie? Und was sind die Wurzeln unseres Seins? Mit solchen Fragen trieben wir unsere Mitmenschen und oftmals auch uns selbst in die Verzweiflung. Besonders unangenehm wurden solche Gespräche, wenn es um die eigene Verantwortung ging. Sich selbst als einen Teil des Problems zu begreifen, fühlt sich erschreckend an. Wer will schon mit seinem Handeln und seinem Wohlstand verantwortlich für das Elend anderer sein? Viele Menschen, die uns auf dieser Erkenntnisreise begegnet sind, gehen davon aus, dass wir in einem demokratischen Rechtsstaat leben und somit alles, was erlaubt ist, auch in Ordnung ist. Das wiederum führte uns zur Fragestellung: Lebt es sich in unserer liberalen Demokratie leichter nach dem Motto: »Hinterfrage nichts, wovon du selbst profitierst«?

Auch hinterfragen wir zwei uns immer wieder selbst. Was wissen wir eigentlich über unsere Gesellschaft? Was wissen wir über deren Ursprung und Werte? Trotz Studium und intensiver Auseinandersetzung mit diesen Themen müssen wir zugeben, dass auch unser Wissen dazu begrenzt war und noch immer ist. Denn unsere Recherchen haben die Komplexität und Vielschichtigkeit unseres Gesellschaftssystems immer wieder aufgezeigt. Nun wissen wir, dass wir tatsächlich wenig darüber wissen. Wir können jetzt aber verstehen, dass diese Auseinandersetzung, unter den gegebenen gesellschaftlichen Umständen, nicht jeder leisten kann. Die Frage, die wir daraus ableiten und der Gesellschaft stellen, lautet: Wollen wir überhaupt immerwährend aktiv am freiheitlich demokratischen Prozess teilnehmen und wollen wir Demokratie und deren Werte leben, oder reicht es uns, dass rechtsstaatliche Institutionen unser Zusammenleben organisieren und somit vorgeben, wie wir leben können und sollen? So unangenehm die Frage gerade auf Sie wirken mag, so wichtig erscheint uns diese im Sinne einer Gegenwartsaufklärung.

Auf den folgenden Seiten beschäftigen wir uns mit einigen wesentlichen Merkmalen und Werten unseres auf Freiheit und Demokratie basierenden Zusammenlebens. Das ist deshalb besonders wichtig, weil unsere Gesellschaft, um eine hoffnungsvolle Zukunft zu ermöglichen, globale Fragen beantworten können muss. Eine Zukunft, in welcher religiöse, ideologische und staatliche Konflikte beigelegt werden müssen, in welcher Klimaschutz und Ressourcenneutralität umgesetzt und die Herausforderungen, zu welchen uns die Weiterentwicklung von KI-Systemen führt, zu beantworten sind.

Die Erkenntnis steht am Anfang der Aufklärung. Dazu wollen wir unseren Beitrag leisten, damit wir in die Diskussion über unsere Gesellschaft und ihre Werte kommen. Denn das Existenzrecht unseres Gesellschaftssystems daraus abzuleiten, dass dies kaum ein Individuum versteht und es somit nicht oder nur in Hinterzimmern von wenigen hinterfragt wird, ist uns nicht genug.

Das Ich und das Wir

Mit seiner Erkenntnistheorie schenkte uns René Descartes, einer der Vordenker der Aufklärung, das bewusst denkende Ich zurück. Das Bewusstsein für unser eigenes Bewusstsein. Sein bekanntestes Zitat: »Ich denke, also bin ich« (»Cogito ergo sum«) sollten Sie somit, im Sinne seiner Aufklärung, immer anzweifeln. Doch wie kam es dazu, dass Descartes und viele weitere Aufklärer das Ich in den Mittelpunkt rückten? Beginnend mit der Reformation und durch den Buchdruck änderte sich unser europäisches Weltbild fundamental. Informationen, Wissen und Fake News konnten nun sehr viel schneller und leichter verbreitet werden. Dabei wurde bekanntlich nicht nur die Vorstellung von dem einen Gott infrage gestellt, sondern auch die bis dahin einzig gültige Heilige Schrift. In diesem scheinbar haltlosen Raum entwarf Descartes das bewusst denkende Ich, welches von nun an universellen Halt, insbesondere außerhalb religiöser Glaubenssätze, bieten sollte. Der auch daraus hervorgegangene Individualismus ist bis heute elementarer Bestandteil unseres Gesellschaftskonstrukts.

Als ein weiterer bedeutender Aufklärer gilt Immanuel Kant. Er hinterließ uns nicht nur die moralischen Wertevorstellungen des kategorischen Imperativs, sondern auch den bekannten Satz: »Habe Mut, dich deines eigenen Verstandes zu bedienen.«

Verstand ist dabei weder der Geistesblitz noch die mühevoll erarbeitete Erkenntnis des freien Ichs, es sei denn, dies fügt sich in den Verstand der Gruppe, der Gemeinschaft, ja der ganzen Zivilisation ein. Verstand ist dennoch mehr. Was fehlt, ist sowohl das Gefühl als auch das Mitgefühl, denn ohne diese wäre der Verstand kalt und einsam. Die darauf aufbauende Vernunft beginnt somit an dem Punkt, an welchem sich das fühlende, freie und selbstkritische Ich als Teil des Wir begreift. Zur Vernunft gehört aber mindestens noch eine weitere Zutat, denn erst die Anerkennung der Unvernunft als natürlicher Teil allen menschlichen Seins lässt Vernunft überhaupt erst zu. Wir sind schlicht keine rein rationalen Wesen und können das auch niemals werden. Gebrauchen wir also unser Gefühl und unseren Verstand, um zu verstehen: Es gibt kein Ich ohne das Wir. Gesellschaftskritisch könnte man somit sagen: Ein Wir kann unmöglich als die Summe aller Ichs verstanden werden, entgegen unseres gegenwärtigen Gesellschaftszustands und Bestrebens.

Im eigenen Zweifeln über den Verstand seines denkenden Ichs hat sich Nick mutig ein paar Gedanken gemacht. In Anlehnung an die bekannten Worte: »Ich denke, also bin ich«, denkt Nick:

Weil ich denken kann,
kann ich im Denken begreifen, dass ich bin.
Doch bin ich ganz allein,
so bin ich selbst im Denken nichts.

So denke ich, ich könnte sein,
sei ich ein Teil von etwas,
was denkend sagen kann, wir sind.

Ein ganzer Mensch will ich jetzt sein,
doch auch ohne Fühlen bin ich ganz allein.

Als Teil bin ich geboren,
als was werd' ich gehen?
So bin ich doch die ganze Zeit
ein kleines Teil des ganzen Wir.

Jetzt fühle ich,
das denkend Ich als Teil des Wir,
so bin ich.

In diesem Sinne lasst uns unsere Fähigkeit zur Vernunft gebrauchen, um in Zukunft ein friedliches, lebendiges und respektvolles Miteinander aller zu ermöglichen!

...

Bevor wir in die Erkundungen von Freiheit und Demokratie einsteigen, noch ein kleiner unaufgeklärter Ausflug in die absolute Wahrheit. Denn zur Wahrheit gehört auch die Wahrheit dazu.

Wahrheit ist eine Erfindung von uns Menschen und, soweit bekannt, sind wir die einzige Spezies, die sich für die Wahrheit interessiert. Jedoch scheint die Vorstellung von der einen, absoluten Wahrheit selbst die größte Lüge. Derzeit gibt es etwa acht Milliarden Menschen auf der Erde, jeder mit seiner ganz eigenen Wahrheit. Manche dieser Wahrheiten sind sich näher, andere weniger.

Im Allgemeinen ist die Wahrheit also eher ein Glaube an die Wahrheit als die Wahrhaftigkeit einer Wahrheit. Aber es ist doch wahr, dass wir leben, und wenn wir tot sind, sind wir tot. Jedoch können selbst Lebende sich als tot empfinden und Totgesagte bekanntlich länger leben. Wahrheit ist also relativ, und selbst das ist nur die halbe Wahrheit.

Auf den Spuren der Freiheit

Freiheit – allein der Klang dieses Wortes ist Offenbarung, Sehnsucht und Ziel. Schon Johann Wolfgang von Goethe schrieb dazu: »Das Wort Freiheit klingt so schön, dass man es nicht entbehren könnte, und wenn es einen Irrtum bezeichnete.«

Freiheit ist ein wahrlich wertvolles Gut, besonders in unserer westlichen Welt. Wir lieben sie und leben diese. Frei zu sein, ist einfach toll! Wir können uns frei bewegen, frei unsere Meinung äußern, und wir können denken, was wir wollen. Auch können wir kaufen, was uns gefällt, wir können reisen bis ans Ende der Welt und Partys schmeißen, bis auch der Letzte fällt. Okay, das zur Verfügung stehende Geld setzt Grenzen. Weiterhin haben wir die Freiheit, uns zu bilden, den Arzt unseres Vertrauens zu wählen und den Ort, an welchem wir wohnen wollen, selbst zu bestimmen. Zudem sind wir frei von Willkür anderer und haben sogar die freie Wahl über unsere Regierung.

Haben Sie sich schon einmal Gedanken über Ihre eigene und unsere gesellschaftliche Freiheit gemacht? Woher kommt diese Freiheit und warum können wir diese so erleben? Liegt es daran, dass wir Freiheit besonders gut verstehen? Dass wir bewusst und sicher mit ihr umgehen können?

Wir stellen uns bereits seit einiger Zeit die Frage, was Freiheit im eigentlichen Sinne bedeutet, denn bevor wir mit der Recherche dazu begannen, hatten wir ein seltsames Gefühl, was unsere Freiheit anbelangt. Zu viele Schranken, Gesetze, Regelungen und Vorschriften zeichnen unseren Alltag. Noch dazu könnte man Freiheit und Autonomie als das Gegenstück von Abhängigkeit verstehen, doch davon gibt es in unserer Gesellschaft so viele wie nie zuvor. Zu keiner uns bekannten Zeit waren Menschen so abhängig wie wir heute. Sollte morgen kein Strom durch unsere Leitungen fließen, würden wir eine dieser Abhängigkeiten spüren und nach ein paar Tagen begreifen, dass wir ohne die Vielzahl an Abhängigkeiten um uns herum kaum mehr überlebensfähig sind. Um sich ein besseres Bild von einem solchen Szenario zu machen, empfehlen wir das Buch »Black Out« von Marc Elsberg. Gerade die Vielzahl an Abhängigkeiten fühlt sich oftmals wie unsichtbare Fäden an, die unentwegt an uns ziehen. Dabei sollen doch die Abwesenheit von Zwang sowie der freie Wille des tätigen Menschen Ausdruck von Freiheit sein, so wir denn Gottfried Wilhelm Leibniz richtig interpretieren. Wie sehen Sie das, was bedeutet es für Sie, frei zu sein?

Blickwinkel der Freiheit

Leider mussten wir, wie auch Abraham Lincoln bereits im Jahre 1864 mit den Worten »Die Welt hat nie eine gute Definition für das Wort Freiheit gefunden«, feststellen, dass keine eindeutige Beschreibung von Freiheit existiert. So einfach tickt unsere Welt nicht. Zu viele verschiedene Formen und Aspekte wurden uns beim Lesen und Recherchieren bewusst. Freiheit wird, so haben wir herausgefunden, in verschiedenen Kulturen und Zeitepochen unterschiedlich ausgelegt. Dabei wurde uns klar, dass individuelle Freiheit somit eher ein Gefühl als eine klare wissenschaftliche Definition ist. Aber woher kommt dann unser Freiheitsbegriff und wie ist dieser entstanden? Schon im alten Griechenland wurde ausgiebig über Freiheit diskutiert und gestritten. Einige der daraus resultierenden Erkenntnisse sind uns bis heute erhalten geblieben.

Viele unserer westlichen liberalen Freiheitsideale beziehen sich jedoch auf die rechtsphilosophischen Theorien aus dem Werk »Leviathan« (1651) von Thomas Hobbes, ebenso auf »Zwei Abhandlungen über die Regierung« (1689) von John Locke und auf »Der Wohlstand der Nationen« (1776) von Adam Smith. Dies ist besonders für diejenigen interessant, die sich tiefer in die Materie der Ursprünge als auch des Rechtsbegriffs der Freiheit einarbeiten wollen. Bis heute werden diese Ideen weitergedacht und weiterentwickelt.

Eine große Übereinstimmung verschiedenster menschgedachter Freiheitstheorien konnten wir dann doch noch finden. Denn im Grundsatz wird davon ausgegangen, dass Freiheit nur dann gegeben sein kann, wenn wir die eigene Freiheit gleichermaßen allen anderen zugestehen. Dass jegliche Freiheit die Gleichheit aller in Sachen Freiheit voraussetzt.

Recht und Demokratie können in diesem Zusammenhang Werkzeuge sein, um diese Freiheit zu ermöglichen. Unseren heutigen elitären Freiheitsbegriff möchten wir daher folgendermaßen interpretieren: Freiheit meint seither das gleiche Recht auf eine bestimmte Form von Freiheit. Gleichfalls dient Freiheit in der liberalen Politik als Legitimationsbegriff staatlicher Herrschaft, wie wir dem Lexikon der Politikwissenschaft entnehmen konnten.

Die Freiheit, frei zu sein

Auseinandersetzungen mit Freiheitsdefinitionen bringen uns unserem persönlichen Empfinden von Freiheit nicht wirklich näher. Deshalb widmen wir diesem einzigartigen Gefühl, welches uns, wenn wir es erleben, ein breites Grinsen entlockt, ein paar Gedanken. Diese Freiheit, die wir fühlen, wenn der tief wummernde Sound eines schweren, chromglänzenden Motorrads unseren Körper durchdringt, welches wir in der Abendsonne Arizonas ohne Helm über die Route 66 bewegen, kann uns kein Freiheitsgesetz auf Erden geben. Denn diese Freiheit endet erst hinter dem Ende der Welt, sie ist für diesen Moment befreit von Regeln, Gesetzen und Geld. Selbst die jaulenden Sirenen untermotorisierter Gesetzeshüter verstummen dabei langsam im Wüstensand unseres Hinterrads und sind nicht mehr und nicht weniger als eine willkommene Abwechslung beim Erleben des Glücks von Freiheit.

Das Lagerfeuer, welches uns am Ende dieses Trips durch die Nacht begleitet, lässt die Spuren der Insektenschwärme, die unser Gesicht zeichnen, in einem anderen Licht erscheinen. In diesem schimmern sie als Symbole der Freiheit. Das Knacken und Knistern des brennenden Holzes, die scheinbar unzähligen Sterne am Firmament und auch das entfernte Heulen der Kojoten begleiten uns anschließend ins Reich der Träume, ein Reich voller Fantasie und unbegrenzter Freiheit.

Sie bemerken vielleicht, unsere Freiheit steckt voller Überraschungen, aber ebenso vieler Widersprüche.

Auch Jean-Jacques Rousseau, ein bedeutender Aufklärer, erkannte dies schon vor geraumer Zeit und drückte es folgendermaßen aus: »Die Freiheit des Menschen liegt nicht darin, dass er tun kann, was er will, sondern, dass er nicht tun muss, was er nicht will.« Diese Betrachtung werden wir im Gefüge unserer gegenwärtigen gesellschaftspolitischen Vorstellung von Freiheit im Auge behalten. Für uns Menschen einer liberalen Gesellschaft bedeutet dies, dass wir uns dann als »frei« betrachten können, wenn wir die Gesetze, denen wir unterworfen sind, im besten Fall in einem demokratischen Prozess erarbeitet haben und uns auf diese berufen können im Falle, dass unsere Freiheit eingeschränkt wird oder bedroht ist. Durch freien Handel sowie die freie Marktwirtschaft konnten wir den Spielraum unserer individuellen Freiheit sogar erweitern. Klingt eigentlich gar nicht so schlecht.

Auf den folgenden Seiten wechseln wir die Perspektive auf der Suche nach den Spuren der Freiheit vom Urgedanken bis zum Neoliberalismus.

Das Freiheitsversprechen

Der Freiheitsbegriff unserer Gegenwart wird oft im Zusammenhang mit Liberalismus gebraucht. Ist Liberalismus gleich Freiheit? Stark vereinfacht könnte man Liberalismus als die Herrschaft des Rechts verstehen, denn über die Idee des gleichen Rechts für »alle« versuchten deren Urdenker Hobbes und Locke die oftmals willkürliche Herrschaft von Kirche und Monarchie zu überwinden und somit zur Freiheit des Individuums und letztendlich der ganzen Gesellschaft zu gelangen. Freiheit ist in deren Vorstellung das Recht auf Freiheit, und der souveräne, weil unabhängige, liberale Staat schützt dieses Recht. Somit steckt im Liberalismus beziehungsweise in der zugrunde liegenden Idee eine gehörige Portion Freiheit. Gleichzeitig wollte sich der Liberalismus in seinem Freiheitsbestreben des Begriffs der Herrschaft entledigen, denn es gibt weder Herrschende noch Beherrschte, sondern allgemeingültige Regeln und Gesetze, die für »jeden« Menschen gleichermaßen gültig sind, zumindest theoretisch.

Recht allein ist jedoch nicht ausreichend, um modernen Liberalismus zu beschreiben. Dies kann eher als eines von vielen Werkzeugen betrachtet werden, zu denen unter anderem auch Rechtsstaatlichkeit, die freie Marktwirtschaft und im Idealfall auch Demokratie gehören. Mithilfe derer sollen Ziele wie Sicherheit, Gerechtigkeit, Wohlstand, Freiheit und Frieden erreicht werden. Die liberale Idee wollte ursprünglich vor allem auch eine Antwort auf die vielen Kriege ihrer Zeit sein, welche Monarchie und Kirche immer vom Zaun brachen. »Handel statt Krieg«, so eine ideelle Vorstellung. Besonders aus diesem Grund finden wir, dass es an der Zeit ist, eine Antwort auf die gewachsenen Wirrungen dieses Liberalismus zu finden, da Frieden schlicht keinen unmittelbaren Profit abwirft. Und unbegrenzter Profit zum Dogma des daraus gewachsenen entarteten kapitalistischen Neoliberalismus wurde.

Eigennutz und Profitgier sind in der darin vorherrschenden Logik nicht nur Motoren des Fortschritts, sondern ebenso Garanten der Freiheit und damit auch Produzenten des Gemeinwohls, was zusammen zum Frieden führen soll. Vielleicht sollten wir Henry Ford aufwecken und ihn bitten, das Fließband für den Frieden zu bauen. Denn leider hat sich dieser Liberalismus im Gegensatz zu den Hoffnungen der Urdenker nicht zum Friedensbringer entwickelt. Dem Liberalismus allgemein haftet ein weiterer Makel an, denn er ist ebenso wenig eindeutig definiert wie Freiheit. Beide Begriffe lassen sich daher leicht instrumentalisieren.

Wissenschaftlich ausgearbeitete, allgemeingültige Beschreibungen sind ferne Utopien. Wir beobachten dabei, dass Liberalismusbefürworter dies sogar als eine besondere Stärke betrachten, denn die daraus resultierende Wandlungsfähigkeit ermöglicht es, dass dieser sich immer wieder den Umständen der Zeit anpassen kann. Die damit einhergehende Uneindeutigkeit nehmen dessen Anhänger, mal billigend, mal dankbar, in Kauf. Dies beschert einigen derer eine befremdlich geniale Eigenschaft, denn sie können sich beispielsweise widerspruchsfrei für Frieden einsetzen und zugleich den Krieg befürworten. Die damit verbundene Eigenart des Unverbindlichen, sich alles offen Haltenden hat sich in viele Gesellschaftsbereiche hineingefressen und kann als eine Ursache der weit verbreiteten diffusen Unsicherheit und Ziellosigkeit angesehen werden.

Im Lexikon der Politikwissenschaft fanden wir zum Liberalismus folgende kurze Beschreibung: »Der Liberalismus darf wohl als erste umfassende politische Ideologie im modernen Sinne gelten, weil er erstmals einen systematischen Ordnungs- und Entwicklungsentwurf im wesentlichen nicht-religiös begründet und auch nicht bloß faktische Machtstrukturen untermauert, sondern eine Bewegung in bessere Zukünfte auslobt und die Kraft dazu aus den Fähigkeiten und Interessen aller einzelnen selbst schöpft.«

Wohlstand der Nationen

Moderner Liberalismus ist nicht ohne die Auseinandersetzung mit den natürlichen Gegebenheiten und Ursachen vom Wohlstand der Nationen zu denken. Adam Smith hat seine Erkenntnisse dazu im bis heute bedeutenden Werk mit dem Originaltitel »An Inquiry into the Nature and Causes of the Wealth of Nations« im Jahre 1776 veröffentlicht. Seine weitsichtige und umfassende Herangehensweise ist dabei ebenso beeindruckend wie seine Methodik, welche noch heute die Grundlage moderner Volkswirtschaftslehre ist. Er schuf die Verbindung zwischen den liberalen Ideen von Freiheit und Recht, dem natürlichen sozialen Aspekt und den in menschlichen Gesellschaften schlummernden ökonomischen Möglichkeiten. Leider wird sein Werk vielmals auf das Ökonomische und die damit in Verbindung stehende unsichtbare Hand reduziert. Verheerender ist jedoch die Umdeutung seines sozialen Menschenbilds mit dem Merkmal des positiven Selbstinteresses in das eines egoistischen, nimmersatten, konkurrierenden Individuums. Auf die Unterscheidung zwischen Selbstinteresse, Eigennutz und Egoismus gehen wir später im Kapitel »Wer wir sind« detaillierter ein. Die vielmals vorherrschende Reduzierung seiner Arbeit machte uns neugierig, was Ökonomie im ursprünglichen Sinne bedeutete.

Das ist sehr viel einfacher, als man üblicherweise denken mag. Der Begriff leitet sich aus dem griechischen *oikonomia* ab und meinte einfach »Haushalten« oder »gut geplantes Wirtschaften«. Ein privater Haushalt oder ein größerer Zusammenschluss wie eine Dorf- oder Stadtgemeinschaft teilte beispielsweise die landwirtschaftlichen Güter so ein, dass diese nicht nur heute und morgen die Familie oder Gemeinschaft satt machten, sondern auch in Zukunft. Ökonomie oder gutes Wirtschaften meinte somit nichts anderes als den achtsamen und maßvollen Umgang mit den vorhandenen Ressourcen und die Erkenntnis deren begrenzter Verfügbarkeit. Dabei dachten die damaligen Menschen nicht nur von Jahr zu Jahr, sondern sie wirtschafteten, so gut es ihnen möglich war, über die eigene Lebenszeit hinaus und gaben dieses Wissen an ihre Kinder und die Gemeinschaft weiter. Ihr intelligentes soziales Verhalten und das weitsichtige Wirtschaften können somit als eine Quelle des damaligen Wohlstands betrachtet werden.

Leider hat sich diese ursprüngliche ökonomische Idee des nachhaltigen Wirtschaftens nicht durchgesetzt, denn im Zeitalter der wissenschaftlich ausgearbeiteten neoliberalen Ökonomie ist die Maßlosigkeit fast zum Kulturgut erklärt. Denn ohne sie scheint kein weiteres Wachstum denkbar. Seither verschwenden wir rücksichtslos alle verwertbaren Ressourcen in unserer scheinbar niemals endenden Wohlstandssucht. Auf diesem Trip achten wir weder auf die Natur noch auf andere Völker, nicht einmal auf unsere Kinder oder uns selbst. Es scheint uns seither völlig gleichgültig, wie sich unser Leben in 25 Jahren lebt, solange wir morgen noch konsumieren können, was uns gefällt oder gefallen soll. Letztendlich verbrauchen wir wissentlich sehr viel mehr Ressourcen als sich in natürlichen Prozessen erholen können, im Glauben und Versprechen, damit Wohlstand und Frieden zu produzieren, und berufen uns dabei vielmals auf die massiv reduzierten Ideen von Adam Smith.

Das Kuriosum in unserer von ausgeklügelter Ökonomie geprägten westlichen Welt ist, dass wir diesem Treiben gesellschaftlich und politisch keinen Einhalt gebieten, sondern dieses sogar befördern, anstatt sinnvolle Rahmenbedingungen zu schaffen, welche ein gutes Leben aller ermöglichen könnten. Wir hoffen dabei auf die unsichtbare Hand, die wie durch Zauberei alle Probleme über die Idee des freien Marktes löst und dabei Glück und Freude aus dem Ärmel schüttelt. Noch dazu glauben wir daran, dass dies der natürliche Lauf der Dinge sei, und weil dies so ist, muss es der einzig richtige Weg sein.

Warum überhaupt diese ganze Ökonomiediskussion, könnten Sie denken. Das hat Wolfram Engels einmal wunderbar formuliert. Aus seiner Sicht ist der ökonomisch vernünftige Zustand der Dinge dieser, welchen die meisten unter uns für den ganz natürlichen und normalen Zustand der Dinge halten würden. Wahrscheinlich trifft aber genau dies leider auf kaum ein Ding unserer westlichen Welt zu, denn Smartphones, Autos, Kleidung oder Möbel sind, wenn überhaupt, nur in einem finanzwirtschaftlichen ökonomischen Gleichgewicht der Produzierenden und Konsumierenden, nicht aber in einem umfassenden ökonomischen Gleichgewicht unter Berücksichtigung aller natürlichen Gegebenheiten sowie anderer und zukünftiger Menschen.

Wir können im Rahmen dieses Buchs die Ideen von Adam Smith nur sehr oberflächlich antasten, jedoch finden wir es ausgesprochen lohnenswert, sich mit seinen Gedanken und Werken auseinanderzusetzen. Für ihn ergibt sich, unserem Verständnis nach, Wohlstand nicht allein aus der Ökonomie, sondern auch aus Frieden, Gesundheit, Gerechtigkeit, Sicherheit, Freiheit, Ethik sowie einer Balance der verschiedenen gesellschaftlichen Werte und einer Balance von Individual- und Gemeinwohl. Dabei lehnt er jede Form von Egoismus ab und betrachtet diesen als schädlich für den Einzelnen und die Gesellschaft. Auch beschreibt er eine gewisse Form von Gleichheit. Diese ist weder Einheitskleidung noch Einheitserziehung, sondern in etwa eine Gleichverteilung gesellschaftlichen Wohlstands und die ungefähr gleichen Voraussetzungen zur Marktteilnahme. Denn nur dann, so interpretieren wir, wenn alle Teilnehmenden die in etwa gleichen Bedingungen vorfinden, ein ähnliches Wissen über die Funktion der Märkte besitzen, nur dann kann die Idee der freien Märkte ihre Wirkung entfalten und zum Wohlstand der Nationen beitragen. Dies gilt gleichermaßen für Produzierende wie für Konsumierende. Hat nur einer der Teilnehmenden eine wesentlich vorteilhafte Bedingung, so verzerrt es die Idee des freien Marktes. Eine Aufgabe des Staates sah Smith somit darin, Voraussetzungen zu schaffen, damit alle Marktteilnehmenden gleichberechtigt, gleichwissend und chancengleich an diesem teilnehmen können, sowie sich nicht in das Marktgeschehen einzumischen. Sollten all diese Bedingungen erfüllt sein, warte ein großes Stück zusätzliche Freiheit, welche es attraktiv macht, an diesem Markt freiwillig teilzunehmen und somit mehr oder weniger wissentlich und doch unbewusst zum Fortschritt und zum Wohlstand aller beizutragen.

Freie Märkte

Schauen wir uns zwei Beispiele freier Märkte in der Gegenwart an. Obwohl Fußball ein Sport ist, so ist er heutzutage ein Teil des Marktes und unterliegt somit, insbesondere in den höheren Ligen, dessen Gesetzmäßigkeiten. Zwei wesentliche Voraussetzungen für attraktiven Fußball sind durch gleiche Regeln für alle sowie durch unparteiische Schiedsrichter, vor deren Augen alle Spieler und Mannschaften gleich sind, geschaffen. Nimmt man nun die Komponente des Marktes hinzu, in welchem Spieler aufgrund ihrer Fähigkeiten gehandelt und vermarktet werden, zeigt sich schnell auf, dass Mannschaften, oder besser kapitalstarke Fußballunternehmen, die Freiheit eines fairen Wettbewerbs erheblich stören können. Ein Ausgleich ist nur möglich, indem gezwungenermaßen alle Mannschaften zu solchen Unternehmen werden. Im Gegensatz zum Spielgeschehen herrschen auf diesem Markt keine selbstgewählten oder gar demokratisch erarbeiteten Regeln, bis auf die allgemeine Gesetzgebung. Was wirklich zählt, sind die Macht und das Recht des

Stärkeren, so herrscht auch in diesem Fall das Kapital. Sieger stehen somit in einem gewissen Maß schon im Vorhinein fest. Freiheit und Fairness endeten mit der Einführung des Marktes in das Fußballgeschehen. Wenn man nun Adam Smiths Theorie des freien Marktes zugrunde legen würde, was man ja behauptet zu tun, dann müssten alle Mannschaften/Unternehmen die in etwa gleichen Voraussetzungen, einschließlich Kapitalstärke, aufweisen, gestaffelt von der Kreisliga bis zur Champions League.

Beim Fußball oder auch anderen vergleichbaren Märkten mag diese Ungerechtigkeit nicht so bedeutsam sein, da ja die Freiwilligkeit der Teilnahme zugrunde liegt. Auf den allgemeinen Märkten oder dem Arbeitsmarkt, in welchen die meisten von uns in hohem Maß gezwungen sind, haben solche Formen der Ungerechtigkeit sehr viel gravierendere Einschnitte von Freiheit und Fairness zur Folge. Besonders in den zugespitzten ökonomischen Interpretationen von Smith werden solche Unterschiede nicht als Freiheitshemmnis angesehen, sondern als Antriebskraft des nach immer mehr Wohlstand strebenden Individuums herausgestellt.

Eine weitere Verzerrung des freien Marktes entdeckten wir bei der Vererbung, denn die Kinder der Fußballstars werden zwar nicht ohne Zutun selbst zum Fußballstar, jedoch können sie, aufgrund der ihnen vorliegenden Kapitalstärke, auf ganz andere Märkte Einfluss nehmen. Natürlich wäre es unfair, solche Kinder zu verurteilen, da sie weder für den Wohlstand ihrer Eltern noch für die gesellschaftlichen Rahmenbedingungen, welche ihnen den Vorteil verschaffen, maßgeblich verantwortlich sind. Das mag in Einzelfällen auch nicht weiter problematisch sein, dies spitzt sich jedoch im immer weiter anwachsenden Kapital und der damit verbundenen Macht zu. Die Idee eines freien Marktes wird durch diese Ungleichheit und das Ungleichgewicht erheblich gestört.

Stellen Sie sich als Beispiel hierfür eine Jungunternehmerin und einen Jungunternehmer vor, die jeweils eine neue Bäckerei eröffnen. Während Jessica sich mittels geliehenen Geldes selbstständig machte, gründete Max mit dem Vermögen seiner Eltern eine Systembäckerei. Der Zufall wollte es, dass Jessicas neu gegründete Backstube kurze Zeit später Max' Systembäckerei in unmittelbarer Nähe zur Konkurrenz bekam. Jessica fokussierte sich darauf, gemeinsam mit ihrem Team Tag für Tag bestes Brot und Brötchen sowie kleine Tortenkunstwerke zu backen, und legte dabei viel Wert darauf, nur ausgewählte und hochwertige Zutaten zu verwenden und all ihren Angestellten einen angemessenen Lohn zu zahlen. Sie glaubte daran, dass die Qualität ihrer Produkte die beste Werbung für ihre Bäckerei sei. Max hingegen forcierte ein effizientes Backsystem mit dem Mindeststandard an Backzutaten und Löhnen. Er investierte das vorhandene Kapital nicht nur in die Produktion preiswerter Backwaren, sondern auch in ein großflächiges Werbekonzept.

Ohne Ihnen das Ende dieser Geschichte erzählen zu müssen, ist uns sicherlich klar, dass dieser ungleiche Wettbewerb weder Freiheit von Konsumenten oder gar Produzenten noch beste Backwaren zur Folge hat. Die vielbeschworene unsichtbare Hand führt unter den gegebenen Rahmenbedingungen nicht zur besten Backkunst und auch nicht zu einem freien und fairen Wettbewerb, da sie ja, entgegen der üblichen Erzählung, keine Ursache ist, sondern lediglich anhand der Wirkung des freien Marktes nachempfunden werden könnte. Letztendlich ist es die Kunst der Profitmaximierung und Geldvermehrung, welche durch die trügerische Annahme ihrer Existenz befördert wird. Ebenso bescherte Max die ihm gegebene Kapitalstärke selbst vor Gericht einen nicht unerheblichen Vorteil, welcher ihm dazu verhalf, den Rechtsstreit darüber, wer die stadtbekannte Torte erfunden hat, für sich zu entscheiden. Am Ende führt all dies nicht nur zum Rückgang von Wohlstand und Freiheit, sondern auch zum Verdruss und zur Unzufriedenheit der allgemeinen Bevölkerung, wie es gegenwärtig vielfach zu beobachten ist. Und das obwohl, in Zahlen ausgedrückt, der Wohlstand sogar stetig steigt.

Es liegt uns jedoch fern, Systembäckereien oder große Unternehmen pauschal infrage zu stellen, da diese ebenso zum Wohlstand beitragen können. Jedoch ist die gleichberechtigte Marktteilnahme aufgrund der unterschiedlichsten Voraussetzungen eher ein Verdrängungswettbewerb als ein freier Markt und somit ebenso wenig sinnvoll wie beim Fußball Kreisliga, Regionalliga und Champions League zu einer gemeinsamen Liga zu erklären und diese dann als fair und frei zu betrachten.

Sympathie der Macht

Aber warum funktioniert die offensichtliche Ungerechtigkeit überhaupt? Das scheint unter anderem darin begründet, dass eine natürliche Sympathie gegenüber der Macht in uns steckt, der Macht von Schönheit, Reichtum und der Macht, die in der Fähigkeit steckt, aus Geld noch mehr Geld zu machen oder es einfach zu besitzen. Diese Sympathie ist zudem ein Kalkül im Skript unseres Gesellschaftssystems und soll eine natürliche Harmonie zum Ausdruck bringen. Macht macht obendrein oftmals attraktiv und mehrt das Ansehen. Die Steigerung dieser Sympathie wird durch das Gefühl erreicht, sich selbst auf der Leiter des Wohlstands und der Macht zu befinden und damit zur Elite zu gehören. Unbehagen bereitet dabei oft nicht, dass der Abstand nach oben stetig anwächst, und auch weniger die Inflation, welche die untersten Stufen immer auflöst und uns somit in Bewegung hält, sondern der Blick nach ganz unten, der Teile der Gesellschaft erkennen lässt, die scheinbar nur von denen profitieren, die alltäglich Stück für Stück nach oben streben. Auch Abgrenzung und der Blick nach unten haben viel mit der Sympathie dieser Macht zu tun.

Die Ehrfurcht und Anbetung von Macht sind dabei sehr viel älter als Geld, denn diese reichen in eine Zeit zurück, lange bevor Fußball- und Popstars, Oligarchen oder Monarchen unsere Herzen eroberten. Bereits unsere Ur-Ur-Vorfahren beteten mächtige Gottheiten an und erbrachten ihnen Opfer. Viele dieser Opfer sind aus heutiger Sicht grausam und unmenschlich. Doch wie werden unsere Kindeskinder die von uns produzierten Opfer betrachten? Denn neben Freiheit, Moral, Demokratie, Vertrauen und Gerechtigkeit opfern wir in unserem Streben wissentlich ihre und selbst unsere eigenen Lebensgrundlagen.

Freiwillig frei

Als einen wesentlichen Aspekt der von Adam Smith beschriebenen individuellen Freiheit interpretieren wir – unter Berücksichtigung der Umstände der damaligen Zeit – die Wahl, ob man weiterhin selbstversorgend landwirtschaftlich tätig ist oder freiwillig die eigene Arbeitskraft, entsprechend der Fähigkeiten, in den Markt einbringt. Die damit verbundene und voranschreitende Arbeitsteilung ermöglichte enorme Wohlstandsausbreitung und jede Menge Luxus für viele Teile der Gesellschaft.

Smith erkannte jedoch schon damals, dass neben den Vorteilen einer solchen Arbeitsteilung auch die möglichen negativen Folgen der Spezialisierungen auftreten können, und warnte vor der damit einhergehenden »Verdummung«. Die daraus resultierenden verkleinerten Blickwinkel werden wahrscheinlich auch einen Anteil daran haben, ihn bis heute als Begründer des liberalen Kapitalismus anzusehen. Was aber tatsächlich nur auf die reduzierten und zugespitzten Interpretationen zutrifft, nicht jedoch auf ihn selbst oder seine Werke. Smith gab uns die Zutaten und eine Anleitung für den Wohlstand, gemixt haben wir selbst.

Der in unserer Gegenwart gewählte Mix erweckt leider den Eindruck einer gewissen Singularität, denn es scheint seither nur noch eine Form, nur noch einen Weg und nur noch einen Wohlstand überhaupt zu geben. Dabei beschrieb Smith die Finanzökonomie als einen Teil auf dem Weg zum Wohlstand der Nationen und nicht als *den* Wohlstand.

Wir finden, dass die Interpretation seiner Werke nochmals völlig neu angegangen werden sollte und wir dabei die ganze Breite seiner Erkenntnisse und unsere gegenwärtigen Erfahrungen berücksichtigen sollten. Die damit aufkommende Frage, was gesellschaftlicher Wohlstand im eigentlichen Sinne ist, sollte dann als immerwährender demokratischer Prozess verstanden werden. Dies könnte sogar einzigartigen individuellen Wohlstand hervorbringen, welcher es uns ermöglicht, mit ruhigem Gewissen zu konsumieren, zu reisen und uns zu schmücken, ohne Ausbeutung und Umweltzerstörung.

Stellen Sie sich vor, Sie könnten von morgen an kaufen, was Sie brauchen, und nichts davon würde die Natur oder andere Menschen in irgendeiner Form schädigen. Wäre das nicht eine großartige Form von Freiheit? Noch dazu könnte kein Werbeversprechen der Welt Ihnen einreden, was Sie als Nächstes kaufen sollen, sondern allein Sie entscheiden mit Ihrer Intelligenz und Ihrem Verstand, was gut und richtig für Sie ist. Klingt das nicht nach noch mehr Freiheit?

Immer wieder beobachten wir das bunte und lebendige Treiben kleiner regionaler Märkte, auf welchen nicht nur gekauft werden kann, sondern auch Tauschgeschäfte möglich sind. Auf solchen gehören Gespräche, zum Beispiel zwischen Konsumenten und Produzenten, einfach dazu. Zudem bereichern vielfältige Straßenkünste diese Handelsplätze. Solche Märkte versprühen auch heute noch einen Hauch der Freiheit, wie ihn Adam Smith einstmals erträumte und beschrieb.

Die Idee der freien Märkte erachten wir, trotz aller Missinterpretationen, weder als Problem noch als Lösung. Diese kann bei angemessener natürlicher Anwendung ein wirklich praktisches Werkzeug sein, breiten Wohlstand, welcher über die Selbstversorgung hinausgeht, zu ermöglichen. Der Idee der Ökonomie ergeht es letztendlich ähnlich derer von Liberalismus und Freiheit. Die ungenauen Definitionen und die vielfältigen eigentümlichen Interpretationen lassen die ursprünglichen Ideen oftmals bis zur Unkenntlichkeit verblassen.

Aber auch Smiths Werke sind, wie alle anderen Publikationen, in Abhängigkeit der Umstände und Erkenntnisse der Zeit, in welcher sie verfasst wurden, zu betrachten. Wir können diese deshalb, bei aller Genialität, nicht universell auf alle Zeiten, Kulturen oder Gesellschaften anwenden.

Abschließend sollten wir uns die Frage erlauben, was Adam Smith wohl zur Weiterentwicklung seiner Ideen und der daraus ergangenen Folgen bis ins Heute sagen würde. Wäre er vom technologischen Fortschritt und Wohlstand beeindruckt oder würde er sich wünschen, dass eine unsichtbare Hand sein Werk und Mandevilles Bienenfabel rückwirkend verbrennt, wie er es selbst mit vielen seiner Manuskripte getan hat?

Grenzen der Freiheit

Schon frühzeitig wurden im liberalen Skript vorausschauend Grenzen von Freiheit bedacht. In diesem heißt es unter anderem: Die Freiheit des einen endet dort, wo diese in eine andere eingreift. Ebenso wurde über die Grenzen des Eigentums nachgedacht.

John Locke schrieb dazu sinngemäß, dass alles, was die Erde hervorbringe, allen Menschen zugleich zum Unterhalt und zum Genuss ihres Daseins gegeben sei und dass niemand ein persönliches Herrschaftsrecht mit Ausschluss aller anderen Menschen über irgendetwas, das sich in seinem natürlichen Zustand befindet, habe. Die Gedanken seines Geistes, die Arbeit seines Körpers und das Werk seiner Hände versteht Locke als das persönliche Eigentum. Zudem habe jeder Mensch das Eigentum an seiner eigenen Person, auf das nur er allein ein Recht habe.

Wenn dann dieser Mensch beispielsweise einen Apfel pflücke, habe er dessen natürlichen Zustand Arbeit hinzugefügt. Somit könne man sagen, dass dieser Apfel unbestreitbar sein Eigentum sei.

Lockes Freund Isaac Newton legte sich möglicherweise unter einen Apfelbaum, um über den anschließend auf seinen Kopf fallenden Apfel die Gesetzmäßigkeiten der Schwerkraft zu ergründen.

Wir nutzen dies als Beispiel für die Grenzen der Freiheit in Bezug auf Eigentum und Arbeit. Ist das Unter-den-Baum-Legen und Warten, bis eine der wohlschmeckenden Früchte in den weit geöffneten Mund fällt, Arbeit? Sind die blutige Nase und das blaue Auge, die von jenen Äpfeln stammen, die den Mund verfehlten, Zeugnis dieser? Wir denken schon, dass auch das als Arbeit anerkannt werden kann. Andernfalls hätte er genau dort geboren werden und auch bis zum Moment des Aufpralls des Apfels in seinem Mund dort liegen müssen. Sollte John Locke jedoch den Apfel vor dem Eintritt in Isaac Newtons Mundhöhle abfangen, wer hätte dann das Recht an diesem Apfel? Unter Freunden ist das klar. Es braucht kein Recht und auch keinen Vertrag. Der Apfel wäre ein Genuss für beide, weil er gerecht geteilt werden würde.

Hätten Isaac Newton und John Locke all die Äpfel des Baums schlicht gepflückt, um sie in der nächsten Stadt gewinnbringend zu verkaufen, wäre die Gravitation eventuell bis heute unentdeckt und auch der Liberalismus nicht weiterentwickelt worden. Natürlich gibt es viele weitere Entdeckerinnen und Forscher, die Vergleichbares hätten leisten können und auch geleistet haben, aber den Lauf unserer Geschichte, so wie wir sie kennen, haben diese beiden maßgeblich beeinflusst. Dankbarerweise waren in ihnen Neugier, Forscherdrang und Einsatz für die Gesellschaft und Wissenschaft stärker als eine rein egoistische und profitorientierte Denkweise.

Doch wie wäre es zu beurteilen, hätten sie alle Äpfel aller Bäume im Umkreis der Stadt gepflückt und anschließend diese Bäume in schwerer und rechtmäßiger Arbeit eingezäunt, damit sie im nächsten Jahr wiederum alle Äpfel pflücken könnten? Stünde ihnen dann das Recht auf all diese Äpfel zu? Und wie würde sich das mit den Äpfeln verhalten, die sie weder selbst verzehren noch verkaufen könnten? Wären diese, im Sinne der liberalen Idee, ihr wohlverdientes Eigentum, welches sie nach Belieben anhäufen könnten? Und wie würde man die Eigentumsfrage beantworten, wenn die Äpfel nicht selbst gepflückt würden, sondern durch andere Menschen, die auf Basis von freiwilligen Verträgen diese Arbeit erledigten? Vielleicht geht es Ihnen bei solchen Fragen wie uns beim Recherchieren. Die Widersprüche zwischen der ursprünglichen liberalen Idee und der in unserer Welt gelebten Wirklichkeit sind vielmals seltsam und erstaunlich.

Heutzutage wird Eigentum rechtlich geschützt, dabei wird leider nicht unterschieden, ob dieses durch eigene Arbeit erzielt wird oder ob es durch Ausbeutung menschlicher und natürlicher Ressourcen entsteht. Dieses, nennen wir es »Fremdeigentum«, sollte aus unserer Sicht, hinterfragt werden und vom Ursprung aus, so denn wir diesen als angemessen und zeitgemäß erachten, neu diskutiert werden. Vielleicht ist eine einfache rechtliche Unterscheidung zwischen selbst erbrachtem und fremd erbrachtem Eigentum ausreichend.

Freiheitszwang

Ein weiteres wichtiges Merkmal unserer liberalen Freiheit ist die gerade erwähnte Vertragsfreiheit, geschaffen, unter anderem, um klare Verhältnisse und fairen Handel zu ermöglichen. Die dadurch gewonnene Freiheit schafft Raum für Entfaltung und Entwicklung. Man ist sich sicher in seinem Tun durch die vertraglichen Regelungen. Denn ohne rechtlich geregelte Verträge besteht die Gefahr der Willkür. Vermieter könnten Mieter ohne Begründung auf die Straße setzen oder die Miete gegenstandslos anheben, Energiekonzerne könnten Energiepreise nach Belieben anpassen, Käufe und andere Geschäfte könnten einseitig widerrufen werden oder mit falschen Versprechungen in betrügerisches Handeln ausarten.

Auch viele zwischenstaatliche Beziehungen bestehen aus unzähligen Verträgen, welche ein sicheres und faires Miteinander ermöglichen sollen, jedoch nicht garantieren. Dies führen wir darauf zurück, dass vertragliche Überregulierung Vertrauen eher schwinden lässt, ja sogar eliminiert und somit dem gewünschten Effekt von Entfaltung durch Freiheit entgegenwirkt. Denn fehlendes Vertrauen schafft Raum für Unsicherheit, Missgunst und Angst. Wir denken, dass die »Vertragswelt« dann sinnvoll ist, wenn diese der Freiheit von uns dienlich ist, das Vertrauen stärkt und die Sicherheit im Miteinander erhöht.

Die ursprüngliche liberale Idee rechtlich gesicherter Vertragsfreiheit klingt gut und logisch. Bei Betrachtung der Umsetzung tun sich jedoch sowohl erhebliche Widersprüche als auch Fehlentwicklungen auf, die den eigenen Idealen im Grundsatz widersprechen, besonders dann, wenn aus Freiheit Zwang wird. Denn unsere freie Wahl ist begrenzt auf die Wahl vieler verschiedener Verträge. Während uns Verträge ursprünglich halfen, die Freiheit zu »organisieren« und neue Freiheiten zu schaffen, so sind wir heute in die Vertragswelt gezwungen.

Ein Leben ohne Verträge ist in unserer gegenwärtigen westlichen Welt nahezu unmöglich. Selbst diejenigen unter uns, die, aus welchen Gründen auch immer, in die Obdachlosigkeit getrieben wurden, können sich nicht vollständig aus der Vertragswelt befreien. Denn die Bank, auf welcher sie schlafen, der Boden, auf welchem sie sitzen, und das Wasser, welches sie trinken, unterliegt Verträgen, die den Besitz und somit die Verwendung regulieren. Echte Freiräume außerhalb der vertraglich und rechtlich geordneten Welt gibt es bei uns nicht. Diese Entwicklung wirkt einem urmenschlichen Aspekt entgegen, es unterdrückt die Freiheit eines vertrauensvollen und neugierigen Miteinanders.

Versuchen Sie sich für einen kleinen Moment Ihr Leben ohne Verträge vorzustellen und Sie werden, wie auch wir, schnell feststellen: unvorstellbar. Denn allein der Vertrag für das eigene Bankkonto ist gewissermaßen erzwungen. Die Vertragsfreiheit garantiert nur die freie Wahl verschiedener Verträge für unterschiedliche Kontomodelle der Banken, jedoch ist sie eben genau darauf beschränkt. Mit Kryptowährungen tun sich in diesem Feld neue Möglichkeiten auf, jedoch ist auch deren Existenz an Verträge gebunden. Unabhängig davon, ob Sie einen Vertrag einer Bank oder eines Kryptoanbieters studieren, so werden Sie am Ende feststellen, dass Sie diesen nicht vollständig verstehen können. Es bestehen zu viele Abhängigkeiten dieses Vertrags von anderen Verträgen, deren Komplexität im Allgemeinen unseren Verstand übersteigt und die sich zudem permanent ändern. Unsere Auswahlkriterien sind aufgrund dieser Hürden oftmals auf den Preis reduziert. Eine freie Wahl, ob Bank oder nicht, haben wir schlicht nicht. Wir müssen eines der Modelle akzeptieren, selbst wenn es unserer Vernunft widerspricht. Dies trifft in ähnlicher Form auf viele andere Verträge zu, die uns umgeben – sei es der Arbeitsvertrag, der Mietvertrag, der Versicherungsvertrag, der Handyvertrag oder auch nur der simple Kaufvertrag. Voll umfänglich verstehen können wir diese nicht mehr und wollen dies meist auch nicht. Würden wir, im aufklärerischen Sinne, jeden Vertrag, den wir abschließen müssen, mit Bedacht und Verstand prüfen, um eine vernünftige Entscheidung treffen zu können, so würden wir, aus unserer Erfahrung heraus, scheitern. Wahrscheinlich würde kein einziger unserem freiheitlichen Anspruch gerecht werden. Hinzu kommt, dass die meisten Verträge regelmäßig einseitig angepasst werden, und uns bleibt nur die Wahl der Zustimmung. Aus eigener Erfahrung können wir sagen, dass sich viele unserer geschlossenen Verträge mehrfach geändert haben. In vielen Fällen wussten wir nicht einmal davon und wenn doch, konnten wir diese Verträge aufgrund des zu erwartenden Verlusts oder des damit verbundenen Aufwands nicht wechseln. Auch ein von uns eingelegter Widerspruch wurde ignoriert und mit der Größe der Rechtsabteilung deutlich gemacht, wer am längeren Hebel sitzt. Was die Frage aufwirft: Wenn die Freiheit zum Zwang wird, ist es dann noch Freiheit?

Wer hat's erfunden?

Um mehr über die Geschichte des Liberalismus zu erfahren, blickten wir weit zurück und fanden Erstaunliches heraus. Der ursprüngliche liberale Gedanke scheint sehr viel älter, als wir im Allgemeinen annehmen. Denn dieser entstand möglicherweise bereits im ersten Aufeinandertreffen verschiedener Menschenstämme, Zehntausende Jahre vor unserer Zeit. Entgegen unserer gewöhnlichen Vorstellung, dass die damaligen Menschen mit Knüppeln aufeinander losgingen, ist es ebenso denkbar, dass sie sich menschlich, zivilisiert und neugierig begegnet sind. Auch wenn es die nun folgend beschriebenen Dinge damals noch nicht gab, so könnte doch der Stamm der Gerstewohl auf den Stamm der Weizengut gestoßen sein. Während die einen die Kunst des Bierbrauens beherrschten, verstanden sich die anderen in der Brotbackkunst.

Im Austausch und in der Kooperation der Stämme konnte nun der Stamm der Gerstewohl leckeres Brot zum Bier genießen und umgekehrt. Könnten dies die Urformen des freien, aber auch fairen Handels sein?

Das Liberale daran ist, neben der Toleranz, die Freigiebigkeit, denn die Stämme tauschten wohlwollend ihre Erkenntnisse und Güter aus. Somit stieg der Wohlstand beider. Weil dies den Menschen so gut gefiel, sie diesen Austausch intensivierten und die Bedingungen gut waren, wurden sie möglicherweise sesshaft und somit unbewusst zur Wiege einer Zivilisation. Genau diese Idee der Freigiebigkeit und der damit verbundenen Vorteile wurde von Heinrich I., dem Grafen der französischen Provinz Champagne, Ende des 12. Jahrhunderts erkannt und geschickt genutzt. Ein kleines Städtchen Namens Provins, welches keine 100 Kilometer östlich von Paris an zwei wichtigen Handelsrouten lag, erlebte dadurch einen beeindruckenden Aufstieg. Bald schon war dieses bescheidene Städtchen zu einer »Handelsmetropole« herangewachsen und der Wohlstand ergoss sich sowohl über den ganzen Landstrich als auch über die meisten Gesellschaftsschichten. Denn die

Großzügigkeit Heinrichs gegenüber den Händlern führte bei diesen wiederum zur Großzügigkeit gegenüber dem lokalen Handwerk und schlussendlich gegenüber dem allgemeinen Volk. Dies brachte Heinrich im Nachhinein den Beinamen »le Liberal« ein, was nichts anderes bedeutet als Heinrich, »der Freigiebige«.

Genau an dieser Erkenntnis halten wir bis heute oftmals krampfhaft fest – Wohlstand durch freien Handel und freie Markwirtschaft –, verkennen dabei leider, dass die Grundlage liberalen Denkens der freie Austausch, die Kooperation, ja die Großzügigkeit selbst ist. Schon zu Heinrichs Zeiten gab es jedoch erste Fehlentwicklungen dieses Wohlstands. Zum einen begannen Herrschende und Händler Kungeleien einzugehen, da man ja voneinander profitierte, zum anderen wusste man, dass der Wohlstand der einen Region zum Rückgang des Wohlstands in anderen Regionen führen konnte.

Sollten Sie Ihre Glücksmomente gerne mit Champagner feiern, dann dürfen Sie sich getrost an Heinrich I. de Champagne erinnern, denn er war durch seine Freigiebigkeit einer der Wegbereiter unseres heutigen Wohlstands. Cheers!

Petra

Ein ähnliches, aber sehr viel verheerenderes Schicksal erlebte die Felsenstadt Petra. Etwa 1.000 Jahre lang erblühte sie und erlebte zivilisatorischen Reichtum in einer großen Vielfalt, denn neben dem Zählbaren konnte sie mit ihrem kulturellen, intellektuellen und sozialen Wohlstand aufwarten. Dies alles erreichte sie über einen langen Zeitraum in einer unwirtlichen Region. Denn weil diese Region so karg war und übrigens noch immer ist, stellte Petra eine Oase auf den damals wichtigen Handelsrouten dar. Bis in die Gegenwart wird gerätselt, was den Untergang dieser beeindruckenden und damals sehr modernen Stadt verursachte. Aktuellen Erkenntnissen zufolge waren es weder Eroberer noch Naturkatastrophen und auch keine Seuchen, welche die Stadt auslöschten. Vielmehr waren es schlicht neue Handelsrouten, die unglücklicherweise an Petra vorbeiführten. Ohne großes Tamtam verlor die Stadt an Bedeutung und ebenso ihren Reichtum. Das Erdbeben im Jahre 748/749 gab der Stadt wahrscheinlich den Rest. Wir können heutzutage nur staunend dieses architektonische und zivilisatorische Wunder betrachten und bestenfalls aus der Geschichte lernen. Haben wir deshalb so viel Angst, den Liberalismus infrage zu stellen? Sind wir ohne Freihandel dem Untergang geweiht? Unserer Meinung nach sollten wir den Liberalismus, oder besser die liberale Idee, nicht in Gänze überdenken. Wahrscheinlich würde es ausreichen, die gewachsenen Entartungen zu hinterfragen und uns der Ursprünglichkeit der Freigiebigkeit im Austausch sowie der Toleranz zu besinnen. Für uns stellt sich daher eine weitere Frage: Wie konnte sich aus dem damals fortschrittlichen liberalen Gedanken unser gegenwärtiger Raubtierkapitalismus entwickeln? Dies wirft unweigerlich eine weitere Frage auf: Was bedeutet eigentlich Kapitalismus?

Von Kapitalismus kann, stark vereinfacht, dann gesprochen werden, wenn das individuelle Streben nach Geld essenzieller Bestandteil des Gesellschaftssystems ist und dieses wiederum als Kapital genutzt werden kann, um darüber weiteres Geld und Eigentum anzuhäufen. Ist ein solches Verhalten die Normalität und das daraus ergehende Eigentum rechtlich geschützt, dann kann man von einer kapitalistischen Gesellschaft sprechen. An dieser Stelle erlauben wir uns, Adam Smith und Karl Marx zuzustimmen, denn beide gingen davon aus, dass die Natur und die menschliche Arbeitskraft die einzigen »natürlichen« Produktivkräfte sind, während wir die künstliche Idee des Kapitals als eine mehr oder weniger beliebige Ideologie betrachten können.

Wir erachten Kapital als nicht mehr als eine menschliche Erfindung, welche, im Gegensatz zur Natur und dem Menschen selbst, begrenzbar und auch austauschbar ist.

In unserer gegenwärtigen Staats- und Wirtschaftstheorie wird jedoch vorwiegend davon ausgegangen, dass das gierige Streben nach immer mehr eine ganz natürliche Eigenschaft eines jeden Menschen sei, und deshalb wird das Kapital als dritte Produktivkraft anerkannt, welche die ganze Gesellschaft antreibt. Dabei ist diese Annahme dem vorherrschenden Menschenbild geschuldet. Aus unserer Sicht steckt genau darin der fatale Irrtum, welcher unter anderem Ausbeutung, Umweltzerstörung, Krieg und Entmenschlichung zur Folge hat. Die Unbegrenztheit dieses Strebens führt zudem zu neuen Machtansprüchen und zur Herrschaft durch das Kapital, was schlussendlich unser aller Freiheit, die liberale Idee und die Demokratie untergräbt.

Raubtierkapitalismus

Eines müssen wir an dieser Stelle ausdrücklich betonen, dass die Bezeichnung eine Diffamierung aller Raubtiere darstellt, denn im Gegensatz zum Kapitalismus beenden diese die Jagd, wenn sie satt sind. Was ist passiert?

Neben den wenig demokratischen Absprachen zwischen Handel und Herrschaft gesellte sich eine weitere, lange Zeit verpönte Unart hinzu. Denn der Reichtum und der damit verbundene Geldzuwachs lockte die sogenannten »Wucherer« an. Das sind solche, die den zu großen Wohlstand der einen an jene verleihen, denen das nötige Kleingeld für ihren Wohlstand oder gar das Überleben fehlt. Dieses Geschäftsmodell wiederum verhalf den Wucherern selbst zu beträchtlichem Wohlstand. Diese Problematik verschärfte sich indes, als die Wucherer das Geld nicht nur an den Handel, das Handwerk und das allgemeine Volk verliehen, sondern auch an die Herrschenden. Dies schuf schon damals ein ungewöhnliches Abhängigkeitsverhältnis, was den Wucherern zum Aufstieg verhalf, denn nun konnten sie sich in die Politik einmischen, was letztendlich dazu führte, dass das Wuchern legitimiert wurde. Nachdem im darauffolgenden Entwicklungsprozess des Wuchergeschäfts Geldhäuser und Banken entstanden, erhielt dieses Geschäftsmodell der Bereicherungskunst einen neuen, angenehmeren Anstrich und fand im Laufe der Zeit gesellschaftliche Akzeptanz.

Heutzutage sind wir abhängig von Banken. Dabei verwies schon Thomas Jefferson, Hauptverfasser der Unabhängigkeitserklärung und dritter Präsident der USA, auf deren Gefährlichkeit.

Warum begeben wir uns als Gesellschaft freiwillig in eine solche Abhängigkeit? Wahrscheinlich deshalb, weil wir aus der Sünde, Geld mit Geld zu verdienen, eine Tugend machten. Wahrscheinlich aber auch, weil das Geschäft der Wucherer in unserem Glauben zum Wohlstand der Nationen beiträgt. Die Entfesselung von Gier führt den liberalen Gedanken ad absurdum. Finanzieller Wohlstand des einen hat nicht zwingend Wohlstand und Toleranz des anderen zur Folge, sondern auch Neid, Missgunst, Ausbeutung, Krieg und Zerstörung. Raubtierkapitalismus ist unserer Meinung nach eine Folge des »Nimmersatt«, dessen rechtlicher Legitimation und des Glaubens, dass dies Wohlstand und Frieden für uns alle bringt. Letztendlich nutzt Kapitalismus am meisten denen, die davon profitieren, und durch ihre Kapitalmacht sind sie in der Lage, nicht nur die Demokratie zu beugen, sondern auch den »souveränen« Rechtsstaat zu formen. Dabei ist es doch ursprünglich die Idee des souveränen Rechtsstaates, aus welchem sich unser heutiges vieldeutiges Verständnis des Liberalismus entwickelte.

Recht sollte unserer Meinung nach immer und ausschließlich demokratisch entstehen, sich gleichfalls in gesellschaftliche und zivilisatorische Wertevorstellungen einfügen und nicht plump und pauschal darüber stehen.

Während wir diese Zeilen schreiben, sind längst Teile der Menschheit damit beschäftigt, sich aus der Entartung des rechtlich geschützten kapitalistischen Neoliberalismus, den damit verbundenen Wohlstandsversprechen sowie der Umklammerung durch die Banken und die internationalen Finanzmärkte zu befreien. Das macht uns Mut.

Unter spürbaren Druck gerät diese Form der Herrschaft allerdings nicht durch eine aufgeklärte Gesellschaft, auch nicht durch hartnäckigen Journalismus oder mahnende Wissenschaft, sondern durch die aufstrebenden Datensammelkonzerne, welche in der Ausdehnung des Kapitalbegriffs auf Daten und unser aller Aufmerksamkeit unter anderem mittels ihrer KI-Algorithmen sehr viel mehr Kontrolle über das Tun und Sein der Gesellschaft erlangt haben, sodass sich der Staffelstab dieser Macht bereits in der Übergabeposition befindet. Könnte gelebte Demokratie eine Lösung sein, den entarteten kapitalistischen Liberalismus wieder einzufangen und die aufkommende digitale Herrschaft in die Schranken zu weisen? Sind wir in der Lage, aus der Idee des Wohlstands der Nationen die Weiterentwicklung zum Wohlstand verschiedenartiger Kulturen und freier Zivilisationen hervorzubringen? Oder sogar den Wohlstand der Menschheit?

Was soll das?

Sie könnten sich jetzt die Frage stellen: Wie kommen wir eigentlich auf die Idee, das liberale Wohlstandsversprechen, welches auch unseren ganz persönlichen Wohlstand ermöglicht, zu hinterfragen? Das Problem dabei ist banal, denn Glück und Wohlstand definiert jeder Mensch, jede Gemeinschaft und jede Kultur für sich, während kapitalistischer Liberalismus uns davon überzeugen will, dass es nur eine Freiheit mit entsprechender Glücksformel gibt. Wohlstand bedeutet in dieser Logik mehr Geld, ergo mehr Konsum, ergo mehr Glück. »Kauf dir ein Stück vom Glück« ist vielmals das Motto. Viele Menschen, insbesondere der westlichen Welt, sind diesem Glauben längst verfallen und huldigen diesem in den zahlreichen kapitalistischen Gebetstempeln, liebevoll auch Shoppingmalls genannt.

In ihrer Vorstellung einer besseren Welt schaufeln uns die Macher des kapitalistischen Liberalismus damit eine gigantische Grube, denn das Material für das hierfür erforderliche unbegrenzte vertikale Wachstum muss ja irgendwo herkommen. Die Rechtfertigung für dieses seltsame Konstrukt liefern sie gleich mit. Der Zweck heiligt die Mittel. Seither scheint alles, was den einen Wohlstand auch nur im Geringsten mehrt, erlaubt. Somit lassen sich auch einige befremdliche Verwicklungen von Politik und Wirtschaft erklären, welche sich gelegentlich am Rande der Legalität bewegen. Denn obwohl dabei gesellschaftsmoralische Vorstellungen längst überschritten sind, gilt auch in diesen Fällen: alles im grünen Bereich, solange es dem Wachstum und somit dem Wohlstand der Nation dienlich ist.

Der weitverbreitete Glaube an ewigen Wohlstand und ewiges Wirtschaftswachstum, welches üblicherweise im Zuwachs des Bruttoinlandsprodukts (BIP) ausgedrückt wird, scheint uns jedoch bei all diesen Betrachtungen nicht mehr als die Unfähigkeit zur Akzeptanz der Endlichkeit allen Seins. Wir haben uns die Frage gestellt, warum man überhaupt an die Idee eines ewigen Wachstums glaubt. Ein solches scheint in den Vorstellungen ihrer Prediger unabdingbar für den Wohlstand der Nationen. Da sie davon ausgehen, dass Wohlstand ohne Wachstum kaum möglich ist. Dabei ist längst bekannt, dass Wirtschaftswachstum nur eine von vielen Ideen für ein gutes Leben ist. Uns ist aber ebenso bewusst, dass unser gegenwärtiger Wohlstand für alle Menschen auf dem eingeschlagenen Weg nicht zu erreichen ist. Ein Umdenken ist auch hier erforderlich, damit ein gutes Leben in Zukunft möglich bleibt. Mit Wachstum wird zudem oft die Wettbewerbsfähigkeit verknüpft, von welcher vielmals in den allgemeinen Nachrichtenkanälen berichtet wird. Ob ein solcher Wettbewerb zum Wohlstand der Nationen beiträgt oder eher einen Kampf um Einfluss und Macht darstellt, lassen wir offen. Für die Idee von Weltfrieden scheint er jedoch ungeeignet. Leider werden zuweilen selbst Elemente der Demokratie auf der Spielwiese dieser Ökonomie verzockt. Besonders »Wirtschaftsdemokratie« ist vielmals ein Angstwort in den Konferenzräumen der Chefetagen großer Konzerne, aber auch in den Köpfen vieler Akteure in der Politik.

Ein neues Kapitel in der gegenwärtigen Form von Ökonomie tut sich durch KI-gesteuerte Humanoide auf. Solche werden die Produktivität in bisher ungeahnte Dimensionen steigern. Wenn dann noch alle Rohstoffe künstlich erzeugt werden, beispielsweise durch genau diese Humanoide, die einfach das Zuviel an CO_2 einatmen und als neue Rohstoffe ausscheiden, dann könnten Ökonomen die »Unendlichkeit des Wachstums« ausrufen. Eine interessante Folge davon wäre, dass wir dann keine dieser Ökonomen mehr bräuchten, da KI auch dieses Fachgebiet sehr viel besser und effizienter beherrschen würde.

Trickle-Down

Als treibende Kräfte des Menschen haben sich in der Vorstellung vieler unserer Denker Gier, Egoismus und Konkurrenzdenken herausgestellt, im Gegensatz zum von Adam Smith beschriebenen Selbstinteresse. Nun haben wir uns die Frage gestellt: Wie entsteht eigentlich der uns versprochene Wohlstand? Wie kann aus der Gier des Einzelnen Wohlstand für alle werden?

Dafür hat sich eine wenig geliebte Beschreibung etabliert, die sogenannte Trickle-Down-Theorie, welche zum Ausdruck bringt, dass neu hinzugewonnener Wohlstand des einen in neue Produkte oder Dienstleistungen investiert wird und dies wiederum den Wohlstand der Produzenten oder des Handwerks mehrt, was im Endeffekt auch der Allgemeinheit beispielsweise über Arbeitsplätze oder über Steuereinnahmen zugutekommt. Der Wohlstand sickert sozusagen durch, und damit bekommen alle Schichten etwas davon ab.

Aber noch viel stärker kommt Bernard Mandevilles Paradoxon zum Tragen, demzufolge private Laster öffentliche Vorteile sind – Laster wie schöner sein zu wollen als die beste Freundin, eine bessere Karriere machen zu wollen als der Kollege, mehr besitzen zu wollen als die Nachbarn. Getreu dem Motto: Kleider machen Leute und Besitz ist ein Ausdruck von Potenz. Der Wohlstand aller wächst aufgrund der Gier des Einzelnen und dies wiederum führt zu Konkurrenzdruck der Menschen untereinander. In seinen Erzählungen ist ausdrücklich auch das vorsätzliche betrügerische Handeln ein Teil des Gemeinwohls, denn ohne dieses wären beispielsweise Großteile von Polizei, Justiz und Sicherheitsfirmen arbeitslos.

All diesen Fällen liegen der Egoismus des Individuums sowie dessen Gier zugrunde. Viele Staatstheoretiker und Ökonomen übernahmen Teile dieses Ansatzes einschließlich einiger Zutaten von Adam Smith und nutzten dies in ihren Schriften, welche bis heute die Grundlage moderner liberaler kapitalistischer Ökonomie bilden. Einen Beweis für die Theorie, dass aus individueller Gier, Egoismus und Konkurrenzdenken Wohlstand und Frieden für alle wird, konnten wir jedoch nicht finden. Die Umkehrung dessen findet sich dagegen sehr häufig in unterschiedlichsten Beiträgen und scheint bewiesen. Diese besagt, dass ohne rechtlich und staatlich geschütztes unbegrenztes Privateigentum und dem egoistischen Streben danach kein neoliberales Wohlstandsversprechen möglich sei.

Das »Lastropozän«

Die vorangegangenen Betrachtungen führen uns direkt in eine neue Ära der Menschheitsgeschichte, nennen wir es »Lastropozän«. Dies ist gekennzeichnet durch die Kultivierung des Lasters, welches dem Sein einen neuen Sinn geben soll. Seither können wir kaufen, was wir wollen, wilde Partys schmeißen und bis ans Ende der Welt reisen, lediglich unser Kontostand entscheidet darüber, ob dies gut oder richtig oder gar vernünftig ist. Sollte unsere Gier nicht mit unserem Kontostand übereinstimmen, dann bitten wir die Bank unseres Vertrauens, uns noch tiefer in deren Abhängigkeit eintauchen zu lassen, und wählen den schnellstmöglichen Kredit für das oftmals kurze Vergnügen. Unentwegt produziert der entartete kapitalistische Liberalismus massenhaft Güter, die die Welt nicht braucht. Angefeuert vom Markt, dem Konkurrenzdenken und den politischen und wirtschaftlichen Akteuren, die ohne diese Wachstumslogik selbst nicht überlebensfähig wären. Wachstum und der damit verbundene Wohlstand kaschieren die Defizite und blenden unseren Verstand. Auch die Machtgier wurde in Form gebracht und kann seitdem mit Geld oder Ellenbogen und anderen rechtlich legitimierten Fähigkeiten ungeniert praktiziert werden. Konsumgüter, Geld und Machtpositionen wurden Ausdruck gesellschaftlich anerkannten Erfolgs. Danach zu streben, ist in diesem Glauben der kontrollierbare Sinn unseres Seins. Noch dazu ist ja die Toleranz ein wichtiges Gut im Liberalismus, so tolerieren wir bisher auch die damit verbundene schleichende Entmündigung im Rausch immer neuer »Glücksgefühle«.

Die bekannte neoliberale Floskel »Wenn jeder an sich denkt, ist an alle gedacht« wirkt auf uns wie ein hilfloser Versuch, Gier und Egoismus zu rechtfertigen, da es irgendwie plausibel klingt. Aus unserer Sicht kann man dies weder auf Menschen noch auf Staaten anwenden. Wir haben jedoch den Eindruck, dass man sich an diesem Ausspruch festklammert, da die Hoffnung besteht, dass Egoismus und Eigennutz zu rationalem und planbarem Handeln führen.

Viele der gegenwärtigen Krisen und Probleme scheinen ihre Ursachen auch im Bröckeln des Freiheits- und Wohlstandsversprechens zu haben, da viele in unserer westlichen Welt kaum noch an eine Zukunft ihres eigenen Wohlstands glauben und nun immer deutlicher erkennen, dass Sünden und Laster keine gute Basis für ein hoffnungsvolles und friedliches Miteinander sind.

In unseren Schulen, an Universitäten und auch im Elternhaus wird uns beigebracht, wie wir in dieser Ellenbogengesellschaft bestehen. Hingegen ist die Mitgestaltung im Sinne eines gesellschaftlichen Fortschritts vielmals nicht mehr als eine belächelte Fußnote, etwas für diese seltsamen Gutmenschen, die die Hoffnung nicht aufgeben, mit ihrem Einsatz über das eigene Wohl hinaus unsere Erde zu einem lebenswerten Ort für alle zu machen. In dieser Entwicklung zum »Lastropozän« wurden und werden aber nicht nur Sünden wie Gier gefördert, sondern genau dadurch viele weitere menschliche Eigenschaften in diesem Auswuchs unterdrückt. Somit produziert der daraus erwachsene entartete, kapitalistische Neoliberalismus den Schlag Mensch, den er prophezeit und für die eigene Existenz braucht.

Neoliberalismus

Diese in der zweiten Hälfte des letzten Jahrhunderts aufflammende Epoche des Liberalismus ist geprägt durch regelrechte Tsunamis an technologischem Fortschritt. Angefeuert durch den Wiederaufbau nach dem Zweiten Weltkrieg, die wachsenden globalen Märkte, die Aufhebung der Goldpreisbindung, ungezügelte Gier und den internationalen Wissensaustausch bescherte uns der Neoliberalismus die Technologien, die heute unseren Alltag bestimmen. Als ein besonderer Turbo kann der Kampf der Systeme zwischen »Ost und West« angesehen werden. Die dadurch entfachten Kräfte beschleunigen uns bis heute und erhalten gerade neuen Treibstoff. Das Problem, welches diese gewaltige, sich immer weiter auftürmende Welle mit sich bringt, ist, dass uns das Wissen und die Erfahrung fehlen, mit einer solchen massiven Umwälzung und der atemberaubenden Geschwindigkeit umzugehen. Ein Handbuch, mit welchem wir diese Gewalten wieder in ruhigere, sichere und hoffnungsvolle Fahrwasser bringen könnten, steht uns leider auch nicht zur Verfügung.

Natürliche Ressourcen bekommen nicht die Möglichkeit, sich infolge eines solchen Sturms zu erholen. Neoliberalismus versteht sich auch als die gesteigerte Form der Lösung der selbst produzierten Probleme, denn diese werden üblicherweise auf die gleiche Art und Weise gelöst, wie sie geschaffen wurden, nur eben durch »höher, schneller, weiter«. Etwas überspitzt könnte man sagen, Neoliberalismus verleiht der von ihm beschworenen Freiheit Flügel. Er verspricht uns dabei sogar den ewigen Ritt auf der Welle des Wohlstands. Das macht es so schwierig, zu widerstehen.

Aus zivilisatorischer Sicht erscheint uns diese Form der Entwicklung jedoch fatal, da wir durch diese das Paradoxon des durchdrehenden Rades, welches immer stillsteht, erleben. Die vielfältigen Schattenseiten, die der Neoliberalismus mit sich bringt, widersprechen oftmals dem Sinn einer freien und demokratischen Gesellschaft.

Stark vereinfacht könnte man Neoliberalismus folgendermaßen beschreiben: Er unterscheidet sich vom Liberalismus durch die Zuspitzung kapitalistischer Verhältnisse, die Ausbreitung von Bürokratie, durch Hyperindividualisierung, die Beschleunigung allen Seins, die Explosion von Gier sowie die zunehmende Komplexität. Er kann ebenso als Populismus der ursprünglichen liberalen und der liberal-ökonomischen Idee verstanden werden, da er gern elementare Zusammenhänge aufbricht, solange es in irgendeiner Form dem Wachstum dienlich ist. Hinterzimmergespräche radikaler Neoliberalisten haben wir bisher immer als Ulk abgetan, denn diese träumen von einer Welt voller »kleiner, eigennütziger Ganoven«, denn wenn auch die letzten Menschen zu solchen geworden sind, dann geht es ihrer Ansicht nach allen gut. Sie gehen sogar davon aus, dass dieses das natürliche Wesen allen individualistischen menschlichen Seins ist. Hat man allen beigebracht, wie gut und einfach das egoistische Streben in einem »ökonomisch« geprägten Gesellschaftsmodell zum eigenen Vorteil geht, dann kennt jeder seinen Weg zur ganz persönlichen Glückseligkeit.

Während wir diese Zeilen schreiben, dämmert es uns ein wenig. Und eines müssen wir an dieser Stelle betonen, es ist ein seltsames Licht, welches inmitten unserer Denkapparate beginnt zu flackern. Denn in Anbetracht solcher Gedanken müssen wir zwei uns die Frage gefallen lassen, ob nicht wir es sind, auf der Suche nach Menschlichkeit, Moral und Ethik in unserer Gesellschaft, die die eigentlichen Systemsprenger und noch dazu Spaßbremsen sind.

Ein Weniger kann der Neoliberalismus aber tatsächlich auch, was sich deutlich am allgemeinen Desinteresse und Rückgang der Beteiligung an Politik und Demokratie widerspiegelt. Auf dem Parkett moderner Börsen wurde nicht nur das Zeitalter der Postdemokratie eingeläutet, sondern auch die Entmenschlichung der »Haben«-Gesellschaft. Neoliberale Staaten haben mit der ursprünglichen liberalen Idee nicht mehr viel gemein, vielleicht vergleichbar mit dem Sozialismus zum Ende des Ostblocks.

Die Aufgabenstellung in diesen Staaten wird immer weiter darauf reduziert, dafür zu sorgen, dass Markt und Vertragswelt gedeihen können und dass andere gesellschaftliche Gedanken in bürokratische Sackgassen geführt werden. Markt, Vertrag und Privateigentum wird die größtmögliche, fast grenzenlose Freiheit eingeräumt. Wahrscheinlich dauert es nicht mehr lange, bis besonders Betuchte sich ein Multiversum online kaufen und via Drohne nach Hause liefern lassen können.

Mittlerweile wird fast alles zur Ware, was auch unsere zwischenmenschlichen Beziehungen, unsere Gedanken und Gefühle einschließt. Weiterhin hat der Neoliberalismus die Weiterentwicklung nationalkapitalistischer Verhältnisse zum Finanzmarktimperialismus begünstigt, dem heutzutage viele politische, wirtschaftliche und gesellschaftliche Entscheidungen unterliegen. Ist diese Entwicklung einfach nur ein Ausdruck von Verantwortungsdiffusion oder scheitern Neoliberale schlicht an der von ihnen produzierten Gegenwartskomplexität als Folge der unentwegt voranschreitenden Arbeitsteilung und am fehlenden Handbuch? Stehen deshalb Profite über allem, auch über den Menschenrechten, über Natur und Umweltschutz, über dem Überleben der Gattung Mensch und über unserem menschlichen Sein selbst, im Versprechen, damit Wohlstand für alle zu produzieren? Mit jeder Entledigung staatlicher Aufgaben und Überführung in den Markt wächst die Abhängigkeit vom Kapital und deren Eignern. Die daraus resultierende Herrschaft des Kapitals schaffte dabei nicht nur neue, meist unsichtbare Machtinhaber, sondern auch Konflikte derer.

Technologischer Fortschritt wird gern als ein Aushängeschild unseres gegenwärtigen Neoliberalismus angeführt. Dass dieser oft auch ein Verhinderer gesellschaftlichen Fortschritts ist, wird gern verschwiegen. Denn selbst wenn Sie oder Ihr Team eine außerordentlich gute, gesellschaftlich nützliche Idee hätten, würde diese keine Akzeptanz am Markt finden, solange nicht irgendjemand individuell davon profitieren könnte. Ein gutes Beispiel für das Scheitern der Idee neoliberaler Ökonomie liefern Staubsauger mit geringerer Motor-, aber dafür höherer Saugleistung. Denn es waren nicht die selbstregulierenden Kräfte des freien Marktes, welche solche hervorbrachten, sondern die EU mit der Staubsaugerverordnung, in welcher unter anderem festgelegt wurde, dass der Stromverbrauch von Staubsaugern reduziert werden muss.

Auch eine Mindesthaltbarkeit der Motoren wurde auf 500 Stunden bestimmt. Aber warum diktiert die EU den Staubsaugerproduzenten, wie diese solch nützliche Haushaltsgeräte zu produzieren haben? Das liegt schlicht am Versagen des Marktes, in welchem das Selbstinteresse der Produzenten und Konsumenten sowie eine aufgeklärte Gesellschaft dazu führen müssten, dass der bestmögliche Staubsauger zum bestmöglichen Preis produziert wird. Hingegen wurde jahrzehntelang die Optik verbessert und die Wattleistung der Motoren erhöht, da dies im Werbeversprechen und im Glauben der Gesellschaft ein besseres Preis-Leistungs-Verhältnis darstellt. Das ist zwar völliger Unsinn, wie auch in sehr vielen anderen Bereichen, in denen durch eine höhere Leistung auf dem Papier eine höhere Nutzleistung versprochen wird, aber in einem Gesellschaftskonstrukt, in welchem die Vernunft auf Zahlenvergleiche reduziert ist, kann dies nicht sonderlich verwundern. Hätte die EU dieses Gesetz zu Ende gedacht, dann gäbe es heutzutage nur noch Staubsauger, die, einmal gekauft, 25 Jahre lang eine dauerhafte Top-Saugleistung an der Düse erbringen, zudem mindestens zehn Jahre Garantie haben und ebenso eine bezahlbare Ersatzteilversorgung. Natürlich sollten dabei alle Bauteile entweder recycle- oder wiederverwendbar sein und im utopischen Idealfall der vollgesaugte Beutel samt Inhalt als Rohstoff weiterverwertet werden können, anstatt einfach im Müll zu landen. Solche Staubsauger wären dann tatsächlich eine nützliche »Luxus«-Alltagshilfe bei geringstmöglicher Belastung von Mensch und Natur.

Wir finden übrigens, dass dies der Mindeststandard für alle Haushaltsgeräte sein sollte. Dann hätte die EU auch keine Notwendigkeit, massenhaft Abgeordnete und deren Mitarbeitende zu beschäftigen, um Gesetze für einzelne Gerätearten zu erstellen. Eine solch weitsichtige Art des Wirtschaftens würde übrigens viele sichere, langfristige und regionale Arbeitsplätze schaffen, anstelle von austauschbarer und eintöniger Fließbandarbeit, welche immer wieder neue Geräte produziert, da diese meist nur gut aussehen, anstatt dauerhaft zu funktionieren. Dieses Beispiel zeigt ebenso auf, dass das kapitalistische Wirtschaftsmodell unentwegt dazu neigt, aus dem Rahmen unserer gesellschaftlichen Wertevorstellungen auszubrechen, und es daher immerwährend reguliert werden muss, was als eine der Ursachen angesehen werden kann für das bürokratische Geschwür, welches uns umgibt.

Ein weiteres Beispiel sind moderne Akkutriebzüge, die ab Ende 2024 in Berlin und Brandenburg im Nahverkehr eingesetzt werden sollen. Diese werden die vorhandenen dieselbetriebenen Züge ersetzen. Die Technologie hinter den neuen Zügen, inklusive der Energierückgewinnung beim Bremsen, ist dabei tatsächlich schon mehr als 100 Jahre alt. Auch das Wiederaufladen der Batterien unter einer Oberleitung ist keine neue Erfindung. Rentabilitätsideologie und billige fossile Brennstoffe mit der entsprechenden Lobby dahinter versperrten diesem Fortschritt jahrzehntelang den Weg. Hätten wir solche und vergleichbare technologische Entwicklungen sowie langlebige Haushaltsgeräte, unabhängig von dem zu erwartenden schnellstmöglichen individuellen Profit, gefördert, blieben uns vielleicht sogar die Diskussionen über den massiv beschleunigten Klimawandel erspart. Dies sind jedoch nur zwei von vielen Beispielen, bei welchen die kapitalistische neoliberale Logik den gesamtgesellschaftlichen Fortschritt hinauszögerte oder gar verhinderte. Auch für die Zukunft sieht es nicht gut aus, denn wir tauschen derzeit nur die Technologie, nicht aber die Ideologie.

Als besonders zweifelhaft betrachten wir Entartungen im Neoliberalismus, in welchen Unternehmen nicht nur den Dünger für eine profitable Landwirtschaft herstellen, sondern auch die gewinnbringenden Produkte zur Behandlung der Folgen seines Einsatzes. Ist so etwas Zufall oder eine beiläufige Randerscheinung renditeorientierter Denkweise mit tolerierten Kollateralschäden? Und all dies im Namen der Freiheit. Wir denken, dass derartige Fehlentwicklungen hinterfragt werden müssen und dass individueller Profit nicht über unserer Gesundheit stehen und ebenso wenig zivilisatorischen Fortschritt verhindern sollte. Was uns zu den Fragen führt: Ist auch Fortschritt relativ? Sind andere Formen des Fortschritts möglich und können wir uns diese vorstellen? Produziert der Neoliberalismus durch sein Wohlstandsversprechen letztendlich eine individuelle Freiheit, die uns aus dem Sinn einer freien Gesellschaft befreit? Macht uns dies zu Verlorenen dieser Freiheit, zu Unsicheren, Kontrollierbaren und zu einer auf ihre Nützlichkeit reduzierten Lebensform?

Für uns stellt sich noch eine weitere wichtige Frage: Warum übertreibt der Neoliberalismus es mit der einen Form der Freiheit, dem Streben nach Mehr, so? Die Antwort scheint einfach: Er wird sich selbst gerecht. Vertraglich zugesicherte und rechtlich geschützte entfesselte Gier führt zu mehr Profit. Wohlstand durch Konsum ist profitabel, hingegen ist gesellschaftlicher Wohlstand durch Austausch und Kooperation der Menschen untereinander des Neoliberalismus größter Feind. Mit dieser Logik lässt sich auch so mancher Krieg erklären, denn auch Waffen, Panzer, Munition und Bomben werfen Profite ab und sind somit Teil unseres Wohlstands. Die unentwegte Zuspitzung des Wohlstandsversprechens durch Ausrufen eines immerwährenden, unbegrenzten Wachstums verkennt, dass Höhen und Tiefen zu allem dazugehören, auch zum menschlichen und gesellschaftlichen Sein. Wir sollten mit Widrigkeiten umgehen und sie ebenso aushalten können, doch scheint es uns, als haben wir dies im Glauben an den ewigen Wohlstand verlernt.

Die Predigt des Heilsversprechens durch unbegrenztes Wachstum mutet vielmals an wie die Alchemie dieser Ökonomie.

Warum?

Aber warum wird eigentlich eine solche Geschichte vom ewigen Wohlstand durch ewiges Wachstum erzählt und warum glauben wir daran? Das hat seine Ursachen darin, dass davon ausgegangen wird, dass in großen, anonymen Massengesellschaften herkömmliche Tugenden, Moral und Sittlichkeit bedeutungsarm geworden sind, es jedoch Instrumenten bedarf, den Zusammenhalt sowie die Zusammenarbeit in solchen Gesellschaften zu organisieren und den Menschen darin Sinn zu geben sowie das Ganze regierbar zu machen. Wachstum ermöglicht es dabei, neben immer neuen blinkenden Produkten als Symbole des Wohlstands, einen elementaren Antrieb solcher Gesellschaften aufrechtzuerhalten: das Wohlstandsgefälle.

Wir eifern seither sozusagen ewig unserem Glück hinterher im Vergleich mit den uns mehr oder weniger nahestehenden Freunden, Nachbarn, Verwandten und Bekannten. Ein solches Gesellschaftssystem hat zur Folge, dass heutzutage kaum noch jemand einen VW Golf der ersten Generation fährt, obwohl dieser die nahezu gleiche Funktion wie ein aktuelles Modell hat. Dieses bekanntermaßen erwünschte und befeuerte unentwegte Streben produziert wiederum selbst immer neues Wachstum und eben den vermeintlichen Wohlstand. Insbesondere Regierungen, die auf dieses Modell setzen, sind natürlich von einer nicht ganz unberechtigten Angst getrieben, denn wenn dieses Wachstum stagniert oder gar zusammenbricht, verliert die ganze Gesellschaft ihren Halt. Welche Folgen ein solcher Verlust des Glaubens nach sich ziehen würde, können wir gut an den Auswirkungen der Reformation ablesen. Auch deshalb scheint ein Loslassen von der angebeteten Diva Wirtschaftswachstum und vom ewigen Streben im Sinne unserer Wohlstandsökonomie kaum möglich. So bleibt offensichtlich nur eine Wahl, wenn das Chaos eines auflösenden Glaubens vermieden werden soll: die immerwährende Expansion. Was werden wir auf dem Weg des ewigen »höher, schneller, weiter« zurücklassen? Werden die damit verbundenen Folgen an die biblischen Plagen erinnern?

Vielmals fühlen wir uns zudem im gegenwärtigen systemischen Glauben vom ewigen Wachstum an die Titanic erinnert, denn trotz zahlreicher Warnungen und besseren Wissens wurde damals die Geschwindigkeit erhöht. Vor uns, die wir auf dem Mutterschiff Erde unterwegs sind, lauert allerdings kein Eisberg, sondern die menschgemachte Klimakrise, auf welche wir mit stetig steigender Geschwindigkeit zusteuern. Ein weitsichtiges Überdenken des gegenwärtigen Kurses wäre erforderlich, doch benötigt dies eine geeignete Crew, ebenso Medien, die die Vernunft anstatt der Geschwindigkeit feiern, sowie den Willen der Reisenden, den Umweg in Kauf zu nehmen. Wird es wie damals sein, dass wenige Elitäre auf den Rettungsbooten die sichere Rückkehr erhoffen, während der Rest untergeht? Werden diese Rettungsboote dann noch einen sicheren Hafen finden können? Im Jahr 1912 hätten ein paar Stunden Umweg alle Menschen heil nach New York gebracht, genauso wie wir heute mit einer mutigen und gefühlvollen Anpassung unserer Wohlstandsideale die Erde mit ihrer wunderbaren Natur vor einem harten Aufprall bewahren könnten.

Wenn wir nun die Aufklärung und das liberale Freiheitsversprechen zusammendenken, also dass die Freiheit eines jeden Menschen dort endet, wo diese in eine andere eingreift, und das Recht auf Freiheit plus Wohlstandsökonomie sowie unseren Verstand, ergeben diese zusammen die Vernunft der Freiheit. Wenn dies so ist, so können wir »stolz« behaupten, die Freiheit und die Vernunft ans Kreuz genagelt zu haben. Man kommt in die Versuchung, sich zu wünschen, unfrei zu sein.

Mit jedem Tag Arbeit an diesem Buch verstärkte sich der Gedanke in uns, dass wir durch die neoliberale Freiheit und das Versprechen dahinter vergessen haben, wer wir sind. Wie viel Menschlichkeit ist uns im Eroberungszug entarteter neoliberaler Freiheitsideale als Menschheit noch geblieben?

Freiheit im Alltag

Kommen wir zurück zur Freiheit unter Berücksichtigung der ursprünglichen liberalen Ideen bis hin zu den Entartungen. Diese Freiheit kennt sehr viel mehr Gesichter, als uns im Allgemeinen bewusst ist. Eines davon erfahren die meisten Großstädter, wenn sie auf Wohnungssuche sind. Denn dort trifft die gelebte Freiheit auf das Recht auf Freiheit. Ein Dilemma liberaler Freiheitsdefinition.

Dazu schauen wir uns beispielhaft zwei Berliner Mietsituationen an. Hier prallen Ideologie und Wirklichkeit direkt aufeinander. Auf der einen Seite sind es wir Menschen, aus welchen unsere Gesellschaft noch immer besteht, und auf der anderen Seite sind es die befremdlichen Freiheitsideale neoliberaler Staatsphilosophie.

Sollten Sie als gut ausgebildete Pflegefachkraft vorhaben, Ihren Wohnort aus einer schönen Landidylle nach Berlin zu verlegen, da dort Pflegekräfte gesucht werden, während in Ihrer Heimat solche Einrichtungen schließen, begegnet Ihnen zuallererst der Kampf um den sehr knappen Wohnraum. Dieser unterliegt den Gesetzen des freien Marktes, Angebot und Nachfrage bestimmen den Preis. Die günstigste bewohnbare 60-Quadratmeter-Altbauwohnung, die wir im September 2022 in Berlin-Friedrichshain fanden, kostete 1.500 Euro kalt. Das sind rund 200 Prozent mehr als im Jahr 2000 am selben Ort und auch etwa 200 Prozent mehr als im Jahr 2022 auf dem Brandenburger Land. Befragt man zu diesem feinen Unterschied orthodoxe Anhänger der freien Markwirtschaft, erhält man die Aussage: Der Markt reguliert halt alles selbst. Gemeint ist damit: Freiheit denen, die es sich leisten können. Hinter vorgehaltener Hand bekommen Sie ungefragt Tipps, um dieses Problem zu lösen: Gehen Sie einfach mehr arbeiten oder wechseln Sie den Job. Was sie Ihnen nicht anbieten können und wollen, ist eine geeignete Wohnung zu fairen Konditionen in Friedrichshain. Alternativ können Sie auch in Ihrem schönen Dörfchen bleiben oder Sie wählen (wie wir) den benachbarten Bezirk Berlin-Lichtenberg. Dort kommt man für rund 500 Euro kalt in einem Plattenbau unter. 1:0 für das Modell der freien Marktwirtschaft. Dagegen kommen wir Menschen nicht an, nicht einmal als fleißige und dringend benötigte Pflegekraft.

Noch deutlicher wird diese Problematik, wenn Sie bereits viele Jahrzehnte in Berlin leben. Die Zeit brachte es mit sich, dass die Kinder ausflogen und die Großmutter, die Sie in Ihrer Wohnung pflegten, kürzlich verstarb. Nun sind Sie nur noch zu zweit in ihrer 110 Quadratmeter großen Familienwohnung mitten in Berlin. Aus Rücksicht auf die angespannte Wohn- und Mietsituation und auch weil Sie sich im Alter, was die Wohnung angeht, verkleinern wollen, machen Sie sich auf die Suche nach einer vergleichbaren 60-Quadratmeter-Wohnung. Sie stellen schnell fest, dass das keinen Sinn ergibt, denn Sie müssten deutlich mehr für die kleinere Wohnung zahlen. Schon wieder steht eine Freiheit der anderen Freiheit im Weg, denn die Freiheit des Marktes erzeugt zwanghaft auch diese Mietsituation. Somit unterliegt auch die Freiheit Ihrer Vernunft der Freiheit des Marktes. 2:0 für die freie Marktwirtschaft.

Es wäre jedoch fatal, der freien Marktwirtschaft die ganze Verantwortung für dieses Problem anzulasten, denn der rechtliche Schutz des Eigentums und die daraus resultierende Möglichkeit, mit Wohnraumspekulation irre Gewinne zu machen, treiben diese Gesamtsituation ebenso an. Beides sind Freiheitsversprechen neoliberaler Staatsphilosophie. Verantwortung und Vernunft sind dieser Ideologie in den genannten Situationen fremd, sie wehrt sich entschieden gegen jede Form der Regulierung, gegen jede Form von Lösungen mit Verstand, welche im Sinne der Gemeinschaft, der Gesellschaft, welche im Sinne von uns Menschen wäre. Die vielmals herbeigebeteten selbstregulierenden Kräfte des freien Marktes verführen unsere Politik immer wieder dazu, Verantwortung in den Markt abzugeben. Wir betrachten dies schlicht als Arbeitsverweigerung. Aus unserer Sicht ist es die wichtigste Aufgabe unserer gewählten Repräsentanten, Verantwortung zu übernehmen, Vorbilder zu sein, weitsichtige Lösungen zu erarbeiten und sich mit Herz und Verstand zum Wohle von Umwelt, Mensch und Natur einzusetzen. Wir hoffen, Sie brechen gerade nicht in schallendes Gelächter aus, denn wir wünschen uns, dass es tatsächlich diese Eigenschaften sind, welche die Menschen in politischer Verantwortung auszeichnen, anstatt Egoismus, Gier und Machtstreben. Unter bestimmten Voraussetzungen und in einem bestimmten Rahmen kann, wie bereits erwähnt, der freie Markt durchaus wirksam und nützlich sein. Dass dieser auch anders kann, zeigten beispielsweise die etwa 600 verschiedensten allein in Deutschland erhältlichen COVID-19-Schnelltests, von denen kaum mehr als zehn ein wirklich brauchbares Ergebnis lieferten und ein nicht unerheblicher Anteil gar falsche Diagnosen begünstigte. Dies ist nur ein, aber in diesem Fall lebensgefährliches Beispiel für das Scheitern des freien Marktes und der dahinterliegenden Ideologie. Ein ganz anderes Kuriosum ist, dass, obwohl immer mehr Aufgaben in den Markt abgegeben werden, im Gegenzug die verschiedenen politischen Apparate anwachsen und nie für möglich gehaltene Dimensionen erreichen. Wie ist das zu erklären? Wäre ein Bundestag mit 200 Abgeordneten nicht ausreichend und könnte ein Kanzleramt mit etwa 100 Mitarbeitenden nicht vernünftig arbeiten?

Werfen wir noch einmal einen überspitzten Blick zurück auf die Mietsituation vieler Großstädter, so fragen wir uns: Welcher König oder welche Kaiserin könnte es sich erlauben, Mieten derart anzuheben und anschließend damit zu spekulieren, ohne von der Bevölkerung sinngemäß geköpft zu werden? In unserer freien Marktwirtschaft hingegen ist dies problemlos möglich. Niemand muss sich wirklich für die Gesetzmäßigkeiten dieses freien Marktes verantworten. Wohl dem, der davon profitiert und in der Lage ist, an den Fäden zu ziehen, anstatt daran zu hängen.

Die Gesetze der freien Marktwirtschaft muten vielmals an, als seien sie unumstößliche Naturgesetze. Warum ist das so? An dieser Stelle nehmen wir uns die Freiheit zu behaupten: Glaubenssätze sind keine Naturgesetze. Wir sollten sie benutzen, wenn sie uns im individuellen Alltag oder im zivilisatorischen Prozess helfen. Ebenso sollten wir diese ablegen können, wenn sie unserer Freiheit im Geist und im Sein im Wege stehen. Das Hinterfragen des entarteten Neoliberalismus einschließlich des daraus resultierenden Finanzmarktimperialismus betrachten wir daher als Teil der »neuen« Aufklärung.

Unfreiheit durch Möglichkeiten

Als rational, kausal denkender Mensch muss man dieser Überschrift umgehend widersprechen, denn mehr Möglichkeiten und damit mehr Auswahl schaffen logischerweise automatisch mehr Freiheit. Ob dies tatsächlich so ist, dieser Frage gehen wir nun nach. Da wäre zum einen das Kuchenexperiment. Haben Sie zwei Stück von diesem leckeren Gebäck vor sich, ist die Freiheit der Auswahl begrenzt, jedoch können Sie beide Stücke genüsslich verzehren. Haben Sie dagegen zehn Sorten Kuchen vor Ihren verzückten Augen, ist die Auswahl und somit die Freiheit deutlich größer. Sollten Sie jedoch alle essen wollen, wird es für die meisten unter uns schon schwierig. Dieses Experiment kann natürlich auf 100, 1.000 oder noch mehr leckere Kuchen ausgeweitet werden – die Freiheit der Auswahl steigt gleichermaßen mit Erhöhung der Menge. Die Freiheit, alle zu essen oder auch nur mal zu probieren, sinkt jedoch.

Mit gesteigerter Auswahl geht noch eine weitere Freiheit verloren: Zeit. Denn die Entscheidung, welcher von den vielen Kuchen es wohl werden soll und welcher am besten schmeckt, verbraucht Zeit. Sie sehen: Gesteigerte Auswahl ist kein Garant für Freiheit, eher im Gegenteil. Wir stellen uns deshalb die Frage: Braucht Freiheit ein Maß?

Die Welt, in der wir leben, produziert unentwegt neue Möglichkeiten und Auswahl, neue Smartphones, neue Autos, neue Reiseangebote, neue Kuchen und neue »Handetaschen«. Unzählige neue Dinge erblicken jeden Tag das Licht der Welt, wollen beachtet und gekauft werden. Kein Mensch kann in diesem permanenten Überangebot alles kaufen, alles essen oder alles besitzen. Freiheit durch unbegrenzte Auswahl ist eine Illusion, aber sie sieht gut aus und lässt sich deshalb prima verkaufen. Ein einfacheres praktisches Beispiel aus unserem Alltag kann dies vielleicht etwas besser verdeutlichen: Im nahegelegenen Supermarkt angekommen, lockt eine sehr große Auswahl »toller« Joghurtsorten. Ihr Blick fällt sofort auf einen mit Erdbeeren und einen mit Brombeeren, denn diese sind heute im Angebot. »Was soll's«, denken Sie und nehmen beide. Zu Hause angekommen, fragt Sie Ihr hungriger Teenager, ob Sie denn auch auf die Zutaten im Joghurt geachtet haben. Sie denken sich, »Was soll diese blöde Frage?« und erklären Ihrem Kind: »Na, im Erdbeerjoghurt sind Erdbeeren, Zucker und verdickte Milch, und im Brombeerjoghurt sind halt Brombeeren statt Erdbeeren drin.« Ohne dies groß zu beachten, studiert Ihr Heranwachsender die Zutatenliste und straft Sie mit einem hoffnungslosen Blick. Dann macht er sich die Mühe und schlüsselt Ihnen die wichtigsten Zutaten auf. In beiden Joghurts sind Bananen drin, zusätzlich Zucker, ein paar Farb- und Geschmacksstoffe, jedoch keine Spur von Erdbeeren oder Brombeeren, aber es könnten Spuren von Nüssen enthalten sein. Mit den Worten »Bananen sind eben billiger« lässt er Sie mit dem Einkauf allein.

Ähnlich verhält es sich bei politischen Wahlen. Da werden Menschen auf Plakaten mit tollen Bildern und inhaltsarmen Worten zur Schau gestellt, zudem gibt es ein paar knuffige Social-Media-Videos und gut einstudierte TV-Auftritte. Am Infostand wird das beste Lächeln aufgesetzt und man verteilt Gratishäppchen. Was wirklich dahintersteckt, können wir mangels ernsthaftem eigenen Interesse, zu hoher Komplexität und der allgemeinen Undurchsichtigkeit politischer Prozesse nicht ergründen. Somit wählen wir auch hier den bestbeworbenen »Erdbeerjoghurt«, ohne genau zu wissen, was drinsteckt, und wundern uns im Anschluss über die »Bananenpolitik«.

Gerade die freie Wahl unserer Regierung, ein heiliges Gut des demokratischen Liberalismus, wirft diesbezüglich weitere Unklarheiten auf: Ist es Freiheit, auf dem Wahlzettel mehr als 30 Parteien vorzufinden und dabei nicht einmal eine einzige richtig zu kennen oder gar zu verstehen? Haben wir dann eine freie Wahl und entspricht dies unserer Vorstellung von Freiheit und Demokratie? Sind rechtlich legitime Etikettenschwindel Symbole des entarteten Neoliberalismus, und wenn ja, wollen wir dies als freie Gesellschaft so haben?

On top haben wir dann noch die Medienwelt, insbesondere unsere geliebten Internetkonzerne. Diese nutzen ihre zunehmende Vormachtstellung in der Meinungsbildung und zusätzlich KI-Algorithmen, um auch unser »freies« Denken in ihrem Interesse oder dem ihrer Geldgeber zu formen. All die Möglichkeiten führen uns zur Krise des Wissens. Denn obwohl die heutige Freiheit an Auswahl, auf Wissen zuzugreifen, für keine Generation vor uns denkbar war, so wissen wir im Alltag meistens nicht, ob die Unmengen an Nachrichten und Informationen, die alltäglich auf uns einprasseln, auf faktischem Wissen basieren. Noch dazu ist es sehr mühsam, dies herauszufinden. Es bleibt die Erkenntnis, dass zwar die Menge an Gesamtwissen stetig zunimmt, aber unsere Unsicherheit bezüglich der Vertrauenswürdigkeit des Wissens ebenso. Somit ist unklar: Haben wir tatsächlich die Freiheit, zwischen Erdbeer- und Brombeerjoghurt zu wählen? Haben wir wirklich eine freie Wahl? Denn die unbeeinflusste freie Wahl und unser freier Wille sind doch eigentlich ein Grundmerkmal liberaler Freiheitsphilosophie.

Gönnen wir uns zum Abschluss der unbegrenzten Möglichkeiten einen Moment lang ein gedankliches Multiversum der Freiheit. Dazu müssen wir uns lediglich alle denkbaren und unausgesprochenen Freiheiten vorstellen. Wir haben für diesen Moment sozusagen die freie Wahl einer Freiheit. Wie würden Ihre Freiheiten aussehen? Lassen Sie sich einen Moment Zeit dafür. Würden Sie anschließend freiwillig in unsere gegenwärtige Freiheit zurückkehren, nachdem Sie das ganze Multiversum der unbegrenzten Möglichkeiten abgeklappert und erkundet haben?

Was denken Sie? Haben wir noch eine freie Wahl?

Absolute Freiheit

Auch die eingangs des Kapitels »Auf den Spuren der Freiheit« gestellte Frage nach dem sicheren und bewussten Umgang mit der Freiheit scheint uns, aufgrund der zahlreichen Widersprüche, nicht ganz unberechtigt. Wir persönlich können sagen, dass wir uns mit unseren Veränderungen ein Stück Freiheit zurückerobert haben, wohlwissend, dass es unbegrenzte Freiheit nicht gibt. »Weniger ist mehr« hat sich inzwischen zu unserem Synonym für Freiheit entwickelt, an welchem wir auf unserem Weg immer weiterarbeiten werden. All die weiterführenden Betrachtungen führen uns zur essenziellen Frage: Gibt es Freiheit im absoluten Sinn? Natürlich nicht. Freiheit »definiert« jede Kultur für sich. Wir müssen somit zur Kenntnis nehmen, dass wir erst dann beginnen, Freiheit zu begreifen, wenn wir verstehen, dass Freiheit in absoluter Form nicht existiert. Wir leben somit in einer bestimmten Form von Freiheit, lediglich dem anmaßenden Wesen unserer neoliberalen Gesellschaft haben wir zu verdanken, dass unsere Form der Freiheit als »die Freiheit«

bezeichnet wird. Wenn wir also auf »Bannern« Demokratie und Freiheit vor uns hertragen, dann meinen wir unsere Form, unsere Vorstellung von Freiheit und Demokratie. Woher kommt dieses anmaßende Wesen? Es wäre zu einfach, das mit der Floskel »alte weiße Männer, die den Pfad zur dunklen Seite der Macht eingeschlagen haben« abzutun.

Zu guter Letzt stellen wir uns die rechtsliberale Freiheit als einen transparenten Schutzanzug vor, der uns immerwährend umgibt. Eine kleine Blase, in der wir leben. Die liberale Idee des Rechts schützt dabei uns und unsere Blase. Wenn wir uns nun unsere Erde oder einen Staat als großen faszinierenden Raum denken, der mit allen möglichen Freiheiten aufwartet, so kann sich jeder von uns frei und geschützt durch diesen unsichtbaren Schutzanzug bewegen. Das Problem dabei ist: Einige wenige Menschen haben gigantische Bubbles, welche ebenso rechtlich geschützt sind und sogar gefördert werden. Viele Bürgerinnen und Bürger der westlichen Welt haben etwas größere, aber die meisten Menschen auf unserer Erde müssen eher ihre Arme anlegen und ihre Füße stillhalten, da ihr Schutzraum von all den anderen fast vollständig umgeben ist und immer weiter eingeengt wird. Ein Erleben der Freiheit oder gar neugieriges Entdecken ist für sie kaum möglich.

Neben der zugrunde liegenden Ideologie presst auch die Masse und die Größe der anderen Schutzanzüge fast alle in eine vorbestimmte Richtung, denn der Weg zu Vergrößerung eines jeden Freiraums führt über Egoismus, Gier, Ellenbogen und Machthunger. Dieser Weg wird freigehalten. Somit schützt zwar das rechtsliberale Verständnis uns und unsere Blase der Freiheit, aber es lässt eine wirkliche Erkundung des Raums oder gar eine echte freie Entfaltung kaum zu, da nunmehr der eigentliche Freiraum zwischen den Schutzanzügen fast vollständig ausgefüllt und zudem umkämpft ist.

Um dies in eine weltliche Betrachtung zu bringen, so hatten unsere Urdenker Hobbes und Locke den Plan, uns zu schützen, uns mit kleinen rechtlichen Schutzräumen auszustatten, damit wir unser Leben so frei wie möglich leben und gestalten können. Dass einige dieser individuellen Schutzräume dermaßen anwachsen, dass selbst einfache und bis dahin freie und glückliche Fischer, Bäuerinnen und mit der Natur in Symbiose Lebende in ihren Freiräumen derart beschnitten werden, dass sie und ihre Familien sprichwörtlich verhungern, war mit Sicherheit nicht Teil der ursprünglichen liberalen Idee. Grenzenloses Kapital und instrumentalisiertes Recht in unserer gegenwärtigen Form zerstören somit die Freiheit sehr viel mehr und gefährden ein vertrauensvolles und friedliches Miteinander, anstatt dies zu ermöglichen.

Momente der Freiheit

Wenn Sie, wie wir, vor dem Herbst 1989 geboren sind, dann haben wir, sozusagen gemeinsam, zwei außergewöhnliche Momente der Freiheit erlebt, zum einen die friedliche Überwindung der schier »unüberwindbaren Mauer« im November 1989 und zum anderen die Entstehung des öffentlichen Internets Anfang der 1990er-Jahre. Der Einzigartigkeit dieser Ereignisse schenken wir in den folgenden Zeilen ein wenig Aufmerksamkeit. Wir holen diese in unser Bewusstsein zurück und betrachten sie durch die Linse der Freiheit. Dabei stellen wir uns die Frage: Hatten wir damals die Wahl, frei über den Grad an Freiheit unserer Zukunft entscheiden zu können?

Um den Moment der Freiheit im Jahr 1989/90 besser verstehen zu können, stellen wir uns staatliche Freiheit in Form großer Häuser, oder besser als riesige Schlösser mit schicken Anwesen, vor. Dabei bilden Mauern, Wände, Treppen und Türen die Grenzen der Freiheit. Palais, Gärten, Badeteiche, Sportplätze und Festwiesen sind hingegen Orte der Freiheit. Das Königshaus oder, wie in unserem Fall, die Regierung erlässt und verabschiedet Regeln und Gesetze, welche für Recht und Ordnung sorgen. Sie bestimmt sozusagen, wo welche Mauer, welches Fenster, welcher Garten gebaut wird und in welcher Form. Mauern sind aber nicht nur Grenzen, sie bieten auch Schutz und Sicherheit sowie eine bestimmte Form der Freiheit, sich darin zu bewegen. Wenn Sie die Vorteile des Anwesens genießen wollen, müssen Sie drinbleiben. Hochgelegene Balkone, Terrassen und Fenster bieten einen Blick auf die dahinterliegende Freiheit, sofern Sie willens sind, über den gegebenen Horizont hinauszuschauen.

Es gibt in der Geschichte der Menschheit viele unterschiedlichste Epochen der Freiheit. Je nachdem, wie man diese definiert. Die meiste Zeit der Menschheitsgeschichte jedoch war Freiheit nicht an solche Formen der Unfreiheit gebunden, Freiheit existierte einfach unhinterfragt als Freiheit. Mit all ihren Vor- und Nachteilen.

Das Ende der DDR – ein Weg in die Freiheit?

Einen ganz besonderen Augenblick der Freiheit erlebten einige von uns am 9. November 1989. Nach einer turbulenten Zeit und zwei Monaten friedlichen Protests der Menschen auf der Straße verkündete Günter Schabowski in einer Pressekonferenz mit den Worten »Das tritt nach meiner Kenntnis … ist das sofort, unverzüglich« die Öffnung der Mauer. Die Tür in die Freiheit war aufgestoßen. Von diesem Moment an bis zum 3. Oktober 1990 lebten und erlebten wir Freiheit in einer ganz außergewöhnlichen Form. Wir und die rund 16 Millionen Bewohnerinnen und Bewohner der DDR befanden uns sozusagen während dieser Zeit – um im Bild zu bleiben – auf dem Weg von einem »Haus« in ein neues. In diesem Fall bewegten wir uns hin zu einem funkelnden Schloss. Glück, Freude, Jubel, Staunen, Tränen, Hoffnung – all dies begleitete uns. Wir tanzten nicht nur zu Songs wie »Wind of Change« oder »Freiheit« auf der Mauer, die uns gefangen hielt, sondern konnten auf diesem Weg sogar die Elemente fühlen. Die Erde und den Sand am Bodensee unter unseren Füßen, den Wind auf Helgoland in unserem Haar, das Wasser der Elbe, auf welchem wir nun bis zur Mündung schippern konnten, und die wärmenden Strahlen der Sonne Mallorcas, welche unsere Haut auf diesem Weg streichelte. Freiheit, die man nur erfahren kann, wenn man von einem in ein anderes »Haus« wechselt, befreit von den Fußfesseln eines Gesellschaftssystems.

Dies ist unserer Meinung nach Freiheit in ihrer größtmöglichen zivilisatorischen Form. Denn theoretisch hatten wir in dieser Zeit eine freie Wahl. Für die meisten unter uns war es ein Weg in eine bessere, weil freiere, Welt.

Denn das neue und herrliche Schloss war insbesondere nicht durch zusätzliche Mauern und Stacheldraht gesichert. Millionen Menschen auf der ganzen Erde freuten sich mit uns. Auch staunten nicht wenige über die Wirkung dieser friedlichen Proteste. Die Menschen der damaligen DDR haben sich tatsächlich ein Stück Freiheit erkämpft. Wären wir als Gesellschaft auch heute dazu in der Lage und würde ein solcher Freiheitswechsel friedlich ablaufen?

Im neuen Haus angekommen, richteten wir uns ein, bestaunten und bewunderten die Freiheiten im prunkvoll anmutenden Schloss. Doch als wir uns in die Gestaltung des neuen Hauses mit den Errungenschaften des alten einbringen wollten, mussten wir feststellen, dass dieses bereits auf unserem Weg vollständig abgerissen worden war. Überrascht waren diejenigen, die einen ausschweifenden Blick zurück riskierten, denn besonders die Grundmauern schienen mit chirurgischer Präzision entfernt worden zu sein. Nur ein paar ganz wenige Elemente konnten aus dem Trümmerhaufen gerettet werden, welche im neuen Haus üblicherweise im Mülleimer landeten. Wir mussten schmerzlich erkennen, dass auch Freiheit relativ ist. Nun konnten wir kaufen, was wir wollten, aber wollten wir nicht eigentlich viel mehr? Wie es schon Paul van Dyk und Peter Heppner in »Wir sind wir« auf ähnliche Weise besangen.

Persönlich möchte Nick anmerken, dass rückblickend auf die Zeit von 1990 bis einschließlich heute 2023, als er diese Zeilen schreibt, die DDR-Darstellung überwiegend aus Einheitspartei, Stasi, Zwangskollektiven, Stacheldraht, Schießanlagen und heruntergewirtschafteten LPGs und VEBs etc. bestand und noch immer besteht. Dass in der DDR rund 16 Millionen größtenteils lebensfrohe und lebensbejahende Menschen lebten, die sich vielfach in die Gesellschaft einbrachten, wird bis in die Gegenwart kaum beachtet. Dass die DDR angesichts ihrer Unarten und Verbrechen nicht glorifiziert werden sollte, steht außer Frage. Es ist jedoch längst überfällig, dass die Menschen für ihr Lebenswerk Anerkennung finden dürfen. Sie haben einen großen Beitrag für die Freiheit geleistet, welcher noch darauf wartet, verstanden zu werden. In der DDR kannten die Menschen die Grenzen ihrer Freiheit und waren sich zugleich der staatlich auferlegten Unfreiheit bewusst. Heutzutage in der Illusion der grenzenlosen Freiheit scheint es, als hätte die Gesellschaft das Gefühl und das Bewusstsein für deren Grenzen und die Freiheit selbst verloren. Ist die Illusion einer Freiheit tatsächlich Freiheit oder ist es das Bewusstsein für deren Grenzen?

Als besonders tragisch betrachten wir zwei rückblickend, dass die sich entwickelnde demokratische Selbstermächtigung der Menschen in der DDR nicht von der Volkspolizei, auch nicht von der Volksarmee und nicht einmal von der Stasi gestoppt werden konnte. Erst Konsum und die Siegermentalität kapitalistischer Ideologie brachten das Freiheitsstreben und die demokratische Selbstverwirklichung zum Erliegen.

Schnell mussten die ehemaligen DDRler lernen, dass ihre neu gewonnene Freiheit die Eigenart hat, üblicherweise davon auszugehen, dass diese Form der Freiheit die beste sei. Daran lässt sie kaum Zweifel. Auch ist sie der Überzeugung, dass jeder Mensch auf der Welt genau diese Form der Freiheit anstreben müsse. Dabei verkennt diese Ideologie mindestens, dass es andere Formen von Freiheit gibt, und dass die unbeeinflusste freie Wahl einer wie auch immer gearteten (Un)Freiheit die höchstmögliche zivilisatorische Freiheit selbst ist. Noch mehr verkennt sie, dass wir immer noch umgeben wären von Mauern dieser Unfreiheit, selbst wenn ihr dann gigantisches Schloss sich auf die ganze Welt ausdehnen würde. Damit wäre die Freiheit selbst maximal begrenzt. Freiheit beginnt mit der Freiheit der Andersdenkenden, das hat so ähnlich schon Rosa Luxemburg gesagt, und unserer Meinung nach erblüht sie in einer Vielzahl von Freiheitsmodellen, die gleichberechtigt sowohl nebeneinander existieren und miteinander kooperieren als auch voneinander lernen.

Das WWW – Freiheit durch Abhängigkeit?

Diese Gedanken führen uns zum zweiten Momentum der Freiheit in unserer gelebten Geschichte. Die »Geburt« des World Wide Web. Entstanden ist dies aus den Wehen des Arpanets, welches bereits Ende der Sechzigerjahre seinen Dienst aufnahm. Dieses verschmolz damals Technologie und Kommunikation in einer noch nie dagewesenen Form und schuf somit die Möglichkeit für Wissensaustausch unabhängig von Raum und Zeit, was vor allem Universitäten dankbar nutzten. Anfang der Neunzigerjahre begann die Kommerzialisierung des Internets und schuf somit auch den Zugang für all diejenigen, die neugierig oder wissbegierig waren und sich dies leisten konnten. Glücklicherweise war der Kommerz in dieser jungen Phase auf die Zugangsanbieter beschränkt. Üblicherweise wurden Modems zur Einwahl genutzt, welche seltsam piepsende Geräusche von sich gaben.

Die Entwicklung des Browsers war das Tor zur dieser neuen und freien Welt. Durch ihn konnte nun theoretisch jeder Mensch mit Telefonanschluss, Modem und Computer Inhalte anzeigen, lesen und sogar selbst erstellen. Dies war ein Schlüssel zum Erfolg des Internets. AOL, einer der Pioniere des kommerziellen World Wide Web, machte dies zusätzlich mit intensivster Werbung und dem Boris-Becker-Slogan »Bin ich da schon drin …?« populär. American Online verstand es in Perfektion, seinem einzigen Zweck gerecht zu werden: Gewinnerzielung und Gewinnmaximierung. Höhere Ziele wie Freiheit im Gedanken- und Wissensaustausch oder gar Ideale waren diesem Anbieter fremd. Millionen CDs mit Zugangssoftware wurden unters Weltvolk geworfen, um mit ein paar Minuten Surfen für lau richtig Kasse zu machen. Gelebte kapitalistische neoliberale Freiheit. Doch hinter diesen kommerziellen Eingangstoren war das Netz frei, es gab keine staatlichen Eingriffe oder Regulierungen, auch kein kommerzbasiertes Ausbeuten des Wissens- und Erfahrungsaustausches. Jegliche Zensur war dem Internet fremd, somit trieb es natürlich auch seltsame, fragwürdige und unsinnige Blüten.

Als ein früher Nutzer des Internets, seit etwa Mitte der 1990er-Jahre, kennt Nick dies noch in seiner unschuldigen und auch ungezügelten Form. Anfänglich waren das Internet und vor allem die Gedanken darin frei. Browser wie Netscape waren echte Erkunder des Internets und Chatprogramme wie ICQ waren einfach nur kleine und coole Tools zur Kommunikation der User untereinander. Keiner der Nutzer wollte oder musste etwas verkaufen. Keiner musste sich mit Werbung, Cookies, Datenspionen und anderen Zeit- und Nervenfressern herumärgern.

Als das Internet begann, für Werbe- und Verkaufszwecke interessant zu werden, verlor es sowohl seinen Charme als auch seine Freiheit. Gerade das Finden schwer zugänglicher Informationen machte das Netz einstmals aus, bis dies von Suchmaschinenanbietern umgedeutet wurde und Suchen statt Finden zum Verkaufsschlager avancierte.

Seither bestimmt Konsum die sichtbare Oberfläche des Internets, welches nunmehr unserer Meinung nach eher als das Google-Public-Netz oder als Commerz & Control Net statt als Internet bezeichnet werden müsste. Das unter der Kommerzschicht befindliche Darknet hat sehr viel mehr Ähnlichkeit mit dem ursprünglichen Internet, gleichwohl in Sachen Ausgestaltung und Freiheit.

Eine weitere spannende Beobachtung ist möglich, wenn man das gegenwärtige Internet und die bestimmenden Konzerne als großes marktwirtschaftliches Experiment betrachtet. Dieser Markt startete ohne Regulierung und ist bis heute im demokratischen Sinne nahezu unreguliert. Monopole haben sich in kürzester Zeit herausgebildet, die wir heute als völlig selbstverständlich und vielmals als ganz normalen Teil des Alltags annehmen. Das Suchmonopol hat Google, das Videomonopol hat ebenfalls Google mittels seiner Marke YouTube, das Kaufmonopol hat Amazon, das Informationsverbreitungsmonopol hat Meta mit seinen Marken Facebook, Instagram und WhatsApp. Die Macht in der Ausgestaltung dieses Internets liegt daher nahezu ausschließlich in den Händen dieser privaten Unternehmen.

Dies ermöglicht es uns, immer mehr Dinge im Netz zu kaufen, welche uns mundgerecht serviert werden, manchmal sogar fein säuberlich vorgekaut. Tatsächlich geht dies mittlerweile sogar so weit, dass unsere Gedanken von Informationen gekapert werden, uns sozusagen ungefragt Konsumwünsche suggeriert werden, welche uns als freie Menschen niemals eingefallen wären. 24 Stunden Kopfkino for free zum Preis des Offlinelebens? Fällt uns der Freiheitsentzug deshalb so wenig auf, weil wir mehr Dinge kaufen können, was einem gefühlten Plus an Freiheit gleichkommt? Auch wenn nichts davon für unser Leben wirklich wichtig ist, wohl aber die meisten dieser Dinge, unter anderem aufgrund der Ressourcenverschwendung und der damit einhergehenden Belastung des Planeten und des Klimas, unser irdisches Überleben sehr viel mehr gefährden als sie dies zu sichern im Stande wären.

Der freie Markt im Internet führt auch dazu, dass bis heute »Fake-Informationen« frei verbreitet werden können. Allein die User sollen mit Verstand, Vernunft und in der Auseinandersetzung mit den Inhalten diese von faktischen Information unterscheiden können. Rechtlich geregelt ist im Informationsaustausch lediglich deren kommerzielle Verwertung. Man könnte den Eindruck gewinnen, dass auch Fake News vor Urheberrechtsmissbrauch geschützt werden müssen.

Dabei sind verlässliche Informationen in jeder Gesellschaftsform elementar, um vernünftige Entscheidungen treffen zu können. Genau diese sind im Zeitalter der kapitalorientierten Medien- und Internetwelt rar geworden. Auch deshalb, weil die Informationsverbreitenden unserer Meinung nach als unfrei zu betrachten sind, da die meisten der Beiträge, mit welchen sie uns regelrecht überfluten, dem Zwang der Profiterzielung unterliegen. Das führt zu den zahlreichen katastrophisierenden negativen Nachrichten, die alltäglich auf uns einprasseln. Das dadurch aufgebaute Weltbild ist, aus unserer Erfahrung heraus, nicht nur fehlerhaft, sondern verzerrt oftmals die Realität. Zudem sind viele Verfasserinnen und Verfasser, wie auch wir, ganz natürlich in einer Meinungsblase gefangen, was zu weiterer Unschärfe führt. Jedoch wird das Internet selbst, insbesondere durch die Ergebnisse einer Suchmaschine, vielmals als eine Art »Wahrheitsverkünder« wahrgenommen. Dadurch kann nun nahezu jeder die Wahrheiten finden, die am besten zum eigenen Weltbild passen.

Wir sollten uns bewusst sein, dass die Ausgestaltung unserer Medienwelt einen großen Einfluss auf unser Denken und somit auch auf unsere Sprache und letztlich unser Handeln hat. Können wir dann noch von der vierten Gewalt sprechen, wenn diese auf unsere Freiheit und sogar auf die Demokratie im Dienste des Profits einwirkt? An dieser Stelle verweisen wir auf das Buch »Die vierte Gewalt« von Richard David Precht und Harald Welzer, wenn Sie sich für die Wirkung der Medienwelt auf unsere Gesellschaft interessieren.

Wir wünschen uns eine in jeder Form freie, unabhängige und humane Presse, denn diese ist »in unser aller Interesse, weil sie wachsam den Machthabern auf die Finger schaut, und der man vertrauen kann, weil man weiß, dass sie auf Fakten baut«, um es mit Bodo Wartkes Worten zu sagen. Eine solche hätte das Zeug, den bis heute gegebenen negativen Einfluss auf Gesellschaft, Politik, Religion und Wissenschaft abzuschütteln. Hilfreich könnte hierfür eine einfache technische Lösung des Framings von Informationen und Informationsseiten sein und wäre dabei sogar der Freiheit selbst dienlich. Framing, oder genauer Colorframing, bedeutet in diesem Fall, dass alle

Informationen, Meinungen und Thesen beispielsweise einen farblichen Rahmen bekommen. Meinungen könnten eine orange Umrandung erhalten, während wissenschaftlich bestätigte Informationen einen grünen Rahmen erhielten. Mit farblichen Spielräumen zur Kennzeichnung anderer Informationen dazwischen. Auch vorsätzliche Falschinformationen könnten dann mit einem roten Rahmen kenntlich gemacht werden. All dies ist rein technisch möglich, frei von Beeinflussung durch Wirtschaft, Religion, Politik oder Ideologie. Somit könnten wir schon beim ersten Kontakt erkennen, was wir vor uns haben. Unabhängig davon, ob diese Informationen über das Internet selbst, Social Media oder klassische Kanäle verbreitet werden. Jede Information, die gepostet oder weitergegeben wird, wird automatisch geframt, »hochwertige« Rahmen müssen sozusagen verdient werden. Dieses Framing-Verfahren muss natürlich für jeden verständlich und völlig frei von Kommerz und Kommerzgedanken sein, andernfalls wäre es selbst vom Sinn befreit. Wir als Gesellschaft müssen dies natürlich wollen, uns dafür einsetzen und an der Gestaltung dieser Technik mitwirken. Politik und Wirtschaft wären dann gezwungen, dies im gesellschaftlichen Interesse umzusetzen. Ein Stück Freiheit und gelebte Demokratie wären die Folge.

Die Eingangsfrage, was wir aus den besonderen Momenten der Freiheit gemacht haben, muss jeder für sich beantworten. Wir können für uns selbst ernüchternd feststellen, dass wir kein Bewusstsein für diese Momente hatten und somit nicht in der Lage waren, uns einzubringen. Weder beim Erhalt gesellschaftlicher Werte von vor dem Mauerfall noch beim Erkennen des schleichenden Freiheitsverfalls im Internet. Denn auch wir waren in beiden Fällen den blinkenden Verheißungen des Konsums erlegen. Die Möglichkeiten der freien Wahl sowie den Einsatz für die Freiheit und Demokratie haben wir, wie wahrscheinlich viele unter uns, ungenutzt verstreichen lassen.

Doch sollten wir den verpassten Chancen nicht hinterhertrauern, sondern heute, morgen und wann immer sich die Möglichkeit bietet, die Gelegenheit nutzen, uns für unsere Freiheit und Demokratie einzusetzen. Beispielsweise könnten wir die Idee des Framings von Informationen aufgreifen, weiterentwickeln und die Umsetzung in Gang bringen. Dies wäre eine gute Gelegenheit.

Freiheit für alle

Nun können wir von unserer gegenwärtigen westlichen Freiheit halten, was wir wollen, so ist uns doch klarer geworden, dass Freiheit sehr unterschiedlich erfahren wird. Viele lieben unsere Form der Freiheit, andere betrachten diese etwas ungläubig, wieder andere verachten sie und nicht wenige fühlen sich in ihrer Freiheit durch die unsere verdrängt. Noch dazu beschert uns unsere Form der Freiheit einen großen gesellschaftlichen Vertrauensverlust, der letztendlich nicht vor uns selbst halt macht. Dabei ist Misstrauen, welches über ein gesundes Maß hinausgeht, ein echter Freiheitskiller, ebenso die vielen diffusen Ängste, welche die neoliberale Lebenswirklichkeit so mit sich bringt.

Zudem begegnet uns immer wieder der seltsame Glaube im Neoliberalismus, dass Verzicht, welcher eine hoffnungsvolle, friedliche und klimaneutrale Zukunft denkbar machen könnte, nicht funktioniere. Dabei wäre der Verzicht ja nicht einmal ein solcher, denn Konsum- und Luxusgüterverzicht führen sehr viel mehr zu Freiheit sowie sozialem, umweltschonendem und gesellschaftlichem Wohlstand, als dies irgendein Kaufgegenstand ermöglichen könnte.

Ihre Annahmen stützen die Anhänger dieses Systems, unserer Erkenntnis nach, auf ihr soziokulturell geerbtes Selbstbildnis und die damit verbundene Rückprojektion in die Gesellschaft. Da dieser Glaube nun seit Jahrhunderten in kapitalistischen Gesellschaften um sich selbst kreist, verstärkt er sich immer weiter und führt zu einem immer schmaleren Betrachtungswinkel. Derzeit wirkt es auf uns, als sei diese Perspektive so stark fokussiert, dass diese nicht nur ein Loch durch unsere Mutter Erde brennt, sondern auch durch das Herz unserer Menschlichkeit.

Doch sollten wir uns hüten, trotz der vielen Unfreiheiten, die die gegenwärtige liberale Freiheitslebenswirklichkeit mit sich bringt, diese blind über Bord zu werfen. Vielmehr können wir diese als Grundlage betrachten für eine Freiheit, für welche wir uns frei entscheiden. Für eine Freiheit, in der wir Mensch und Natur im Ganzen sehen, die über die begrenzte physische, molekulare und mit sich selbst beschäftigte bürokratische und rechtsstaatliche Betrachtung der Welt hinausgeht. In eine Freiheit voller Vertrauen, gepaart mit Herz und Verstand, in welcher Vernunft, Ethik, Anstand und Moral mehr sind als unliebsame Furunkel des neoliberalen Nationalstaates, eine, in der diese Werte das sind, was eine freie Gesellschaft ausmacht, die Seele dieser.

Auch wenn Sie dies möglicherweise irritiert, wir haben Vertrauen, dass uns oder den nachfolgenden Generationen dies gelingen kann. Denn dafür müssen wir lediglich unsere Menschlichkeit wiederentdecken und diese steckt in uns allen, wenn auch manchmal tief verborgen. Aus unserer Sicht ist es daher an der Zeit, den Neoliberalismus und besonders die Entartungen zu hinterfragen sowie die Blickwinkel der »Urväter« Hobbes, Locke und Smith zu thematisieren und die bis heute gültigen Interpretationen ihrer Werke aus unserem gegenwärtigen Gesellschaftsverständnis heraus zu überdenken und im Zweifel auch neu zu denken. Beispielsweise könnten wir den wichtigen Grundsatz der liberalen Idee, dass die Freiheit des einen dort endet, wo diese in eine andere eingreift, erweitern auf Gemeinschaften und Unternehmen, sodass jede Freiheit dort endet, wo diese in eine andere Freiheit eingreift. Damit soll sichergestellt werden, dass unser Wohlstand nicht auf der Ausbeutung natürlicher Ressourcen oder uns unbekannter Menschen beruht. Allen Menschen, einschließlich zukünftiger Generationen, sollte die gleiche Freiheit zugestanden und ermöglicht werden.

Würden Sie unseren liberal-demokratischen Verfassungsstaat aus freien Stücken, so wie er heute ist, »konstruieren« und anschließend darin leben wollen? Was uns an das Ende der Freiheit führt, in diesem Fall an das Ende des Kapitels in diesem Buch, welches wir zugegebenermaßen mit eigenwilligen Formen der Freiheit ausklingen lassen möchten.

Freiheitsgeschichten

Ist die Erde eine Scheibe? Bevor wir uns dieser platten Behauptung nähern, blicken wir nach unten, auf die Füße, auf welchen unsere Freiheit steht. Wie kommt es, dass wir das Gefühl von Freiheit mehr und mehr verlieren? Dass es selbst zur Sehnsucht geworden ist? Liegt es an der übertriebenen Bürokratie mit ihren unzähligen Regeln und Vorschriften oder an der Vielzahl von neuen Gesetzen, die nur schwer zu verstehen sind? Oder liegt es daran, dass wir immer wieder gezwungen werden, geänderte Geschäftsbedingungen und angepasste AGBs zu bestätigen und zu akzeptieren? Daher stellen wir uns die Frage: Gibt es Feinde unserer Freiheit?

Auf der Suche nach diesen stießen wir auf zwei unterschiedlich gestrickte Wollsocken. Ja, Sie haben richtig gelesen, zwei unschuldig daherkommende Wollsocken. Hochwertig verarbeitete, aus bestem Garn ihrer Zeit hergestellte Socken, in deren Bund farblich abgesetzte Schriftzüge von Demokratie und Freiheit eingearbeitet sind. Diese Socken symbolisieren die ursprünglichen Ideen dieser, im Gegensatz zu den Fußfesseln autokratischer und diktatorischer Systeme. Diese Socken bieten, neben dem Schutz, zugleich die Freiheit beider Welten, der liberalen und demokratischen Idee. Große technologische Sprünge hat uns diese Kombination ermöglicht. Nun stellt sich die Frage: Wohin hat uns dies geführt?

Mit den Socken ist das so: In der liberalen Staatsphilosophie treten wir freiwillig unsere Freiheit, barfuß zu gehen, ab. Im Gegenzug erhalten wir Sicherheit sowie Schutz vor staatlicher Willkür und die Garantie des geringstmöglichen Einflusses in unsere persönliche Freiheit. Alles, was wir dafür tun müssen, ist, diese Socken zu tragen.

Aber wie können diese Socken zu Feinden werden? Das liegt, einfach gesagt, daran, dass wir diese schlicht niemals ausziehen können. Lediglich in der Wendezeit 1989/90 war es den Menschen der DDR vergönnt, barfuß zu gehen, auf dem Weg in eine neue Freiheit. Die Socken der Freiheit und

Demokratie zu tragen, ist der Preis, den wir zahlen, um in unserem liberaldemokratischen Verfassungsstaat leben zu können.

Genau hier begann vor langer Zeit das Ungemach, denn es taten sich immer wieder Löcher und Abnutzungserscheinungen auf. Regierungen, Wissenschaften sowie Experten der Wirtschaft begannen diese Lücken mit angepassten Gesetzen und Regelungen zu stopfen. Das Problem dabei: Viele Löcher später besteht der ganze Strumpf nur noch aus Flicken. Manche dieser Flicken sind schick und bunt, andere wiederum hässlich und grau, manche haben sogar größere Löcher als jene, die sie stopfen sollten. Zusätzlich sind die Socken nicht immer passgenau und es beginnt an vielen Stellen zu drücken und zu zwicken. Von der Ursprungsform und der Ursprungsfarbe ist heutzutage kaum mehr etwas zu erahnen. Die daraus entstandene, etwas klumpige Form der Socken schafft obendrein mehr Platz für neue Flicken.

Seither sind die Macher unserer Welt unentwegt damit beschäftigt, weiter an diesen zu stricken und immer wieder Löcher zu stopfen. Auch zahlreiche vom Sinn befreite Vorschriften und Regelungen finden ihren Platz darauf. Gleichzeitig führt dies dazu, dass Demokratie und die liberale Idee gezwungenermaßen näher zusammenrückten. Diese Gelegenheit wird geschickt genutzt, um die beiden ungleichen Socken mittels des Jura-Garns fest miteinander zu verzurren. Damit schafft man reichlich Platz für weitere neue Flicken und bringt mit dieser Vereinigung die rechtliche Legitimation dieses neuen liberal-demokratischen Sockenkonstrukts zum Ausdruck.

Was hat dies mit uns und unserer Freiheit zu tun? Jeden Morgen, wenn wir aus unserer freien Welt der Träume erwachen, sollen wir diese Socken mit Freude tragen und deren Werte leben. Doch bieten sie, neben dem versprochenen Schutz, vor allem eine ausgewachsene Bewegungsunfreiheit. Nicht einmal hüpfend ist es möglich, sich damit fortzubewegen. Sie sind zu einem sperrigen und schweren Klumpen mutiert. Kaum einer unter uns hat noch Bock, täglich diese schwere Bürde zu tragen. Was zur Folge hat, dass wir uns in digitale Welten und Konsum flüchten oder einfach immer wieder unzufrieden und meckernd auf diese Zustände zeigen. »Ich hab die Schnauze voll« wurde zum Leitspruch der letzten Jahre und ist doch nicht mehr als ein Ausdruck unserer Verzweiflung. Der Feind der Freiheit, wenn man dies so benennen will, steckt somit in uns selbst. Denn aus Angst vor der Freiheit tragen wir diese drückenden, nervigen Socken weiter. Auch deshalb folgen Lösungsangebote dem immer gleichen Muster: neue Flicken bitte!

Nun tragen wir, neben dem straffen gesellschaftlichen Korsett, doch wieder Fußfesseln. Aus unserer Sicht ist es an der Zeit, diese Fußfesseln zu hinterfragen. Aber nicht nur diese, sondern auch, warum die guten Ideen so entartet sind. Sind wir als Gesellschaft dazu bereit oder wollen wir diese Bürde weiterhin ein Leben lang mit uns herumschleppen und an unsere Kinder weiterreichen, um schlussendlich kriechend zu flüchten und dennoch stehenzubleiben? Sind diese unförmigen Socken von Demokratie und Freiheit in der gegenwärtigen Form tauglich, ein friedliches, menschliches, freies und demokratisches Miteinander aller zu ermöglichen?

Wir halten es für falsch, die gemachten Fehler allein den politisch, wissenschaftlich und wirtschaftlich verantwortlichen Eliten vorzuwerfen. Denn diese sind aufgrund ihrer Spezialisierung oftmals kleine Genies in ihrem Fach und somit selbst Opfer dieses und eines weiteren Auswuchses liberaler Freiheitsideale, wonach Wachstum nur in eine Richtung möglich scheint. Das Problem liegt vielmehr in den Wurzeln des wirtschaftsliberalen Skripts. In diesem heißt es, dass Arbeitsteilung ein wesentlicher Teil des Weges zum Erfolg ist. Nun haben wir dieses Konzept so weit auf die Spitze getrieben, dass viele der Genies die feinsten Details an ihrem Flicken erkennen und verbessern können, jedoch sind sie längst nicht mehr in der Lage, die Socke als Ganzes zu sehen oder gar zu verstehen.

Denn die überzogene Umsetzung der Arbeitsteilung führt dazu, dass die meisten der Genies sowie viele Teile der Gesellschaft weder eine Socke herstellen noch reparieren können. Somit sind wir gewissermaßen gezwungen, an die gegenwärtige Form der Freiheit zu glauben und weiter daran zu stricken, denn ohne diese wären wir Verlorene der Freiheit. Sind wir deshalb Abhängige unserer Freiheit geworden?

Die Erdenscheibe

Ist eine solche Beschreibung Ausdruck von Freiheit oder entstammt dies eher dem Reich alternativer Fakten? Ein paar Jahrhunderte lang glaubten viele Menschen der uns bekannten Welt, die Erde sei eine Scheibe. Und das, obwohl Generationen vor ihnen die Kugelform der Erde längst begriffen hatten. Ist Freiheit einfach eine Frage des Betrachtungswinkels? Denn auch diese Menschen empfanden sich wahrscheinlich als intelligent und frei.

Wir müssen zur Kenntnis nehmen, dass Freiheit ebenso relativ ist wie auch die Wahrheit. Wenn dies so ist, dann gönnen wir uns für die folgende Betrachtung die Erde in Form einer flachen Scheibe, denn die zugrunde liegenden Fakten der folgenden Geschichte werden sehr gern ebenso platt behandelt.

Umgeben ist diese Erde von einem hochwertig geschmiedeten, leicht überstehenden goldenen Rand, welcher mit Symbolen und Schriftzeichen an der Stirnseite kunstvoll gestaltet ist. Dieser bettet somit unsere einzigartige Natur und unser irdisches Leben vollständig ein und hält mit den halbrunden und ebenfalls goldenen Nieten alles Leben zusammen. Genau an diesen gutaussehenden, festsitzenden Rand wurden wir als Erdenmenschen herangeführt. Seitdem stehen wir ein wenig ungläubig herum und zeigen mit dem Finger auf diejenigen, die uns auf den Abgrund dahinter aufmerksam machen. Zusätzlich wollen sie uns einreden, dass es der Rand unserer Existenz sei. Was für die meisten völlig absurd ist, denn schon Udo Lindenberg wusste, dass es hinterm Horizont immer weitergeht. Gerade deswegen wird immer wieder von den Machern dieser Welt ausgerufen: »Nach vorn schauen, unsere Technologien werden Brücken bauen. Mit diesen Brücken, der unsichtbaren Hand und unserer Genialität lösen wir alle Probleme.« Zwischenrufe, wohin die Brücken führen sollen, werden weggelächelt und mit dem Hinweis, dass wir ja bekanntlich über sieben Brücken gehen müssen, abgetan. Mittlerweile drängelt die Menschenmenge spürbar von hinten, denn immer mehr folgen den Verheißungen der Glücksprediger, welche uns tatsächlich hierher führten. Verheißungen, welche gespickt sind mit dem ultimativen Freiheitsversprechen durch Geld und Konsum.

Einige an der vordersten Front versuchen sich solidarisch zu schützen, sich aneinander festzuhalten, doch werden sie dafür als Gutmenschen belächelt und zuweilen für ihre naive Menschlichkeit beschimpft. Denn sie versperren ja den Weg in eine noch bessere Zukunft mit noch mehr Wohlstand und noch mehr Freiheit.

Alle anderen folgen mit ihren Augen erwartungsvoll über den Rand der Erdenscheibe hinaus. Was dabei erblickt wird, verzückt das Auge vollends, Wolkenmeere, üppig geformt, ausgestaltet als mächtige Schlösser mit überquellenden Geldspeichern und dem zertifizierten Versprechen, jeder bekäme eins. Diese Verlockungen führen dazu, dass die ersten bereits vorsichtig ihre Fußspitze über den Rand hinausstrecken, während andere noch über die Frage diskutieren, ob das Wolkenmeer wohl mit einem Boden beschlagen ist. Wieder andere folgen den Lockrufen wie in Trance, ohne den Rand der Erdenscheibe überhaupt wahrzunehmen. Ganz Mutige springen vorbildhaft mit ausgebreiteten Armen voran. Der Applaus, der sie dabei begleitet, gibt ihnen für einen kurzen Moment das Gefühl, Könige der Welt zu sein.

Und nun? Wissenschaftlerinnen, Denker und Gelehrte erheben ihre Zeigefinger, erklären uns eine »ehrliche«, weil kugelrunde, Welt und legen die Finger in die Wunde bei der Frage mit dem Boden unterm Wolkenmeer.

»Sehen die denn nicht, was Tolles vor uns liegt?«, so denken viele der nach immer mehr Strebenden. »Diese Wissenschaftler mit ihren Theorien. Ziehen sich jahrelang in Labore oder stille Kämmerchen zurück und wollen uns dann was von der Welt erzählen.« Eine wesentliche Essenz unserer Gesellschaft, Vertrauen in unsere Wissenschaft, schwindet, vor allem, weil wir ihr – aus unserer Sicht größtenteils zu Unrecht – gesellschaftliche Fehlentwicklungen anlasten. Kurzum, eine gesellschaftliche Transformation von der

Scheibe zur Kugel mit einem Bein im Wolkenmeer, das wird schwer. Zusätzlich schwindet immer mehr Vertrauen in alle Himmelsrichtungen und die Komplexität des heutigen Zusammenlebens belastet uns stark. Diese versteht kaum mehr ein Mensch und somit frohlockt das Wolkenmeer.

Nun zur nicht ganz ernst gemeinten Lösungsidee: Da wir ja den Verheißungen wie von einer unsichtbaren Hand geführt folgen, benötigen wir nur eine recht kleine, demokratisch gewählte, wissenschaftlich fundierte und freiheitlich agierende Truppe, die realistische Wege in eine hoffnungsvolle Zukunft formt, welche Wirtschaft und Gesellschaft unterschiedlich, aber gleichermaßen Freude bereiten. Wissenschaften, Rechtsprechung und Gesellschaft beobachten die Richtung, in welche diese neuen Wege führen, und im gesamtzivilisatorischen Prozess tauschen wir uns aus und hinterfragen immer wieder die Ziele. Eine überschaubare Aufgabe, die wir aus der Komfortzone heraus bewältigen könnten. Nennen wir dies die Zivildemokratie. Diese schafft lediglich Rahmen, ohne direkten Einfluss auf die Menschen, die Umwelt und die Wirtschaft vor Ort.

Das Gegenstück, die daraus folgende Lokaldemokratie, ermöglicht es jedem, aktiv am Gestaltungsprozess in kleinen, regionalen, weitgehend autonomen Zusammenschlüssen mitzuwirken. Wichtig dabei ist es, dass wir all unser Tun unmittelbar spüren und die Auswirkungen unseres Handelns vor Augen haben. Ein anonymes Ausbeuten in fernen Regionen und unbekannter Menschen sollte unmöglich sein, auch deshalb, weil wir dies als Menschen eigentlich gar nicht wollen. Als Grundlage hierfür eignet sich durchaus das Schweizer Demokratiemodell, welches eine Kombination aus repräsentativer, deliberativer und direkter Demokratie ist.

Weiterhin sollte jegliches Eigentum insoweit begrenzt werden, dass dies keinen Einfluss auf gesellschaftliche und politische Entscheidungen haben kann und dass es den Freiraum anderer weder einschränkt noch einengt. Es bräuchte somit mindestens zwei Währungen, eine, die begrenzt ist und die Arbeitskraft aller Menschen widerspiegelt, und eine fiktive, die unbegrenzt gesammelt werden kann, aber keinen Einfluss auf die Gesellschaft hat. Die Idee des freien Marktes könnte dahingehend angepasst werden, dass dieser in von der Gesellschaft und Wissenschaft gezogenen Grenzen agiert, jedoch niemals darüber hinaus. Das würde anstatt eines gigantischen, globalen, alles dominierenden Marktes zu vielen kleinen, überschaubareren Märkten führen. Eigentum und der freie Markt sind letztendlich nicht mehr als Erfindungen von uns Menschen und sollten daher lediglich nützliche Werkzeuge einer modernen Zivilisation sein. Diese sollten nicht dazu gebraucht werden, Mensch, Umwelt und Natur auszubeuten, und auch nicht, um sie mit CO_2 oder anderen Abfällen zuzumüllen oder gar dadurch zu zerstören.

Als Ergebnis wartet eine begrenzte, aber durchaus angenehme Möglichkeit von demokratischer Freiheit. Oder aber wir wählen die aufgeklärte Freiheit durch ein selbstbewusstes und selbstbestimmtes Leben, in welchem wir immerwährend unseren Verstand gebrauchen, um uns vernünftig in den gesellschaftlichen Gestaltungsprozess einzubringen. In eine Gesellschaft, in welcher sich das Ich immer als Teil des Wir begreift und ebenso fühlt.

Freiheit den Hamstern

Auch in dieser kurzen Freiheitserklärung gestatten wir uns ein wenig Abstraktion der Freiheit. Denn die Frage, ob diese süßen, pelzigen Haustiere glückliche Gefangene in unseren Käfigen sind, können wir auch uns selbst stellen. Haben Sie sich schon einmal gefragt, warum es so schwer ist, unser eigenes Hamsterrad wahrzunehmen oder mal kurz aus diesem auszusteigen? Liegt es an der irren Geschwindigkeit, mit welcher wir es mittlerweile antreiben? Dabei sind wir doch ausgesprochen gut darin, zu erkennen, wenn es mal quietscht oder es unrund läuft. Dann sind wir meist in der Lage, alle Hebel in Bewegung zu setzen, um es zu reparieren und, wenn möglich, gleich noch upzudaten, um unsere Effizienz anschließend steigern zu können. Mehr Geschwindigkeit bitte! Oder haben wir Angst, unser Hamsterrad anzuhalten, aus Sorge, wir würden dann wie Spielzeug darin umhergewirbelt werden? Vielleicht haben wir auch Angst, bei Stillstand Spielball der Gesellschaft zu werden?

Wir können Ihnen aus unserer Erfahrung heraus sagen, dass all diese Ängste weniger real sind, als Sie vielleicht denken. Halten Sie Ihr Hamsterrad ruhig einmal an, treten Sie heraus, ein Stück Freiheit erwartet Sie. Lassen Sie sich Zeit beim Betrachten Ihres goldenen Käfigs. Gehen Sie anschließend ein paar Schritte zurück und Sie können viele weitere glänzende, schnell

rotierende Behausungen und ihre sich darin abstrampelnden Bewohnerinnen und Bewohner erkennen. Bei genauer Betrachtung könnten Sie denken, dass es aussieht, als würden sie vor etwas weglaufen wollen, oder als würden sie mit gesteigerter Geschwindigkeit diesem goldenen Käfig entfliehen können. Wenn Sie noch ein paar Schritte zurücktreten, wirkt all dies wie eine gewaltige Maschinerie aus Hamsterrädern, und mit jedem Meter weiter verschwimmen sie zu Zahnrädern in einem gigantischen Uhrwerk.

Uns drängt sich beim Anblick ein seltsamer Gedanke auf: Was treibt sie alle an? Ist es eine unsichtbare Hand oder etwa die entfesselte Gier? Kann es sein, dass der bekannte Begriff des »Burnout« sich daraus ableitet, dass besonders effektive Hamsterradläufer mit ihrer Geschwindigkeit die Schallmauer durchbrechen, was diejenigen selbst über die eigene Belastungsgrenze hinaus katapultiert? Wir fragen uns: Was würde wohl passieren, wenn wir unsere Hamsterräder anhielten und anschließend verließen? Wäre Stillstand der Tod? Oder sähen wir uns dann vielen verwirrt herumstehenden und staunenden Menschen gegenüber, die überwältigt wären von der gigantischen Maschine und dabei von ihrem liberalen Glauben abfielen? Und dann? Würden Unsicherheit und Angst vor der Ungewissheit der vor uns liegenden Freiheit viele von uns zurücktreiben in die vertraute Umgebung unseres Hamsterrads? Denn dort wissen wir ja, was wir haben, auch was wir zu tun haben. Sind wir dann frei wie die Hamster?

Demokratie – Fluch oder Segen?

Demokratie – was ist das eigentlich? Um es vorwegzunehmen: Das ist gar nicht so einfach zu beantworten. Demokratie setzt sich aus einer Vielzahl von Elementen wie Frieden, Freiheit und Gleichheit zusammen. Unsere Recherchen zu Demokratie allgemein, wie auch zu unserer liberalen Demokratie waren und sind in vielerlei Hinsicht überraschend, sowohl positiv als auch negativ. Bei vielen Erkenntnissen rund um die Demokratie hatten wir das Gefühl, einen Schatz gefunden zu haben. Bei genauerer Betrachtung der Auslegung und Umsetzung waren wir jedoch oftmals der Verzweiflung nah. Es ist uns im Rahmen dieses Buchs nicht möglich, auf alle Aspekte einzugehen, daher beschränken wir uns auf wesentliche Elemente mit dem Ziel, eine Diskussion über die Demokratie der Zukunft anzustoßen.

Eines ist uns während unserer Auseinandersetzung besonders klar geworden: Demokratie lebt vor allem davon, dass man sie lebt. Je tiefer und intensiver wir in die Schatztruhe demokratischer Ideen eingetaucht sind, umso deutlicher zeigte sich, dass Demokratie selbst nicht das Problem ist, sondern wie sie mit Leben gefüllt wird.

Schauen wir uns als Einstieg die Entstehung und die Entwicklung von Demokratie an. Den meisten unter uns ist der Ursprung im Wortsinn bekannt. »Demokratie« setzt sich aus den griechischen Begriffen *demos*, was »das Volk« bedeutet, und *kratein*, was übersetzt »herrschen« heißt, zusammen. Gemeint ist damit die »Herrschaft durch das Volk«. Wobei »herrschen« und »Volk« heutzutage eine andere Bedeutung haben, als es in Griechenland im 5. Jahrhundert vor Christus der Fall war.

Es dauerte bis in die Neuzeit, bis die Gedanken und Ideen von Demokratie und Freiheit wieder eine neue und breite Anhängerschaft fanden. Während in Frankreich Freiheit, Gleichheit und Brüderlichkeit (Solidarität) als Grundwerte der Demokratie ausgerufen wurden, so beschrieb es Abraham Lincoln, 16. Präsident der Vereinigten Staaten von Amerika, im Jahr 1863 folgendermaßen: »In der Demokratie geht die Herrschaft aus dem Volk hervor und wird durch das Volk selbst und in seinem Interesse ausgeübt.«

Ein wichtiger Schritt, der zur Entwicklung moderner demokratischer Staaten führte, war die Idee des Staatsvertrags, in welchem Grundmerkmale wie Gleichberechtigung, die Presse- und Meinungsfreiheit, das Gewaltmonopol, die Gewaltenteilung, die Unabhängigkeit der Justiz und freie Wahlen rechtlich geregelt werden. All dies, inklusive der universellen Menschenrechte der Vereinten Nationen von 1948 und weiterer Werte, sind in den Verfassungen vieler moderner demokratischer Staaten verankert. Die Besonderheiten liberaler Demokratien, in welcher wir auch in Deutschland leben, sind unter anderem das Wirtschaftsmodell der freien Marktwirtschaft sowie die Herrschaftsausübung durch gewählte Volksvertreter –Repräsentanten konkurrierender Parteieliten. Diese sind, wie auch alle anderen, an rechtsstaatliche Prinzipien gebunden. Weiterhin setzt dieses Modell auch in vielen gesellschaftlichen Bereichen auf Wettbewerb und Individualisierung. Liberale Demokratien sind grundsätzlich als Prozess zu verstehen, sie grenzen sich dadurch von absolutistischen Systemen ab. Dieser Prozess führt uns zur heutigen Form unseres Staatsmodells: dem neoliberalen Verfassungsstaat mit repräsentativer Mehrheitsdemokratie. Wir nennen es der Einfachheit halber im Folgenden neoliberale Demokratie.

Vielleicht haben Sie sich schon einmal die Frage gestellt: Warum Demokratie? Was bringt das überhaupt? Ohne Sie enttäuschen zu wollen: Ernst gemeinte und gelebte Demokratie bringt keinen direkten, individuellen oder gar monetarisierbaren Vorteil. Sie ist darauf ausgerichtet, ähnlich der liberalen Idee, ein gutes Leben aller zu ermöglichen. Basierend auf Sicherheit, Gerechtigkeit, Freiheit und dem daraus folgenden Frieden. Das Problem dabei ist, dass Demokratie nicht vom Himmel fällt und auch nicht durch Streben nach dem eigenen Vorteil entsteht. Es bedarf eines freiwilligen, aufgeklärten, bewussten und lebenslangen Einsatzes über das eigene Wohl hinaus.

In der folgenden Darstellung haben wir die wichtigsten Werte und Merkmale einer Demokratie zusammengetragen. Diese geben einen groben Überblick über die Idee eines demokratischen Zusammenlebens.

Dabei ist es wichtig zu wissen, dass Demokratie kein absolut zu erreichender Zustand, sondern immer ein Entwicklungsprozess ist. Ein Staat (solange

Merkmale und Werte einer Demokratie
* Frieden
* Sicherheit
* Chancengleichheit
* Gleichberechtigung
* Gleichbehandlung
* Meinungsfreiheit
* Pressefreiheit
* Kunstfreiheit
* freie Wahlen
* Pluralismus
* Gewaltenteilung
* Gewaltmonopol
* gleiches Recht für alle
* Unabhängigkeit der Justiz
* Religions- und Glaubensfreiheit
* Anerkennung und Achtung der Menschenrechte
* Souveränität der Menschen über die Werte und Merkmale
* Beteiligung
* Freiheit
* Solidarität
* Toleranz
* Respekt
* Humanität
* Ethik
* Moral
* Gerechtigkeit
R

wir dieses Konstrukt noch brauchen) ist unserer Meinung nach dann als demokratisch zu bezeichnen, wenn der Großteil der Merkmale überwiegend erreicht ist, diese sich tendenziell weiterentwickeln und die Werte üblicherweise gelebt werden. Als Merkmale bezeichnen wir die Rahmenbedingungen, die von der Gesellschaft erarbeitet und durch die Wissenschaft ausgearbeitet werden sowie anschließend von Politik und Regierung umgesetzt beziehungsweise angewandt werden. Werte sind dabei die natürliche Basis, welche wir aus freien Stücken anstreben und leben. Merkmale und Werte bedingen einander dabei.

Demokratie ist aber nicht nur das Niederschreiben von Merkmalen und Werten, sondern vielmehr dann gegeben, wenn diese fester Bestandteil des Alltags sind. Dies gilt für alle Lebensbereiche, vom familiären Umfeld über den Verein bis hin zu Wirtschaft und Politik. Auch gehört es zur Demokratie dazu, dass Merkmale und Werte immer wieder hinterfragt werden, um sie den Zeiten und den Umständen entsprechend anzupassen oder gegebenenfalls sogar zu ersetzen.

Jetzt fragen Sie sich vielleicht, warum der Demokratieteil ausgerechnet im Abschnitt Dämmerung, Gesellschaftskritik und Aufklärung zu finden ist? Ist es überhaupt legitim, aus unserer elitären Lage heraus die neoliberale Demokratie zu kritisieren, welche uns den Wohlstand und die Freiheit ermöglicht, dieses Buch zu schreiben? Wir betrachten es als legitim, insbesondere deshalb, da viele Akteure innerhalb neoliberaler Demokratien unserer Erfahrung nach dazu neigen, das gegenwärtige Modell als das überlegene und zuweilen auch als das einzig sinnvolle Staatsmodell anzusehen. Die Legitimation dafür beziehen sie unter anderem aus dem Vergleich mit gescheiterten und autoritären Staatssystemen. Würde man jedoch unsere Demokratie an ihren eigenen Merkmalen und Werten messen und auch den Ideenwettbewerb in Gesellschaftstheorien fördern, wäre dieses Staatsmodell längst weiterentwickelt.

Die demokratische Entwicklung, die wir in den letzten Jahren erlebten, ist durchaus beachtlich, jedoch nicht frei von vermeidbaren Fehlentwicklungen. Wir schauen uns deshalb nicht nur die offensichtlichen Probleme an, sondern hinterfragen einige der Grundannahmen unseres gesellschaftlichen Zusammenlebens, denn diese stammen teilweise noch aus der frühen

Neuzeit und der Antike. Unser Welt- und Menschenbild hat sich seither in vielen wissenschaftlichen Bereichen grundlegend geändert. Aber das festgefahrene neoliberale ökonomische Menschenbild, welches sich in den letzten Jahrhunderten immer weiter zementierte, ist es, welches unserer Meinung nach eine zivildemokratische Entwicklung verhindert. Wir finden, dass es somit längst überfällig ist, im Sinne einer Aufklärung des 21. Jahrhunderts und der Demokratie selbst, unsere neoliberale Demokratie zu hinterfragen, neu und klar zu definieren und weiterzudenken. Ebenso sollten wir alternative Demokratieansätze genauer betrachten, denn wenn wir unsere Freiheitsideale ernst meinen, dann wäre auch die freie Wahl eines Demokratiemodells selbstverständlich.

Gerade und insbesondere in den letzten Jahren ist in Deutschland und generell in der westlichen Welt eine Tendenz zu beobachten, dass sich nicht wenige Menschen von der Demokratie abwenden und diese sogar als die Ursache vieler Probleme erachten. Es gibt viele Fragestellungen dazu, warum dies so sein könnte, jedoch konnten wir wenig weitergedachte und schlüssige Antworten finden. Vielleicht sind viele, wenn auch nicht alle, einfach dem Eingesperrtsein in den neoliberalen, individualistischen, kapitalistischen Einheitsbrei überdrüssig und somit auf der Suche nach der eigentlich versprochenen Freiheit. Denn neben dem ewigen Wachstum von Gier, Egoismus und dem eigenen Habenraum schlummern in ihnen möglicherweise Sehnsüchte nach Solidarität, nach einem respektvollen Miteinander, nach Achtung, Aufrichtigkeit und Authentizität, danach, ernst genommen, gehört und berücksichtigt zu werden. Vielleicht sind einfach nicht alle Menschen käuflich und sehnen sich deshalb nach Werten, welche einem freiheitlichen und demokratischen Miteinander gerecht werden könnten. Dass viele dieser Menschen auf fragwürdigen und gar gefährlichen Abwegen unterwegs sind, erfüllt uns mit großer Sorge. Sie geringzuschätzen und mit abfälligen Gesten abzutun, scheint uns dabei kein geeigneter Weg, um zu den nötigen respektvollen Auseinandersetzungen zu kommen. Viel sinnvoller erachten wir, die versprochenen Werte zu leben, anstatt sie dem Wachstum und dem damit verbundenen Wettbewerb zu opfern.

Vielleicht sollten wir, der eigenen Glaubwürdigkeit zuliebe, zuerst unsere westliche Welt hinterfragen, bevor wir andere Menschen und Kulturen infrage stellen. Vielleicht müssen wir zukünftig wieder mutiger sein und Demokratie und Freiheit über die Idee eines Staates hinausdenken! Und sie ebenfalls aus der Perspektivarmut des Rechtsstaates befreien. Sollte Demokratie nicht unabhängig von Grenzen für alle auf der Erde lebenden Menschen gleichermaßen gültig sein? Und perspektivisch betrachtet auch darüber hinaus?

Denn einige unserer Recherchen warfen Fragen auf, ob das gegenwärtige neoliberale und oftmals nationaldemokratische Agieren der Grund für viele Formen von Ungleichheit und Ungerechtigkeit sind. Das wird beispielsweise deutlich, wenn man sich das langjährige Lieferkettenproblem und das beschämende Gesetz dazu betrachtet. Oder ebenso, so unglaublich das auch klingen mag, die moderne Sklaverei direkt vor unserer Haustür in großen deutschen Schlachtunternehmen und weiteren Branchen, ermöglicht unter anderem durch die rechtliche Legitimation undurchsichtiger Werkvertragskonstrukte. Das Schlimmste daran ist jedoch, dass Behörden, Politik und Gesellschaft größtenteils wegschauen. Doch warum? Sind uns diese Menschen gleichgültig? Könnte es auch sein, dass wir die unersättliche Diva Wirtschaftswachstum nicht verstimmen wollen? In diesen und anderen Zusammenhängen haben wir den Eindruck, dass Freiheit, Demokratie und die Menschenrechte dort enden, wo unsere Wirtschaftsinteressen und Profitgier beginnen. Die Möglichkeit, gegen die Konzerne zu klagen, welche beispielsweise Kaffeebauern oder Schlachtsklaven eingeräumt wird, scheint angesichts der Machtunterschiede ein Hohn zu sein. Generell hat die Option, gegen Unrecht zu klagen, nicht viel mit Demokratie gemein, gleichwohl wird sie uns als solche verkauft. Demokratie ist nicht nur das Recht auf diese Option, sondern vielmehr dann gegeben, wenn diese ein Teil des gelebten Alltags ist. Die Durchsetzung demokratischer Merkmale ist unserer Meinung nach üblicherweise keine individuelle oder juristische Angelegenheit, sondern vor allem eine gesellschaftliche und politische Aufgabe.

Das Wohl des einen sollte im demokratischen Sinne nicht auf dem Rücken eines anderen ausgetragen werden, wie es auch im liberalen Grundsatz beschrieben ist.

Wer oder was hindert uns eigentlich daran, Wohlstand ohne Ausbeutung von Mensch und Natur zu leben? Die essenzielle Frage, welche sich bei einer möglichen Demokratie für alle stellt, ist, ob unser neoliberales repräsentatives Demokratiemodell dafür geeignet ist. Schaut man sich die gegenwärtige europäische Politik an, so könnte der Abstand zwischen den Abgeordneten und den Menschen in vielen Regionen nicht größer sein. Selbst wenn die Repräsentanten nur das Beste im Sinn haben, so fühlen sich viele unter uns nicht von ihnen vertreten, eher im Gegenteil. Daraus folgt eine weitere wichtige Frage für die Zukunft: Welche Demokratiemodelle gibt es neben unserem und in welchen würden wir aus freien Stücken leben wollen?

Eine Auseinandersetzung über Art und Eignung verschiedener Modelle sollten Wissenschaft, Politik und Gesellschaft gemeinsam führen. Wir begnügen uns an dieser Stelle mit einer kurzen, unvollständigen Aufzählung, die zur weiteren Diskussion anregen soll. Neben den bekannten Modellen der liberalen und neoliberalen repräsentativen Demokratien und ihrer Unterart, der sozialliberalen Demokratie, gibt es noch das deliberative, das sozialistische, das republikanische und das aleatorische Modell. Selbstverständlich sind auch Mischformen denkbar. Es gibt noch viele weitere Ansätze. Welche sich letztendlich durchsetzen, hängt im besten Fall von uns ab.

In wissenschaftlichen Texten und Arbeiten ist die Differenzierung verschiedener Demokratieformen und unterschiedlicher Demokratiemodelle sehr viel häufiger anzutreffen als im allgemeinen Sprachgebrauch und Denken. Aus unserer Politik hören wir regelmäßig, dass wir »die Demokratie« verteidigen müssen. Damit vereinnahmt und instrumentalisiert sie den Begriff und somit die Sache der Demokratie. Zusätzlich verbreiten unsere Medien das Bild von der »einen« Demokratie nahezu täglich. Dadurch haben wir den Eindruck, dass in großen Teilen unserer Allgemeinheit die Vorstellung herrscht, dass unser Demokratiemodell keiner Weiterentwicklung bedarf. Dies ist aus unserer Sicht einer der größten Makel gegenwärtiger neoliberaler Demokratien, denn erst wenn allen Menschen bewusst ist, dass eine ständige Weiterentwicklung richtig und wichtig ist, können sie sich dafür einsetzen. Ebenso müssen ihnen die Instrumente dafür bekannt und vertraut sein. Andernfalls besteht die Gefahr, dass Demokratieverständnis politischen und wissenschaftlichen Eliten vorbehalten bleibt, was wiederum im Widerspruch zu *demos*, im Sinne der gesamten Bevölkerung, steht.

Glaube an die Demokratie

Wenn, wie zurzeit zu beobachten ist, viele unserer Mitmenschen – unabhängig davon, ob sie prekär Beschäftigte, Angestellte oder Wissenschaftlerinnen sind – nicht mehr an diese »Demokratie« glauben, weil es aus ihrer Sicht egal ist, wer regiert, dann ist es höchste Zeit, das gewählte Modell und die Art der Umsetzung der Demokratie zu hinterfragen. Es muss in der Lebenswirklichkeit, in den Köpfen und in den Herzen einen Unterschied machen, in welchem System man lebt. Für eine Demokratie ist es unablässig, dass sich die Menschen als aktive und mündige Demokratinnen und Demokraten verstehen und einbringen. Denn die gehorsame Bäckerin und ihr unterwürfiger Mann backen unabhängig von Monarchie, Autokratie, Diktatur oder Demokratie frisches Brot und leckeren Kuchen.

Gerade in der gegenwärtigen Zeit, in der es so wichtig wäre, auf eine stabile, aktive und lebendige gesellschaftliche Demokratie bauen zu können, machen sich politische Fehler der letzten Jahre und Jahrzehnte bemerkbar. Denn das Hinterfragen unseres gesellschaftlichen und politischen Systems fand nicht oder nur in sehr geringem Umfang statt. Wir haben den Eindruck, dass der vermeintliche Sieg über den Sozialismus einen Großteil der Politik und Gesellschaft blind macht. Scheinbar geht man davon aus, dass der Siegeszug des kapitalistischen, neoliberalen demokratischen Systems unaufhaltsam sei. Dabei müssen wir nur in unserer eigenen Vergangenheit zurückschauen, um uns daran zu erinnern, was aus Demokratie werden kann, wenn das politische System mit sich selbst beschäftigt ist. Denn Vertrauen, ja sogar ein Stück weit der Glaube an die Demokratie, sind wichtige Werte, welche einen demokratischen Staat ausmachen können; das Vertrauen der Bevölkerung in das Staatswesen, in die Institutionen, in die Politik und umgekehrt. Wir beobachten, dass dieses Vertrauen beiderseits zusehends schwindet. Sollte zusätzlich das Wohlstandsversprechen noch heftiger wanken, auf welches unser aktuelles neoliberales System setzt, kann unser Gesellschaftssystem erheblich in Schieflage geraten. Die daraus resultierenden Folgen wären unabsehbar und dies kann nicht in unser aller Interesse sein.

Kalte Demokratie

Unsere Recherchen ergaben weiterhin, dass unsere gegenwärtige neoliberale Demokratie keine klassische Demokratie ist und dies auch nicht sein möchte. Die liberale Staatsidee, welche zur Gründung der Vereinigten Staaten von Amerika führte, lehnte die Demokratie ursprünglich sogar ab. Auch heute noch bestehen erhebliche Widersprüche zwischen dem liberalen Verfassungsstaat und der Idee demokratischer Gesellschaften.

In den meisten liberalen Demokratien der Gegenwart ist die Beteiligung an dieser oftmals auf die physisch unbeeinflusste freie Wahl der Repräsentanten und auf einige niedergeschriebene Merkmale reduziert. Man könnte auch von einer Demokratie »light« oder Wahldemokratie sprechen. Um dies besser zu verstehen, zitieren wir aus dem Lexikon der Politikwissenschaft: »[…] das Modell liberaler Demokratie [ist] realistisch und elitär. Es beruht auf einem von individueller Interessendurchsetzung geleiteten, instrumentellen Verständnis von Politik und bezweifelt die Selbstverwandlungsmöglichkeit des Menschen im Prozess demokratischer Partizipation vom eigennützigen Bourgeoise zum gemeinschaftlichen Citoyen. Der Schutz des Einzelnen und die Durchsetzungschancen seiner Privatinteressen als Wirtschaftssubjekt stehen folglich im Mittelpunkt. Sie haben Vorrang vor dem Zusammenhandeln zur Ermittlung gemeinschaftlicher Zwecke. Das Modell liberaler Demokratie favorisiert entsprechend (a) die Beschränkung der Beteiligung auf die Sphäre des Politischen […] es versteht (c) Demokratie nicht als Herrschafts- und Lebensform, sondern als Methode und marktanalog als Wettbewerb zwischen konkurrierenden (Partei-)Eliten und sieht (d) den Bürger als mehr oder weniger rational seinen individuellen Nutzen verfolgenden Konsumenten, dessen Mitwirkungsmöglichkeiten in der Politik sich im Wesentlichen auf die periodische Bestätigung beziehungsweise Abwahl der Regierenden und ihrer (Partei-)Programme beschränken.«

Die beschriebene Reduzierung fühlt sich kalt an, lässt uns sogar ein wenig schaudern. Zudem bezweifelt diese Beschreibung unsere Vernunft sowie eine aufgeklärte Gesellschaft. Aber es gibt auch Hoffnung, der liberalen Demokratie auf ihrem Weg in die Zukunft ein wenig menschliche Wärme einzuhauchen. Dazu bedarf es, die unter anderem von Hobbes, Locke und Smith beschriebenen Naturzustände des Wesens des Menschen vollständig zu hinterfragen, ebenso das daraus abgeleitete Naturrecht. Im späteren Kapitel »Wer wir sind« gehen wir detaillierter darauf ein. Wir denken, es ist an der Zeit, eine erweiterte und angepasste Perspektive menschlichen Seins anzunehmen, indem der von Natur aus unabdingbare soziale Aspekt sowie Umstände der Gegenwart, unsere Fehlbarkeit, Technik, Genetik und KI einbezogen werden. Mit der daraus resultierenden angepassten Erzählung wäre es möglich, das Eis zu schmelzen, um demokratische und zivilisatorische Fortschritte erzielen zu können, die über den derzeitigen neoliberalen Horizont hinausgehen.

Was in diesem Ausschnitt weiterhin auffällt, wie auch des Öfteren in weiteren Recherchen zu unserer Gegenwartsdemokratie, ist die Anzweifelung der Demokratiefähigkeit des Volkes, also von uns. Das zeigt einen Grundsatzwiderspruch der neoliberalen Demokratie auf. Sozusagen die Herrschaft durch das Volk ohne geeignetes Volk. Was bleibt, ist die Ausübung in seinem Interesse durch vermeintliches Wissen, was das Beste für das Volk ist, und die Wahl der Repräsentanten durch das Volk.

Unsere »Demokratie« hat sich scheinbar emanzipiert, sie hat sich sozusagen aus den Herrschaftsfantasien des Volkes befreit.

Wir sind der Meinung, dass eine ernst gemeinte Demokratie nicht ohne eine demokratiebegeisterte Bevölkerung möglich ist.

> **Frag nicht, was die Demokratie für dich tun kann, sondern frag, was du für die Demokratie tun kannst.**

Das führt uns zur Frage: Wollen wir überhaupt Demokratie? Wollen wir uns mit Bewusstsein, Vernunft und mit Freude für die Demokratie einsetzen? Selbst unter Berücksichtigung, dass Demokratie immer eine Form anstrengender Streitkultur ist, bei der wir auch die Meinung der Andersdenkenden aushalten müssen, so abwegig uns diese auch vorkommen mag. Und wir dieser zudem, so weit wie möglich, sachlich begegnen, unter Wahrung unserer demokratischen Werte. Diese wichtigen Fragen sollten aus unserer Sicht in einer breit angelegten gesellschaftlichen Diskussion und in begleitenden wissenschaftlichen Studien erörtert werden.

Gefahren für die Demokratie

Schon Alexis de Tocqueville sah Mitte des 19. Jahrhunderts Gefahren für Demokratien. Zum einen war das die Entmündigung und Degradierung der Bevölkerung zu Wirtschaftssubjekten – Konsumenten, die dadurch vom selbstständigen demokratischen Denken und Handeln entwöhnt werden. Zum anderen war es die uneinheitliche und missbräuchliche Verwendung des Demokratiebegriffs selbst, der zur Verwirrung führt und somit Demagogen und Despoten die Ideen der Demokratie für sich nutzen lässt. In welchem Verhältnis stehen diese beiden Gefahren zu unserem gegenwärtigen Gesellschaftsmodell sowie zu einer Gegenwartsaufklärung?

Diese Fragestellung verschärft sich indes, wenn wir den Einfluss der Digital- und Internetkonzerne einbeziehen. Sie schaffen nie dagewesene Räume, die widersprüchlicher nicht sein könnten. Zum einen ermöglichen sie theoretisch nahezu unbegrenzten Austausch und Wissensvermehrung. Auf der anderen Seite erleben wir sehr oft genau das Gegenteil. Meinungsblasen fernab von Fakten dominieren die Oberfläche des Internets, aufgrund der profanen Gier nach Macht und Geld. Damit produzieren diese Unternehmen, im Sinne einer Aufklärung, exakt das Gegenteil.

Nick selbst hat das ursprüngliche Internet ab Mitte der 1990er-Jahre völlig anders erlebt. Damals vermittelte es einen Sturm von Freiheit, öffnete nie dagewesene Horizonte. Dies endete, als die Erkenntnis reifte, dass sich mit dem Internet sehr schnell sehr viel Geld verdienen lässt. Was bleibt, ist die Einsicht, dass Geld nicht nur den Charakter verdirbt, sondern auch die Freiheit, die Demokratie und das Internet. Umso mehr hängt es von uns ab, ob wir die Möglichkeiten des Internets auch als Chance für die Demokratie nutzen oder ob wir lediglich als Objekte den Profiteuren des World Wide Web sehnsüchtig folgen.

Weitere Gefahr droht der Demokratie aus sich heraus, denn die große Stärke ist zugleich auch eine der größten Schwächen. Der Kompromiss kennt beide Seiten der Medaille. Dies wird deutlich, wenn man sich das Ende der Weimarer Republik anschaut. Innere und äußere Umstände zwangen den Demokraten dieser Zeit nahezu unmögliche Kompromissfindungen auf.

Zusätzlich kam im Zuge des Black Thursday an der New Yorker Börse ein gewaltiger finanzieller Druck auf die sowieso schon angeschlagene Demokratie zu. Zahlreiche Protestbewegungen, die zudem von Demokratiefeinden befeuert und benutzt wurden, einschließlich des Aufstands der Bäuerinnen und Bauern, auch als »Landvolkbewegung« bekannt, verdeutlichten die Instabilität dieser ersten deutschen Demokratie. All dies und die fehlende Erfahrung, schwierige Kompromisse auszuhandeln, hat letztendlich zum Bruch der damaligen Regierungskoalition beigetragen.

Die weit verbreitete Unsicherheit dieser Zeit und der Ruf nach Stärke aus vielen Teilen der Gesellschaft veranlassten Hindenburg dazu, Brüning im März 1930 als Reichskanzler einzusetzen. Mit diesem Schritt, in Kombination mit den folgenden Notstandsgesetzen, wurde das Ende der Weimarer Republik und auch das Ende dieser Demokratie in Deutschland eingeläutet. Zudem erhielten die bereits erstarkten antidemokratischen Kräfte erhebliche finanzielle Mittel aus dem In- und Ausland. Das machte diese nicht nur schlagkräftig, sondern auch attraktiv.

Das Ende dieses Prozesses ist uns allen bekannt und sollte als Warnung verstanden werden, besonders an diejenigen, die Profit aus der Demokratie schlagen wollen und mit den Werten spielen, anstatt diese zu leben. Bürgerbewegungen, Bürgerräte oder Volksentscheide nicht ernst zu nehmen, sie zu ignorieren oder gar umzukehren, schwächt und untergräbt jede Demokratie in erheblichem Ausmaß.

Unserer Meinung nach wird Demokratie nur dann in der Gesellschaft ernst genommen und verteidigt, wenn die in Verantwortung Stehenden sie ernst nehmen.

Feinde der Demokratie

Kann es überhaupt jemanden geben, der Demokratie ablehnt? Oder diese missbraucht? Denn der Sinn ist doch, dass alle Menschen gleichermaßen, aufgrund demokratischer Verhältnisse, ein gutes Leben führen können. Leicht zu erkennen sind die offenen und externen Feinde der Demokratie. Zum einen sind es die Machthaberinnen und Herrscher, die ihre Macht verlieren würden, wie Autokraten und Diktatoren. Zum anderen sind es die Menschen, die sich innerhalb demokratischer Staaten durch die Demokratie benachteiligt und missverstanden fühlen. Ebenso gibt es nicht wenige, die nicht oder nicht mehr an die Demokratie glauben und sie deshalb ablehnen. Auch die durch demokratische Staaten verursachte Ausbeutung von Mensch und Natur schafft Feinde der Demokratie. Allerdings sind diese drei Gruppen weniger Feinde der Demokratie selbst, sondern eher deren fragwürdiger Umstände.

Wir haben den Eindruck, dass die Demokratie oftmals zu Unrecht angefeindet wird, da der eigentliche Feind nicht erkannt wird. Denn die gefährlichsten Feinde der Demokratie sind solche, die sich den Tarnmantel der Demokratie anlegen, um daraus den größtmöglichen Profit zu schöpfen. Damit zerstören sie nachhaltig das Vertrauen in die Demokratie, sowohl innerhalb als auch außerhalb.

Ist Demokratie käuflich?

Allein die Fragestellung ist irritierend, da die pure Existenz dieser als problematisch zu betrachten ist. Wir denken, dass weder Kapital noch Finanzmärkte irgendeinen Einfluss auf die Demokratie haben sollten. Leider schafft die nahezu unbegrenzte Verfügbarkeit von Geld Herrschaftsansprüche derer, die die »Gelddruckmaschinen« zu bedienen wissen. Geld sollte in zukünftigen zivilisatorischen Entwicklungen wieder zu dem werden, als was es im ursprünglichen Sinne gedacht war, als universelles, begrenzt verfügbares Tauschmittel. Schuldgeld, auch Fiatgeld genannt, welches wir heute alltäglich nutzen, sollte im Sinne einer freien und demokratischen Gesellschaft hinterfragt werden. Dabei geht es nicht um Währungen wie Euro oder Dollar an sich, sondern wie diese beziehungsweise deren Menge zustande kommen. Derzeit wird Geld schlicht produziert durch einen Fingertipp eines Bankangestellten auf der Entertaste seiner Computertastatur. Wir finden, dass ein universelles Tauschmittel wie Geld vor allem Vertrauen braucht und keine Abhängigkeit. Aus eigener Erfahrung können wir sagen, dass es eine echte Befreiung ist, sich aus den Abhängigkeiten der Banken und anderer auf Kreditfinanzierung basierender Unternehmen gelöst zu haben. Unser Selbstexperiment machte dies weitestgehend möglich.

Im zivilisatorischen Sinne könnte die gesamte Geldmenge einer Währung, unabhängig davon, wie wir diese in Zukunft benennen, beispielsweise an die zur Verfügung stehende menschliche Arbeitskraft gekoppelt werden. Dann würde die Allgemeinheit sogar besser verstehen, wie der Wert des Geldes im eigentlichen Sinne zustande kommt, und könnte ebenso verstehen, was es bedeutet, wenn jemand sehr viel davon hat. Globale Interaktionen könnten in Zukunft statt Finanzmarktzockerei Wissens- und Ideenaustausch sein. Globale Kooperationen könnten Probleme angehen, bevor diese überhaupt zu solchen werden, und verschiedenste Kulturen könnten im Zuge des globalen Miteinander voneinander lernen. Globalisierung könnte so viel mehr sein als ein Mittel zur Steigerung des Profits und Ausbreitung des kapitalgeführten Machtraums. Wir finden, dass Geld und dessen Besitz maßvolle Grenzen braucht, damit Entartungen, wie wir sie jetzt erleben, kaum mehr möglich sind. Auch Lobbyismus, der einen großen Anteil am Finanzmarktimperialismus hat, gehört selbstverständlich auf den Prüfstand. Er sollte vollständig transparent ausgestaltet und gleichmäßig über alle Interessengruppen verteilt werden, damit er einen sinnvollen Beitrag in der Zukunft leisten kann.

Wichtig im Sinne einer freien und demokratischen Gesellschaft wäre zudem, dass alle Menschen die Prozesse des Gesellschaftssystems grundsätzlich verstehen, sonst verselbstständigen sich diese. Es könnte sich sozusagen ein institutionelles, bürokratisches, juristisch gedeckeltes Parallelsystem entwickeln, in welchem denjenigen die Macht zuteil wird, welche diese Prozesse verstehen und somit in der Lage sind, diese zu beeinflussen. Alles, was für eine freiheitliche Redemokratisierung nötig wäre, sind unser freier Wille, Freude, Begeisterung und unser Tun im gesellschaftlichen Entwicklungsprozess. Den Raum und die Zeit, welche wir für gelebte Demokratie benötigen, müssen wir uns jedoch zurückerobern.

Demokratiegeschichten

Lehnen Sie sich zurück, stellen Sie sich einen kleinen Moment lang ein Stadion voller Menschen vor und genießen Sie die Cookies liberaler Demokratie. Ein ganz besonderes und zugleich bedeutsames Ereignis steht an. Denn alle sind zusammengekommen, um ihren demokratischen Mitbestimmungsrechten und -pflichten nachzugehen. Eine große, reich geschmückte Bühne inmitten des Ovals bietet eine gute Sicht darauf. Auf dieser sind Gesandte aus Gesellschaft, Politik, Wirtschaft, Religion und Wissenschaft zusammengekommen, um den »Kuchen der Demokratie« zu backen. Bereitgestellt sind alle bekannten, aber auch einige neue Zutaten.

Nun wird der Teig mit einer Prise neoliberaler Zutaten angereichert, jedoch schütten die Bäckerinnen und Bäcker mittels ihrer unsichtbaren Hand fast die ganze Packung hinein, was zur Folge hat, dass der Kuchen dermaßen anwächst, dass alle im Stadion ein ziemlich großes Stück davon abhaben können. Tosender Applaus ist zu vernehmen, denn nun sind die meisten hier Teil des Wohlstands. Doch wächst der Kuchen immer weiter, sodass nun nahezu jeder der Anwesenden im Kuchen sitzt. Dadurch kann man weder seine Nachbarin noch die Bäcker richtig sehen, hören oder verstehen. Alle futtern sich durch den Teig, jeder bekommt sein Stück, denn nun als Wirtschaftssubjekt, auch Konsument genannt, sind alle dazu verdammt. Nur nicht aufhören ist die Devise, sonst gehen die Anwesenden unter oder müssen fliehen.

Regelmäßig schiebt der immer weiter quellende Teig das demokratische Element der Wahl vorbei, welches die Anwesenden mit ihrer Stimme bestücken können. Jetzt wächst und wächst dieser Teig immer weiter in den Himmel, das gelobte unbegrenzte Wachstum wird ausgerufen. Wer obenauf zwischen Zuckerguss und Erdbeeren sitzt und mit dem Teig, wie auf einem Fahrstuhl, in den Himmel steigt, genießt die frische Luft und eine tolle Aussicht. Jedoch wird der Abstand zwischen den Bäckern und den Konsumenten immer größer, auch weil die demokratischen Elemente in der Masse des Teigs immer weiter gedehnt werden. Natürlich sind die Zutaten der Demokratie nicht verschwunden, aber in der schier unendlichen Masse kaum mehr zu finden. Sollten die Konsumenten vorhaben, von ihrem Mitgestaltungsrecht Gebrauch zu machen, um eine Idee eines angepassten Zutatenmixes einzubringen, so kann sie niemand wahrnehmen. Denn der Teig quillt und auch die Bäckerinnen und Bäcker selbst sind damit beschäftigt, zu konsumieren, die am Rand überquellenden und überschüssigen Brocken als Almosen ins Umland zu verkaufen sowie die vertikale Richtung des Wachstums zu kontrollieren. Dieses Stadion ist nunmehr zu einer Insel des Wohlstands mutiert, welche allem anderen Leben außerhalb die Grundlage entzieht und zum Ende hin selbst die eigene.

Wenn Sie beim Lesen an den süßen Brei der Gebrüder Grimm denken, sind Sie nicht allein, denn das Gleiche erlebten wir beim Schreiben. Was tun mit dem riesigen Kuchen? Wir denken, dass eine gefühlvolle Anpassung des Zutatenmixes Wunder bewirken könnte. Etwas weniger Neoliberales, dafür etwas mehr Freiheit. Etwas weniger Egoismus, dafür etwas mehr Gemeinwohl. Etwas weniger Wettbewerb, dafür viel mehr Kooperation. Viel weniger Gier, die noch dazu begrenzt wird, dafür etwas mehr Vernunft, welcher keine Grenzen gesetzt werden müssen. Und schon wäre die Möglichkeit geschaffen, das vertikale Wachstum in ein horizontales umzuwandeln. Wohlstand für alle wäre möglich, sowohl über die noch existierenden Grenzen hinweg als auch für zukünftige Generationen.

Sie bemerken vielleicht, dass einfache evolutionäre Anpassungen die Möglichkeit für einen revolutionären Schritt in Richtung Zivilisation schaffen würden. Deshalb sollten wir die gegenwärtigen Umstände nicht verteufeln, sondern als Ausgangspunkt und Erfahrungswert für die Veränderung unseres Zusammenlebens betrachten. Marktwirtschaft, Globalisierung, Lobbyismus und die Idee des Geldes sind nicht das eigentliche Problem. Dies wäre ein fataler Rückschluss. Vielmehr sind es die Ausgestaltung und die Unausgewogenheit, mit welchen die genannten Elemente auf unsere Gesellschaft und die ganze Menschheit drücken.

Aus unserer Sicht braucht alles eine Grenze beziehungsweise einen maßvollen Umgang im Sinne einer aufgeklärten und vernünftigen Gesellschaft.

Wir sollten, einer hoffnungsvollen Zukunft willens, mit unserer Regierung an der Spitze immerwährend eine Balance zwischen den für uns bedeutsamen Elementen finden.

Demokratie in Gottes Hand

Stellen Sie sich nun mehrere kleine Rettungsboote auf hoher See vor. In jedem befinden sich 25 Menschen unterschiedlichen Alters. Alle haben ein Ruder in der Hand und wollen schnellstmöglich an Land. An Bord befindet sich eine Karte. Auf dieser sind mehrere Häfen mit unterschiedlichen Verheißungen eingezeichnet.

Auf allen Booten wird eifrig diskutiert: Welchen Hafen steuern wir an und wie erreichen wir diesen bestmöglich?

Vielleicht kennen Sie so ein Ruderdilemma aus eigener Erfahrung. Selbst wenn nur zwei in einem einfachen Ruderboot auf einem kleinen Ausflugssee in unterschiedliche Richtung und mit unterschiedlichem Rhythmus paddeln, sind der Stillstand oder das Gefühl, von den Wellen getrieben zu sein, das Wahrscheinlichste. Noch dazu entstehen die wilden Diskussionen darüber, wie man rudert und wohin. Wie würden Sie die Fragestellung nach dem Ziel angehen? Autokratisch, diktatorisch oder demokratisch?

Im ersten Boot vertraut man der »idealisierten« Form der Demokratie, auch »Konsensdemokratie« genannt. Hier wollen alle gemeinsam eine Entscheidung finden. Man hört sich gegenseitig zu. Zusammen werden jene mit navigatorischen Fähigkeiten und Erfahrung auf See ausgemacht. Danach beginnt der mühselige Einigungsprozess, welcher obendrein auch langwierig ist. Alle an Bord dürfen sich einbringen. Jeder, der diese Möglichkeit nutzt, tut dies ausschließlich mit hohem Bewusstsein, sachdienlich sowie mit kurzer und präziser Aussage. Erst nachdem sich alle auf ein Ziel geeinigt haben und in die Rudertechnik eingewiesen sind, rudern sie, unter Anleitung der Seeleute und der Navigatorin, gemeinsam los.

Die Insassen im zweiten Boot vertrauen auf das Modell der Mehrheitsdemokratie durch offene Abstimmung. Wie auf dem ersten Boot ist auch dies eine Form direkter Demokratie. Jeder an Bord kann seine Stimme abgeben. Dieses Verfahren geht schnell, denn es reicht eine einfache Mehrheit. Auch Navigator und Seeleute sind zügig gefunden und per Abstimmung wird diesen das Vertrauen ausgesprochen. Kurze Zeit später startet das Boot als Erstes. Allerdings wird diese Fahrt etwas langsamer als die des Konsensbootes sein, da die Überstimmten dazu neigen, weniger motiviert, falsch oder gar nicht zu rudern.

Im dritten Boot wird ebenfalls abgestimmt. In diesem wird unsere gegenwärtige Form der repräsentativen Demokratie angewandt. Deshalb stimmen die Menschen an Bord nicht über das Ziel, sondern über die Repräsentanten ab. Nachdem diese gewählt sind, obliegt es ihnen, das Ziel im eigenen Interesse und im Interesse ihrer Wählerinnen und Wähler umzusetzen. Unter den Gewählten gilt das Mehrheitsprinzip. Sie stimmen in kleinen Runden über das Ziel ab und wählen anschließend Seeleute und den Navigator aus. Dann startet auch dieses Boot, doch diese Fahrt ist ebenso nur im eingeschränkten Tempo möglich, denn es gibt ähnliche Probleme wie auf dem Boot der Mehrheitsdemokratie. Nicht alle rudern mit, manche steuern sogar dagegen und immer wieder entfacht ein Richtungsstreit, welcher zu neuen Abstimmungen führt.

Welches dieser Boote erreicht wohl das gewünschte Ziel? Kommen überhaupt alle ans Ziel? Denn obwohl alle drei Demokratieformen darstellen, sind diese sowohl in ihrer Ausrichtung als auch in der Umsetzung unterschiedlich. Nicht jede dieser Demokratieformen ist für jedes Szenario oder jede Situation geeignet. Dazu müssen Sie sich lediglich die Boote mit 250, 2.500 oder 2.500.000 Menschen vorstellen. Jede Form hat in bestimmten Grenzen ihre Berechtigung. Aus unserer Sicht sind Mischformen gepaart mit modernsten technischen Möglichkeiten ein geeignetes Mittel für eine Demokratie der Zukunft.

Neben den drei Booten treiben noch zwei weitere mit alternativen Formen der Herrschaft. Im ersten wird die Autokratie praktiziert und im zweiten die Diktatur zelebriert. Um es vorwegzunehmen: Beide sind in der Lage, ein Ziel zu erreichen. Allerdings haben die Menschen im Boot der Autokraten nur dann ein »Mitbestimmungsrecht«, wenn sie die Zielsetzung der Autokraten unterstützen, Gleiches gilt für ihre Meinung. Das Ziel und der Weg dorthin sind Sache der Autokraten und ihrer Günstlinge. Denn sie glauben zu wissen, was für alle das Beste ist. Es gibt natürlich Wahlen, mit welchen die Herrschaft und somit deren Ziel immer wieder bestätigt werden können.

Auf dem letzten Boot herrscht, wenn die Insassen Glück haben, ein guter Diktator. Dieser nimmt ihnen freundlicherweise das Denken ab, denn er weiß, was das Beste für sich und seine Untertanen ist. Somit können sich diese ganz und gar auf das Rudern konzentrieren. Kommt der Diktator in ihre Nähe, so jubeln sie ihm zu. Sollten sie fleißig im Takt rudern und alle Umstände ertragen, dann könnten sie sogar Diktators Liebling sein und dürfen ungestört bis zum Lebensende rudern.

Die weniger freundliche Diktatur überlassen wir Ihrer Fantasie.

Auf welchem Boot würden Sie rudern wollen?

Funkelnde Demokratie

In der folgenden, etwas überspitzten Karikatur haben wir uns an unseren gegenwärtigen gesellschaftlichen Zuständen orientiert. Wir wählen wieder ein voll besetztes Rettungsboot auf hoher See. In der hier dargestellten repräsentativen Demokratie trifft Überbürokratie auf entarteten Neoliberalismus.

Dieses Rettungsboot ist anders als die anderen. Weißer Hochglanzlack, rundherum mit kunstvollen dunkelbraunen Eichenholzornamenten verziert und mit polierter Edelstahlreling, so treibt es inmitten des riesigen Ozeans. Die ruhige See, der wolkenlose Himmel und die Schönheit des Bootes lassen das Dilemma fast vergessen. Die Menschen an Bord sind geradezu verzückt und streichen anmutig über die perfekt verarbeiteten Ruder aus edlem Holzimitat, welche sie in ihren Händen halten. Den Namen »Liberty« trägt das Boot zurecht, denn Freiheit ist an Bord das höchste Gut. Weil das so ist, kennt hier jeder sein individuelles Ziel. Die Karte mit den rettenden

Ufern bleibt daher unbeachtet. Damit dieses Rettungsboot seiner Bestimmung gerecht werden kann, soll auch hier demokratisch ermittelt werden, wohin die Reise gehen soll.

Nun beginnt des Schauspiels erster Akt.

Die Suche nach geeigneten Kandidaten zur Führung des Bootes ist ein langatmiger Prozess. Jeder, der gewillt ist, kann sich und seine Fähigkeiten vorstellen. Jedoch sichern in diesem Prozess Einfluss, Kleidungsstil und das Pretty Privilege die vordersten Positionen auf dem Stimmzettel. Rhetorisches Geschick, Beziehungen und/oder gutes Aussehen haben hier ein höheres Gewicht als die tatsächlichen Fähigkeiten. Gemäß den Vorschriften sowie Recht und Ordnung an Bord können alle frei und ungezwungen an der geheimen Abstimmung teilnehmen. Daher buhlen die Bewerberinnen und Bewerber im Wahlkampf unter anderem mit blumigen Versprechen um die Gunst der Wählenden. Endlich ist es so weit, die Abstimmung läuft. Hochrechnungen und Prognosen begleiten die Wahl. Die Spannung steigt. Nicht alle an Bord sind mit diesen Methoden und dieser Form der Demokratie einverstanden, unter anderem deshalb fällt die Wahlbeteiligung eher bescheiden aus.

Geschafft! Ergebnis und Wahlsieger werden verkündet. Die zu erwartenden Gewinner lassen die Sektkorken knallen, doch der Hall verstummt in der Unendlichkeit der hohen See. Von nun an ist es Aufgabe der Gewählten, eine Regierung zu bilden, welche dann Richtung und Ziel, angelehnt an ihre Wahlversprechen, umsetzt. Nebenbei flammt unter den Siegreichen bereits der erste Richtungsstreit auf. In geheimen Verhandlungen geht ein Teil der Repräsentanten eine Koalition ein. Diese stellen von nun an die Regierung. Damit eine Regierungsbildung möglich werden kann, wird das gemeinsame Ziel etwas schwammig formuliert. Am Ruder sitzend, auf Anweisungen und den Takt wartend, schauen die Menschen dem Schauspiel zu und echauffieren sich über die Repräsentanten und deren immer wieder aufflammenden Richtungsstreit.

Die neu gewählte Regierung benennt nach zähen Verhandlungen nun endlich Seeleute und Navigator. Tatsächlich könnte es losgehen. Doch auf dem Boot wird es immer wieder unruhig, denn die Freiheit erlaubt es jedem, jederzeit seine Meinung frei zu verkünden und somit sowohl den Richtungsstreit als auch das Schauspiel anzuheizen.

Es folgt des Schauspiels zweiter Akt. Auftritt der Bürokratie.

Eine adrett gekleidete Dame mittleren Alters schreitet langsam, aber kräftigen Schrittes in Richtung Bug des Bootes. Das Holz knarzt unter ihren schwarzen, hochglanzpolierten, kniehohen Stiefeln, Schritt für Schritt. Ihre hochwertig verarbeitete dunkelblaue Uniform und insbesondere das zierliche Käppi auf ihrem perfekt gepflegten, halblangen dunkelbraunen Haar lässt sie wie eine Stewardess aus alten First-Class-Flügen erscheinen. Direkt neben dem Navigator bleibt sie abrupt stehen und dreht sich zu den am Ruder sitzenden Menschen um. Der knallrote, fest um die Hüfte geschnürte Ledergürtel passt perfekt zu ihrem dick aufgetragenen Lippenstift. Sie holt tief Luft und stellt sich mit fester, rauchiger Stimme als Sicherheitsoffizier und Datenschutzbeauftragte Angelique vor. Sie macht allen an Bord klar, dass auch auf dieser Rettungsmission die Sicherheitsvorschriften zu erlernen, die Arbeitsschutzvorschriften zu beachten und die Unfallverhütungsvorschriften einzuhalten sind. Die drei prall gefüllten Aktenordner, welche sie die ganze Zeit vor sich hertrug, drückt sie dem schmächtigen Navigator in die Hände, der unter dieser bürokratischen Last in die Knie geht. Unversehens fordert Angelique alle an Bord auf, die Rettungswesten unter ihren Sitzen hervorzuholen und festsitzend anzulegen. Auch weist sie darauf hin, dass das Benutzen der neongrünen Trillerpfeifen, welche an den Westen befestigt sind, nur im Notf…

Anschließend geht sie mit allen Anwesenden die drei Ordner, einen nach dem anderen, durch, bevor die Sicherheitshandschuhe, als Schutz vor Blasen und Splittern, verteilt werden. Zu guter Letzt teilt sie den Leuten mit, dass unter jedem Sitz noch ein Schutzhelm verstaut ist, welcher während der gesamten Fahrt, somit ab sofort, zu tragen ist, damit sich niemand an der Freiheit stößt. Voll ausgestattet mit neuestem Wissen über Sicherheits-, Arbeits- und Unfallschutz und gut ausgerüstet mit entsprechender Schutzkleidung, beginnen die Menschen an Bord zu rudern. Das Boot bewegt sich nur langsam, aber dafür im Kreis. Der Navigator schaut sich derweil YouTube-Videos vom Sternenhimmel an und ist dabei sichtlich verwundert über die fehlende Übereinstimmung. Die Seeleute verweisen auf die Anfrage, wie die Ruder richtig zu nutzen sind, auf ihre Homepage, denn dort liegt, gut versteckt, eine mehrsprachige Anleitung als verschlüsseltes PDF-Dokument. Auf der Website erwartet den wissbegierigen Ruderer zuerst die Abfrage nach den Cookie-Einstellungen, denn ohne diese geht auch hier nichts. Man möchte ja wissen, wer, wann und wie oft die Ruderanleitung herunterlädt. Nachdem er endlich die Anleitung gefunden hat, begrüßt ihn diese mit den Warnungen »Benutzung auf eigene Gefahr« und »Haftung ausgeschlossen«. Die 16 Seiten AGB sind zügig durchgegangen, denn diese und die Newsletter-Anmeldung für fesche Ruderprodukte müssen zuerst bestätigt werden, um die Ruderanleitung vollständig freizuschalten. Jetzt aber, letzter Klick – es folgt ein kurzer Hinweis, dass die Ruderanleitung gerade überarbeitet wird und in Kürze wieder vollständig zur Verfügung steht. Währenddessen tobt an Bord erneut der Richtungsstreit. Die Koalition droht zu platzen.

Nun beginnt des Schauspiels dritter Akt.

Regelmäßig ziehen die Regierenden, in Ermangelung ihrer Fachkompetenz, nahezu unbemerkt Expertinnen und Lobbyisten zu Rate. Meist handelt es sich dabei um besonders begabte Vertreter der Wirtschafts- und Finanzwelt. Das Geniale an diesen ist, dass sie, unabhängig von der amtierenden Regierung, ihre eigenen Interessen einbringen. Wie so oft scheint die wahre Macht hinter dem Thron zu ruhen. Diese flüstern den Regierenden Ideen zu, wie man das Rudern effizienter gestaltet. Wohlstand als Versprechen, Belohnung in Form von Konsum sowie Sanktion als Bestrafung und insbesondere die Angst vor dieser hätten sich als gute Antriebskräfte herausgestellt. Vor allem dann, wenn die, die am Ruder sitzen, an diese Form des Wohlstands glaubten. Deshalb sei es wichtig, dieses Wohlstandsversprechen immer und immer wieder zu wiederholen, bis es tief in den Seelen und Herzen der Menschen eingebrannt sei. Die Regierenden fressen den Experten aus der Hand, denn wenn Vertreter des Wohlstands Ideen für den Wohlstand aller verteilen, dann müssen dies Wohltäter und ihre Botschaften die Erlösung sein.

Ein weiteres Kunststück gelingt den Predigern der entarteten neoliberalen Demokratie. Sie schaffen es, dass die Menschen ihr Ruder über Bord werfen, um anschließend freiwillig ins Hamsterrad zu steigen. Denn dieses ist nun ihr Eigentum. Darin erzeugen sie seither die Energie für das Boot und werden immer leistungsstärker.

Frei und willig getrimmt zu sein, ist Fetisch und Kultur zugleich. Dies als Freiheit zu verkaufen, ist der Geniestreich entarteter neoliberaler Beschwörungskunst. Zugleich werden die Demokratie und Freiheit auf diesem Boot immer wieder als die beste Form von Demokratie und Freiheit angepriesen, denn nur durch diese ist es möglich, immer auf hoher See und deshalb frei zu sein. Fortan leben die Menschen in ihren Hamsterrädern, isoliert voneinander und geblendet durch Wohlstandsversprechen und Konsum. Die Freiheit auf diesem Boot erlaubt es ihnen, ihr Hamsterrad nach Lust und Laune zu gestalten und sogar mit Stickern zu verzieren. Natürlich erlaubt sie diesen Menschen auch, regelmäßig neue Repräsentanten zu wählen. Nur ein konkretes Ziel ansteuern, das geht in dieser Form der Freiheit nicht, denn dies wäre ja Ideologie und Ideologien sind zum Scheitern verurteilt. Auch große Utopien gelten als Ideologie und werden kaputtdiskutiert. Hinterfragen des Hamsterrads, wenn es quietscht, das ist legitim. Das Ziel zu hinterfragen, gilt jedoch als bedeutungsloses Gefasel und wird nicht beachtet. Und wenn sie nicht gestorben sind …

Kann es möglich sein, dass die Philosophie (neo)liberaler Demokratie aus der Ideologie heraus, keine Ideologie sein zu wollen, nicht nach höheren Zielen strebt? Oder ist es die Angst, in den falschen Hafen einzulaufen, die sie davon abhält? Ist sie deshalb zu dem geworden, was sie zutiefst ablehnt? Wir sind dankbar, dass Sie bis hierhin durchgehalten haben, denn wir finden, dass Demokratie und Freiheit es wert sind, sie zu verstehen, sie zu fühlen und zu leben. Dadurch könnten wir die Energie entfalten, zu neuen Ufern aufzubrechen.

Was denken Sie? Hat eine liberale repräsentative Demokratie eine Zukunft? Hat die Demokratie selbst eine Zukunft? Wären Sie bereit, sich für mehr gelebte Demokratie einzusetzen? Oder ist aus Ihrer Sicht das gesellschaftliche Zusammenleben eine Sache von bürokratischen Institutionen, Wissenschaft, Philosophie, Politik und Wirtschaft?

Love and Peace

Unter diesem Motto setzten sich »Hippies« und auch die »68er«-Generation des letzten Jahrhunderts für eine friedliche und bessere Welt ein. Trotz ihrer Widersprüche waren sie im Einsatz für die Liebe und den Frieden vereint. »Make love, not war« ist dabei mehr als nur ein weiterer Slogan – der es wert wäre, in unserer heutigen Zeit wieder belebt zu werden. Diese Bewegungen wurden durch ihr Engagement Teil unserer Geschichte. Damals unterschieden sie sich vor allem durch ihren Kleidungsstil, ihren Musikgenuss, ihre Symbolik, ihre menschliche Art miteinander umzugehen und letztendlich durch ihren Einsatz für den Frieden. Sie hinterfragten Zustände der Gesellschaft und die dahinterstehenden Werte, brachen dabei festgefahrene Denkmuster und angestaubte Glaubenssätze auf. Ihnen war bewusst geworden, dass Frieden, Freiheit und Demokratie niedergeschrieben mit schwarzer Tinte auf weißem Papier bedeutungsarm sein können. Sie verstanden, dass Demokratie erst dann beginnt zu existieren und zu wirken, wenn diese gelebt wird. Dass Freiheit das Gegenteil von Abhängigkeiten und Zwängen und vor allem ein Lebensgefühl ist. Sie erkannten auch, dass Frieden paradoxerweise nur durch Kampf – friedlichen Kampf – zu erreichen ist. Viele dieser Zeit sind mittlerweile Großeltern und vielleicht sogar schon Urgroßeltern.

Nun, in unserer Gegenwart, stellt sich die Frage: Was ist von der Liebe und dem Frieden, was ist von diesen Bewegungen geblieben, was konnten wir übernehmen und fortführen? Kriege, Ausbeutung und Umweltzerstörung konnten weder durch sie noch durch die nachfolgende Generation signifikant zurückgedrängt werden, lediglich aus unserem unmittelbaren Blickfeld wurden diese größtenteils verbannt. Zu mehr Toleranz und Respekt im Umgang mit Frauen, Andersgläubigen, anderen Kulturen und Andersaussehenden hat diese Generation einen guten Beitrag geleistet, auch wenn das bis heute Erreichte noch lange nicht zufriedenstellend ist, um unseren eigenen demokratischen und freiheitlichen Ansprüchen gerecht zu werden. Zudem steht das Erzielte gegenwärtig stark unter Druck. Aus unserer Sicht muss sich jede Generation für den Erhalt und die Modernisierung gesellschaftlicher Werte einsetzen und für den Frieden kämpfen, denn nur dann besteht überhaupt die Möglichkeit, diesen dauerhaft zu sichern. Frieden wird immer wieder von Ideologen, Despoten und Profiteuren des Kriegs infrage gestellt werden.

Heutzutage gehen die »Enkel« der Love-and-Peace-Bewegung als Fridays for Future auf die Straße. Wieder muss sich eine Generation gegen Engstirnigkeit und gegen gesellschaftlichen, wirtschaftlichen und politischen Irrsinn zur Wehr setzen. Anerkennen muss man in unserer Gesellschaft das Recht auf Demonstrationsfreiheit, welches diese friedlichen Proteste ermöglicht. Auch die Medien nehmen die dahinterstehenden Botschaften auf und verbreiten sie, was zu einem Druck auf das politische Geschäft und die gesamte Gesellschaft führt. Beides verändert sich dadurch und passt sich hoffentlich an. Auch wir fragen uns nach jedem Aufruf, nach jeder Aktion, nach jeder Demonstration einmal mehr, was wir besser machen können.

Was uns bei der allgemeinen Betrachtung der Gesellschaft, ebenso auf den Demonstrationen und den anschließenden Diskussionen dazu auffällt, ist, dass diffuse, aber auch reale Ängste in letzter Zeit eher zugenommen haben. Nicht nur, dass Krieg, Intoleranz und das Streben nach unbegrenztem Wachstum unsere Freiheit gefährden, hinzugekommen sind gesellschaftliche Abstiegsängste, Ängste vor der Selbstausbeutung, Ängste vor fremden Kulturen, Ängste vor der Einnahme von Medikamenten und der Verabreichung mancher Impfungen, da diese weniger der Gesundheit wegen, sondern hauptsächlich für den Profit entwickelt werden. Plus der elementaren Angst, dass unser gesellschaftliches Sein die Lebensgrundlagen auf der Erde zerstört. Gerade Letzteres ist im Spiegel der Selbsterkenntnis sehr hässlich und stellt somit die gesellschaftlichen und auch die eigenen Wertevorstellungen von Grund auf infrage. Was uns zu einer Reihe weiterer Fragen führt.

Was wäre, wenn wir Liebe statt Krieg machten? Was wäre, wenn wir uns vertrauensvoll die Hand reichten, statt uns mit Misstrauen zu begegnen? Was wäre, wenn wir unsere gesellschaftlichen Ideale lebten, anstatt diese nur mantraartig immer und immer wieder zu wiederholen? Was wäre, wenn wir Frauen und Männer, wenn wir alle Menschen gleichermaßen respektvoll behandelten, wenn wir Chancengleichheit und Gleichbehandlung umsetzten? Was wäre, wenn wir der dunkelhäutigen Zoe aus der am Existenzminimum lebenden Familie in Berlin-Hellersdorf die gleichen Chancen einräumten wie dem blonden Christian aus einer deutschen Wirtschaftsdynastie, wohnhaft in Berlin-Zehlendorf? Was wäre, wenn wir Gesundheit wieder als Voraussetzung eines guten menschlichen Seins betrachteten, anstatt diese als Ware zu kapitalisieren? Und was wäre, wenn wir Klimaschutz endlich wirksam anpackten, anstatt nur ewig darüber zu reden?

Diese Aufzählung könnte nahezu unbegrenzt fortgeführt werden, das wäre jedoch nicht weiter hilfreich. Was es stattdessen braucht, ist der tägliche Einsatz für den Klima- und Umweltschutz, für unsere Wertevorstellungen sowie für Love and Peace. An dieser Stelle erlauben wir uns deshalb, ein Zitat von Thomas Jefferson einzubringen: »Jede Generation braucht eine neue Revolution.«

Die Fridays-for-Future-Bewegung hat das Potenzial für eine solche Revolution. Dankbarerweise wird sie auch von Scientists for Future, Parents for Future, Omas for Future und zahlreichen weiteren Vereinen und Organisationen unterstützt. Viele der jungen Leute gehen dabei nicht nur für den Klimaschutz auf die Straße, sondern auch für ein friedliches und liebevolles Miteinander aller Menschen und Kulturen. Ihr Einsatz reicht weit über das eigene Wohl hinaus. Wir begleiten und unterstützen diese Aktionen von Anfang an und sind immer wieder überrascht, welch positive Energie in unserer Jugend steckt. Die meisten Redebeiträge auf den Bühnen, der größte Teil der selbstgebastelten Plakate und vor allem die Gespräche in den Reihen dieser Bewegung stimmen uns immer wieder hoffnungsvoll, denn darin weht der Geist einer demokratischen und friedlichen Revolution. Eine solche wäre wahrscheinlich sogar in der Lage, die Ketten zu sprengen, welche uns das neoliberale Wohlstandsversprechen angelegt hat. Deshalb sollten wir sie, wann immer sie für ihre eigene und unser aller Zukunft auf die Straße gehen, unterstützen, auch dann, wenn wir nicht in allen Belangen derselben Meinung sind. Gleiches gilt, wenn sie mal danebenliegen oder übers Ziel hinausschießen. Wir sollten aber nicht nur nebenherlaufen, sondern zuhören, verstehen, mitdiskutieren und unsere Erfahrung einbringen.

Zu extremen Formen des Protests ist unsere Haltung, dass die Methoden so gewählt werden sollten, dass sie die Zivilgesellschaft eher ansprechen statt sie abzustoßen, auch wenn die Gründe für den Protest mehr als berechtigt sind. Dazu bedarf es unserer Meinung nach intelligenter Formen des zivilen Ungehorsams, über welche anschließend staunend gesprochen wird. So seltsam das auf Sie wirken mag, Revolution sollte Spaß machen, denn dann besteht die Chance einer großen Beteiligung. Und nur wenn das passiert, sind letztendlich die dringend notwendigen Klima- und Umweltschutzziele zu erreichen. Mehr Sorgen als die unverhältnismäßigen Formen dieses Protests bereiten uns jedoch deren Kriminalisierung und die dadurch ermöglichte Überwachung. Dies hat mit Werten von Freiheit und Demokratie wenig zu tun und lässt sich kaum noch von den Methoden autokratischer Systeme unterscheiden.

Zu einer freiheitlich-demokratischen Revolution gehört aber ebenso, dass wir auch diejenigen respektvoll ansprechen, die beispielsweise nicht an den menschgemachten Klimawandel glauben oder es ablehnen, Verantwortung dafür zu übernehmen. Das wäre tatsächlich revolutionär und würde uns ermöglichen, die Politik mit einer größtmöglichen Geschlossenheit vor uns herzutreiben, bis der erforderliche Kurswechsel eingeleitet und umgesetzt wird. Dabei sollte nicht versäumt werden, auch diejenigen, die politische Verantwortung übernommen haben, zum Feierabendgetränk einzuladen, um mit ihnen zu reden, zu lachen, zu weinen und zu diskutieren.

Wir beobachten in diesem Zusammenhang leider, dass Politik und Gesellschaft der Gegenwart sich immer weiter voneinander entfernen und mehr und mehr mit dem Finger aufeinander zeigen. Vielmals, so scheint es, ist aus der einstigen beiderseitigen Achtung eine Verachtung geworden. Die sich aus einer solchen Entwicklung herauskristallisierten politischen Eliten entstehen unserer Meinung nach vor allem dadurch, dass nicht mehr miteinander, sondern überwiegend übereinander gesprochen wird. Um dem entgegenzuwirken und auch vorzubeugen, braucht es einen, wenn auch meist sehr schwierigen, immerwährenden demokratischen Diskurs, in welchem wir respektvoll, anerkennend und tolerant miteinander umgehen. Dies führt uns zu einer Frage, die uns während der ganzen Arbeit an diesem Buch unter den Nägeln brannte: Kann man sich selbst als tolerant bezeichnen, wenn man gegenüber den Intoleranten intolerant ist? Für uns haben wir festgestellt, dass dies unsinnig ist, denn Toleranz ist ja gerade dann gegeben, wenn wir uns tolerant gegenüber den Andersdenkenden verhalten und wenn wir selbst Vorbild sind im respektvollen, solidarischen und toleranten Miteinander. Klare Kante sollten wir immer dann zeigen, wenn die Intoleranz sprachlich oder im Handeln zum Ausdruck gebracht wird, jedoch niemals pauschal gegenüber einer Person oder einer Gruppe. Wir selbst haben es mehrfach erlebt, wie Menschen unterschiedlichster politischer Haltungen gemeinsam Kinderfeste und andere regionale Veranstaltungen organisierten und sich nach getaner freiwilliger Arbeit respektvoll auf die Schulter klopften. Uns verbindet letztendlich sehr viel mehr, als uns trennt.

Als eine Ursache für die vielen Gräben sehen wir immer wieder, dass weite Teile unserer Medienwelt die Dinge, die uns trennen, alltäglich ausschlachten, da dies schlicht profitabel ist. Aus unserer Sicht ist es Zeit für eine (R)Evolution, in welcher wir solche Unarten hinter uns lassen. Es ist Zeit für Love and Peace.

»Niemand wird mit dem Hass auf andere Menschen wegen ihrer Hautfarbe, ethnischen Herkunft oder Religion geboren. Hass wird gelernt. Und wenn man Hass lernen kann, kann man auch lernen zu lieben. Denn Liebe ist ein viel natürlicheres Empfinden im Herzen eines Menschen als ihr Gegenteil.«

Nelson Mandela

ALLTAGSRASSISMUS

Wer wir sind

»Zustand des Menschen
in Bezug auf Glückseligkeit des Erdenlebens«

Thomas Hobbes

Immanuel Kant sagte einmal: »Es ist so bequem, unmündig zu sein« und wir fragen uns dabei, ob dies auch auf uns selbst zutrifft. Manchmal werden wir gefragt, warum wir uns überhaupt dafür interessieren, wer wir sind und woher wir kommen, und ob es nichts Besseres, Wichtigeres oder Schöneres zu tun gebe. Durch die Auseinandersetzung mit Mensch und Gesellschaft gehen wir davon aus, dass unser aller Sein, wie auch unser ganz persönliches Sein, erst dann beginnt zu existieren, wenn wir wissen, wer wir sind und woher wir kommen. Denn nur dann, so unsere Vorstellung, können wir selbstbestimmt darüber entscheiden, wohin wir gehen.

Zu Beginn der Arbeit an diesem Buch und auch in den Jahren davor fühlten wir uns oftmals in ein bestimmtes Menschenbild gepresst. Immer wieder lehnten wir uns dagegen auf, wehrten uns, durch diese eine Schablone gedrückt zu werden. Dabei irritierte uns, dass es kein Gott war und auch kein Diktator, der uns anpassen wollte. Es war der Druck der ganz normalen Gesellschaft, ihrer Gewohnheiten und Glaubenssätze. Oft ist es schwer und kostet zudem viel Energie, dieser meistens sogar liebevollen und friedlichen Kraft zu widerstehen. Doch in uns glimmt die ganze Zeit ein Funke der Freiheit, der uns daran erinnert, selbst zu wählen, durch welche Pforte unser Weg führt. Deshalb erachten wir die Frage nach unserem Menschenbild als besonders bedeutsam. Dieses Kapitel soll im aufklärerischen Sinne dazu anregen, das vorliegende und somit vorgegebene Menschenbild zu hinterfragen, und, falls gewünscht, Wege eröffnen, uns aus diesem zu befreien.

Haben Sie ein Bild von uns Menschen? Wie sieht es aus? Warum ist die Frage nach dem Menschenbild denn wichtig? Das könnten Sie sich an dieser Stelle fragen. Das ist einfach erklärt, da unser Zusammenleben beziehungsweise unser Gesellschaftssystem auf einem bestimmten Menschenbild beruht. Der Naturzustand des Wesens von uns Menschen oder, anders ausgedrückt, das Menschenbild, das unserem Gesellschaftssystem zugrunde liegt, ist dabei der Schlüssel, um zu verstehen, warum wir so leben, wie wir leben. Die Frage, wer oder was wir sind, reicht in unserer westlichen Welt bekanntermaßen mindestens bis Platon und Aristoteles zurück und wurde unter anderem im Mittelalter beginnend mit Thomas von Aquin und später von Thomas Hobbes in der Mitte des 17. Jahrhunderts wieder aufgegriffen und den Umständen der Zeit angepasst. Unserer Meinung nach ist es an der Zeit, dieses Menschenbild zu hinterfragen und uns die Mühe zu machen, ausgiebig über unser natürliches und gegenwärtiges Sein nachzudenken. Denn dies könnte die Stellschraube sein, die eine Anpassung für ein gutes, friedliches Leben aller ermöglicht.

Als wichtig erachten wir dabei, dass nicht die Suche nach dem einen Menschenbild im Vordergrund steht, sondern dass dies unter den Gesichtspunkten verschiedenster Kulturen und einer immerwährenden evolutionären Anpassung zu betrachten ist, was übrigens allen großen Vordenkern bis Darwin nur begrenzt vergönnt war. Einen bemerkenswerten Perspektivwechsel auf das menschliche Wesen eröffnete Bernard Mandeville in seiner teuflisch gut erzählten Satire »Der unzufriedene Bienenstock«, übrigens ein Bestseller seiner Zeit (1705), welche als Ohrfeige an all diejenigen verstanden werden konnte, die überlegten, was tugendhaftes Verhalten ist und wie dieses, einschließlich der vorherrschenden Vorstellungen von Ethik und Moral, in einem gesellschaftlichen Konstrukt verankert werden könnte.

Wenn Sie sich nun kurz die Mühe machen und durch Ihr Fenster schauen, erblicken Sie wahrscheinlich unmittelbar die Welt, welche Mandeville beschrieb, denn zuallererst muss Ihr Augenlicht üblicherweise durch eine Fensterscheibe, die Sie im Normalfall vor Wind und Wetter sowie dem Lärm außerhalb schützt. Und genau dieses Fenster ist es, welches, seiner Erzählung nach, nur dadurch existieren kann, dass Sie, wie auch Ihre Vorfahren, gierig und unersättlich nach immer mehr Luxus und Wohlstand streben. Andernfalls würden Sie ja, anstatt durch dieses moderne Fenster, aus einem Höhleneingang in eine freie Welt blicken. Das dabei von ihm gezeichnete

Menschenbild ist aber nicht nur seinen ganz persönlichen Umständen geschuldet, sondern eben auch den Gegebenheiten und Erkenntnissen jener Zeit.

Doch wie sieht es nun aus, das Bild von uns? Wovon wird in unserer Weltanschauung ausgegangen, die uns auf dem Weg bis ins Heute, auch bis zu diesem Buch, welches Sie noch immer in Ihren Händen halten, führte? Sind wir wirklich wie Wölfe und noch dazu im ewigen Kriegszustand, wie es Thomas Hobbes einst seinen Werken als Gedankenkonstrukt zugrunde legte? Oder sind es die schon oft benannten und darauf aufbauenden zugespitzten Eigenschaften des Individualisten *Homo oeconomicus* wie Egoismus, Gier, Machthunger und Konkurrenzdenken, die unser natürliches Sein beschreiben sollen? Anders ausgedrückt, um dies positiv zu formulieren: Sind wir tatsächlich unentwegt Strebende nach Verbesserung unserer Lebensumstände, sozusagen immerwährend damit beschäftigt, auf der Wohlstandsleiter nach oben zu klettern? Wenn wir nun diese Leiter gedanklich in einem schönen großen 360-Grad-Bogen formen, dann ergibt irgendwie »alles« einen Sinn.

Wir gehen jedoch davon aus, dass uns allen klar ist, dass wir sehr viel mehr sind als ein wie auch immer gearteter *Homo oeconomicus*. Daher haben wir uns die ungewöhnliche Frage gestellt: Wann beginnt dieser vielmals beschriebene und unserem Gesellschaftskonstrukt zugrunde liegende Naturzustand unseres individualistischen, egoistischen und gierigen Daseins? Kann man schon in der Entwicklungsphase im Mutterleib davon sprechen, wenn wir liebevoll die Bauchdecke von innen streicheln oder dagegen klopfen und unser Ohr ganz nah an diese heranhalten, um die interessanten Stimmen von außen zu hören? Oder etwa unmittelbar nach der Geburt mit der unentwegten Forderung nach Muttermilch? Oder vielleicht mit drei, sechs oder zwölf Jahren in der Phase, in der wir die elterliche Fürsorge als selbstverständlich annehmen? Oder mit 25 Jahren, wenn wir uns auf die Suche nach einer Partnerin oder einem Partner machen, um eine eigene Familie zu gründen? Und bleibt dieses Bild dann gültig bis ins hohe Alter, in welchem wir auf unsere Kinder angewiesen sind? Oder gar bis zum Tod? Ist es nicht wahrscheinlicher, dass der ökonomische Mensch eher eine Folge kapitalistisch geprägter Gesellschaften und der zugrunde liegenden Ideologie ist? Machen uns Lohnarbeit und Konsumismus nicht zu genau dem?

Hinzu kommt, unseren Beobachtungen nach, dass durch diesen bis heute vor allem in der westlichen Welt angenommenen Naturzustand viele weitere Eigenschaften von uns unterdrückt werden und dadurch unterentwickelt bleiben.

Natürliche Gegenkräfte unserer Triebe wie etwa Scham, Mitgefühl, Gesichtswahrung, Zugehörigkeitsgefühl und Überlebensinstinkt verlieren durch die künstliche Ökonomisierung, Individualisierung und damit auch Anonymisierung an Bedeutung und Wirkung. Dieses sehr engstirnige und einseitige ökonomische Menschenbild ist es auch, welches für uns einen wesentlichen Grund ausmachte, dieses Buch zu schreiben, denn wir fühlten uns in ihm eingepfercht. Gefangen sein im Freiheitsversprechen war ein Widerspruch, der ergründet werden musste. Es kam uns sehr seltsam vor, dass Ausbeutung und Bereicherung an anderen Menschen gesellschaftlich und politisch akzeptiert und gefördert wird, während ehrenamtliches Engagement für die Gesellschaft kaum Beachtung findet und zuweilen sogar belächelt wird. Horchen wir mit offenem Ohr direkt in unsere Gesellschaft hinein, wird das Bild vom Menschen nicht besser, denn zusätzlich werden häufig Eigenschaften wie »nervig«, »gewalttätig«, »rücksichtslos«, »faul« und auch »dumm« genannt. Nur selten begegnen uns Menschen mit einem überwiegend positiven Bild, außer dem von sich selbst.

Doch woher kommt diese seltsam befremdliche Vorstellung des menschlichen Seins? Dies scheint unter anderem der Tatsache geschuldet, dass unsere Vorfahren, einschließlich der Gelehrten und Philosophen, meist von einer göttlichen Schöpfung ausgingen. Somit war aus ihrer Sicht klar, dass unser Sein und unser Verhalten durch Gott in einem gewissen Maß vorbestimmt war. Da wir heute jedoch von einer evolutionären Menschwerdung ausgehen können, sollten wir die Frage eines Naturzustands des Menschen auch daran ausrichten. Über unser Sein entscheidet somit nicht die Natur und auch kein Gott, sondern die Zeit, in der wir geboren werden, der Ort, an dem wir das Licht der Welt erblicken, die Familie, die uns annimmt und Wärme spendet, sowie das Umfeld, das uns während unseres irdischen Lebens umgibt. Wir sind sozusagen vom ersten Herzschlag an wie unbeschriebene bunte Blätter, alle erdenklichen Eigenschaften schlummern in uns. Welche sich ausprägen, hängt von den Umständen und der Gesellschaft ab, in welcher wir leben.

Unvollkommenheit

Von Natur aus haben wir Menschen als gemeinsame Eigenschaft die Anpassungsfähigkeit zum Überleben. Hinzu kommt die vollkommene Unvollkommenheit eines werdenden Menschen. Was uns weiterhin allen zu eigen scheint, sind die Fähigkeit zur Sympathie und Empathie sowie eine sagenhafte Vorstellungskraft.

Allerdings kennen auch die positiven Eigenschaften wie Sympathie oder Vorstellungskraft zwei Seiten der Medaille, denn Sympathie beispielsweise kann auch dem Geld, der Macht oder dem Teufel entgegengebracht werden. Ebenso wie es uns die Vorstellungskraft erlaubt, ein Universum an Gedanken und Ideen zu konstruieren, so ermöglicht es uns diese auch, Geschichtenerzählern Glauben zu schenken und deren Überlieferungen weiterzugeben. Fake News sind wahrscheinlich so alt wie die Kommunikation von uns Menschen selbst. Es braucht somit Bildung und Verstand, solche Geschichten zu entzaubern, und zudem den Mut, diese und die eigenen Glaubenssätze offen zu hinterfragen.

An die in unserer westlichen Welt erzählte Geschichte vom ökonomischen Menschen haben wir uns mehr oder weniger gewöhnt und diese mag daher für uns einen gewissen »Sinn« ergeben. Jedoch wäre es fatal, dieses unvollständige Bild, ohne es zu hinterfragen, weiterzugeben und ebenso über alle Menschen und Kulturen stülpen zu wollen. Das führt uns zu einer weiteren besonderen Eigenschaft unseres menschlichen Seins, denn die Fehlbarkeit ist uns ebenso allen zu eigen. Den vielmals an uns gerichteten Anspruch, perfekt zu sein, perfekt zu leben, perfekt zu lieben oder perfekt zu funktionieren, können wir somit als Teil dieser Fehlbarkeit akzeptieren. Noch dazu steckt darin eine uns das ganze Leben lang begleitende Widersprüchlichkeit, die es anzuerkennen, auszuhalten und ebenso zu tolerieren gilt. Wir sollten uns daher weder von außen den Perfektionismus in irgendeinem Lebensbereich einreden lassen noch uns selbst dazu trimmen. Auch sollten wir diesen von niemandem abverlangen. Als Menschen müssen wir keinen Anspruch an die eigene Perfektion haben, andernfalls könnte dies ein Schritt in Richtung Maschinenmensch sein.

Doch auch genau hier, unter Ausblendung der Fehlbarkeit, spielen uns unsere freiheitlich gesellschaftlichen Ideale und der Glaube dahinter einen bösen Streich, denn es wird davon ausgegangen, dass wir wissen, was das Beste für uns ist, und dementsprechend selbstverantwortlich handeln. Und Sie kennen ja das Amen unseres Gesellschaftssystems bereits, denn in diesem heißt es: »Wenn alle nach dem Besten für sich selbst streben, dann geht es allen gut.« Der Haken an der Sache ist: Es gibt in jedem von uns ein Wissensdefizit über sich selbst. Das gilt für Alkohol- und Tabakabhängige genauso wie für Workaholics und Fanatiker und ebenso für Konsum- und Internetsüchtige. Um das Beste erreichen zu können, müssten also jedem von uns die meisten Details seines Körpers, seines Herzens, seiner Psyche und seiner Seele bekannt und bewusst sein. Und mal ganz ehrlich: Wer will schon alle Details seines Ichs genauestens kennen? Doch nur dann könnten wir theoretisch wissentlich das Beste anstreben und erreichen. Bedingt durch unsere menschliche Fehlbarkeit sind wir dazu verdammt, zu fühlen und zu glauben, was das Beste für uns ist, und sind somit den Hohepriestern, Geschichtenerzählerinnen und Wahrheitsverkündern in einem erheblichen Maß ausgeliefert. Die Annahme eines umfänglich vernünftigen Menschen scheint nicht mehr als ein Trugbild von uns selbst, ein Teil unser aller Fehlbarkeit.

Ein Menschenbild, beginnend bei der eigenen Unvollkommenheit, muss sich also jeder im Laufe seines Lebens selbst aneignen. Gleiches gilt für die Gesellschaft. Jede Generation sollte die Zustände und Bedingungen ihres Lebens, bestenfalls in einem demokratisch wissenschaftlichen Prozess, hinterfragen. Eine solche Fähigkeit zur selbstbestimmten Anpassung sollten wir dann an unsere Kinder und deren Kinder weiterreichen und, wenn man so will, zur Gewohnheit werden lassen. Ein individuelles und auch das gesellschaftliche Menschenbild kann somit immer als eine unvollkommene Projektion innerhalb der gegebenen Erfahrungen, Erkenntnisse und derer Umstände betrachtet werden. Dies birgt die Befreiung von uns selbst, die Befreiung aus einem unwirklichen, seiner Zeit geschuldeten Menschenbild.

Bemerkenswert in Bezug auf zukünftige Gesellschaften erscheint uns die extreme Anpassungsfähigkeit. Wir können in Höhlen genauso leben wie in einem New Yorker Penthouse, ebenso in verschiedensten künstlichen Systemen. Ob in Religionen, Monarchien oder im Liberalismus, Kapitalismus,

Republikanismus und Sozialismus, wir passen uns an. Selbst in Autokratien oder Diktaturen finden wir Wege des Lebens und Überlebens. Eine solche Anpassungsfähigkeit ist schlicht beeindruckend und zeigt uns vor allem eins auf, dass wir selbst wählen können, in welcher Welt wir leben wollen.

Gleiches gilt für unser individuelles Ich. Wir können liebevoll, menschlich und vernünftig sein, sind aber auch genau zum Gegenteil fähig. Eine Aufklärung darüber, welche unsere Wurzeln sind und wie sich unser Verhalten entwickelt, würde uns somit nicht nur guttun. Diese könnte zudem eine Vielzahl von Horizonten eröffnen, in welchen wir beginnen, uns die »guten«, weil fehlbaren, Geschichten zu erzählen vom unperfekten, zivilisatorischen Fortschritt, von individuellen Tugenden und Ausrutschern und von der Menschlichkeit.

Unsere Triebkräfte

Aber warum sind eigentlich Eigenschaften wie Gier und Egoismus so bedeutsam für unser gegenwärtiges Zusammenleben? Das hängt unter anderem mit den weiterführenden Überlegungen Adam Smiths zusammen. Er erkannte, dass in diesen eher negativen Triebkräften auch positives und ökonomisch nützliches Potenzial steckt. Vielleicht kennen Sie solche Triebe aus eigener Erfahrung, wenn der Hunger oder der Appetit mal wieder größer war als der Magen und Ihnen ein paar Stunden später so richtig übel ist. Oder wenn die Lust auf ein extra Bier oder noch ein Glas Wein den Verstand vernebelte, sodass man sich am nächsten Morgen dafür eingraben will. Oder wenn man sich im wohlverdienten Urlaub am reichhaltigen und toll gedeckten Frühstücksbüfett die Teller mit möglichst vielen der leckeren Dinge vollpackt, um am Ende doch die Hälfte stehen zu lassen. Dann geht es Ihnen wie vielen in unserer westlichen Welt, die Überbleibsel des »Reptilienhirns« sind stark in uns. Obendrein erleben wir eine scheinbar niemals endende Lust auf die Jagd nach Neuem. Tatsächlich sind all diese wenig rühmlichen Eigenschaften ökonomisch sinnvoll, zumindest in der gegenwärtigen Auslegung und Erzählung.

Vielleicht lacht Sie ja gerade in letzter Zeit ein neues Smartphone oder ein unglaublich schickes paar Schuhe in limitierter Auflage an. Eventuell ist es ja auch ein fantastisch filigranes Charm für Ihr Armband, welches es so noch nie gab. Und dann wartet ja noch der brandneue KI-gesteuerte Rasenmähroboter auf den technikbegeisterten Konsumenten. Wahrscheinlich kennen Sie das auch, die vielen neuen Dinge, von denen man so liebevoll angeblinzelt wird und die förmlich darum betteln, gekauft zu werden. Genau um diese triebhafte Verbindung geht es, denn je mehr wir konsumieren, desto besser gedeiht letztendlich die davon profitierende Wirtschaft.

Haben Sie sich schon einmal die Frage gestellt, warum die Lust und der Trieb nach neuem Materiellem eigentlich so ungeheuer stark ist in uns? Das ist relativ leicht erklärt: Viele dieser käuflichen Gegenstände zieren uns. Dies gilt für Schmuck und Kleidung ebenso wie für Smartphones, Autos, Häuser und Gartenzwerge. Sie schaffen Aufmerksamkeit, Akzeptanz, Ruhm und Ehre im sozialen Umfeld und bei entsprechender Strahlkraft auch darüber hinaus. Nichts scheint uns Menschen so wichtig wie die Anerkennung unseres Seins, was am leichtesten über äußere, sichtbare Merkmale zu realisieren ist. Genau das ist es, von dem Herr Mandeville gesprochen hat und was anschließend Adam Smith in seine Arbeit einfließen hat lassen, eine positive Verbindung zwischen unseren Trieben und dem auf Wirtschaftswachstum basierenden Wohlstand. Diese Erkenntnisse gelten bis heute als die Grundlage liberaler, auf Marktwirtschaft basierender kapitalistischer Gesellschaften. Der von Smith ausführlich betrachtete soziale Aspekt unseres Seins findet hingegen sehr viel weniger Beachtung, insbesondere in den entarteten neoliberalen Weltanschauungen. Sein Ansinnen war es, das natürliche Soziale und das Selbstinteresse mit dem Ökonomischen zu verbinden, damit Wohlstand über die Gesellschaft hinaus möglich wird, aber ebenso Egoismus, Gier und der Unersättlichkeit Einhalt zu gebieten, damit diese nicht um sich greifen können.

Auf dem darauffolgenden, stark einseitigen und abweichenden Weg zum *Homo oeconomicus* mussten wir Menschen eine seltsame Umwandlung durchlaufen. Im ersten Schritt wurden wir fast vollständig aus unserer sozialen Herkunft herausgelöst, um vereinfacht als Individuum zu funktionieren. Im Anschluss wurden die meisten der natürlichen menschlichen Eigenschaften beiseitegeschoben, sodass die übrig blieben, welche wirtschaftlich nutzbar sind. Final wurde unser Verstand darauf reduziert, Preise von Waren und

Dienstleistungen zum eigenen Vorteil unterscheiden zu können. Fertig ist der »Ho oeconomicus«, der nun überall in unserer Welt anonymisiert wirtschaftlich verwertet werden kann. Von Homo kann eigentlich keine Rede mehr sein, denn die nun stark reduzierte Lebensform ist weit entfernt von der empathischen, intelligenten, anpassungsfähigen, sozialen und fehlbaren Natur seines ursprünglichen Seins als *Homo sapiens*.

Mein Auto ...

Die Frage des Strebens nach Eigentum beschäftigte uns in einem besonderen Maß, daher schauen wir uns diese noch einmal aus einer anderen Perspektive an. Was passiert da in uns? Es ist erstaunlich, dass es nicht nur die Anerkennung oder die Glücksgefühle beim Kaufen sind, die uns magisch anziehen, sondern auch ein unglaubliches Erleben von Macht. Eigentum gibt uns absolute und uneingeschränkte Kontrolle, denn wir allein entscheiden darüber, was wir mit den käuflich erworbenen Dingen anstellen. Wir bestimmen darüber, wann wir diese Schuhe zum ersten Mal tragen und auch wie oft. Wir stellen die Kombination an Schmuck zusammen, die am besten zu uns passt. Den eigenen Garten und unser Haus gestalten wir, wie es uns gefällt. Es ist ein sehr mächtiges Gefühl, die Kontrolle über den eigenen Besitz zu haben. Ganz besonders kommt dies bei einem unserer Lieblingsgegenstände zum Tragen, dem eigenen Auto. Ab dem Moment, in welchem die Tür wohlklingend ins Schloss fällt, haben wir die totale Kontrolle. Wir bestimmen, wohin die Reise geht, in welcher Geschwindigkeit wir uns bewegen und welche Musik wir während dieser Zeit genießen. In diesem, unserem, Auto sind wir das Maß der Dinge, allein das Ich bestimmt über die Anzahl der Extrarunden im Kreisverkehr und singt dabei so laut und so schräg, bis es selbst missfällt. Es scheint, als gäbe es eine Verbindung zwischen einem diffusen, allgemeinen gesellschaftlichen Kontrollverlust und dem Streben nach immer mehr Eigentum, eine Art Ausgleich für die Ohnmacht, die uns umgibt.

In dieser Ohnmacht stecken aber auch bemerkenswerte Antworten. Den Spruch: »Ich allein kann doch eh nichts bewirken« haben die meisten von uns schon oftmals gehört und wahrscheinlich auch gedacht und gefühlt.

Dabei kennen wir alle die Antwort, denn ab dem Moment, in dem das Ich beginnt, sich als Teil eines Wir zu begreifen, können wir verändern, ab diesem Moment erkennen wir die Energie, die in der Zusammenarbeit steckt, ab diesem Moment fühlen wir, dass wir gemeinsam sehr viel mehr erreichen können als ganz allein. Die Erkenntnis, dass unser Ich als Teil des Wir sehr viel mehr ist als die Summe aller Ichs, ist dabei so alt wie die Menschheit selbst. Andernfalls wäre es uns ebenso ergangen wie den sagenumwobenen Ötzis und Yetis, nur dass dann nicht einmal unsere Geschichten überlebt hätten.

Das führt uns zum Kern der Fragestellung unseres Menschenbildes, ganz besonders in unseren westlichen Gesellschaften. Denn in diesen ist das Ich, das einzelne Individuum, das Zentrum der Welt. Obwohl nur ein abstraktes künstliches Produkt, ist doch unser Gesellschaftssystem daran ausgerichtet – und mittlerweile auch umgekehrt. Wahrscheinlich ursprünglich nur dazu gedacht, um rechtliche Schuldfragen eindeutig klären zu können sowie gesellschaftliche Prozesse und Zusammenhänge vereinfacht darzustellen, da soziale Verbindungen und Strukturen sehr komplexe Gebilde sind. Heute sind wir, insbesondere auf wissenschaftlichen Ebenen, sehr viel weiter, was die Erkenntnisse rund um unser individuelles und soziales Verhalten anbelangt, ohne dieses dabei vollständig entschlüsseln zu können oder zu müssen. Wir erachten es im Zuge einer zukünftigen Aufklärung als besonders wichtig, den natürlichen Zustand eines jeden Menschen als Teil eines Wir zu begreifen, zu verstehen: Es gibt kein Ich ohne ein Wir. Eine Anpassung des Gesellschaftssystems sollte daher sowohl das Individuum als auch die Gemeinschaft gleichermaßen zur Geltung kommen lassen.

Das Individuum

Ist man, wie wir, auf der Suche nach dem Sinn unseres Gesellschaftssystems, so kommt man sich oft verloren vor, vielleicht so wie ein individuelles Sandkorn in der Sahara auf der Suche nach Halt. Und doch sind wir fündig geworden. Es gibt so eine Art Ziel, zu welchem uns der Wind treiben sollte. Es ist die Idee einer offenen Gesellschaft, in welcher jedes menschliche Individuum seine ganz persönliche Freiheit leben kann, solange diese bekanntermaßen nicht in eine andere eingreift, mit geringstmöglicher Einflussnahme durch den Staat oder andere künstliche Institutionen.

Der angenommene Naturzustand und das natürliche Sein sind in dieser Anschauung Herkunft und Ziel, welche über den liberal ökonomischen Rechtsstaat und über eine weitere natürliche Eigenschaft von uns, die Bequemlichkeit oder Gewohnheit, erreicht werden sollen. Jetzt liegt es uns fern, das Ich und das Individuum an sich infrage zu stellen, ebenso wenig wie die Idee einer offenen und möglichst natürlichen Gesellschaft. Allerdings scheint es uns mehr als fraglich, ob ein natürliches Zusammenleben auf dem gegenwärtigen künstlichen neoliberalen Weg zu erreichen ist. Das liegt auch daran, dass wir nichts dazu fanden, wie eine solche natürliche und offene Gesellschaft aussehen sollte oder könnte, wie sich all die künstlich erzeugten Gegebenheiten in natürliche auflösen könnten.

In diesem Abschnitt ist nicht weiter interessant, wie wir Justiz, Politik, Wirtschaft oder die Bürokratie auf ein sinnvolles Maß zurechtstutzen könnten, sondern es geht um die Frage des Individuums. Denn wenn wir dieses in seiner absoluten Betrachtung aufrechterhalten wollen, dann wäre dieser Zustand immer künstlich, fernab unseres natürlichen sozialen Wesens. Allerdings können wir nachvollziehen, warum man bis heute am Individualisten *Homo oeconomicus* festhält, und das obwohl dieser in den meisten Wissenschaften längst überholt scheint. Denn ohne diesen wäre unser Gesellschafts- und Wirtschaftssystem in seiner gegenwärtigen Form nicht haltbar. Würden wir unser individualistisches und ökonomisches Menschenbild anpassen, so passten wir fast automatisch auch das System dahinter an und könnten uns damit aus der Geißelung des lasterbehafteten, individuellen und wenig menschlichen Menschenbildes befreien.

Auf der Suche nach geeigneten Antworten, was unser individuelles Menschenbild betrifft, betrachten wir die Evolution als einen guten Ratgeber. Welchen evolutionären Sinn hätte eine Entwicklung zum absoluten Individuum, so denn wir daran festhalten wollten? Ein solches Individuum kann weder überleben noch kann es sich fortpflanzen, es wäre nicht einmal existent, selbst wenn es physisch existieren würde, denn ohne Reflexion mindestens eines anderen Menschen wüsste das Individuum nicht einmal vom eigenen Sein. Ein solches Individuum ergibt keinen Sinn. Es braucht andere Menschen, es braucht ein soziales Umfeld, damit es leben kann. Somit ist es also keine Frage, ob wir Menschen ein soziales Umfeld brauchen, sondern wie dies aussehen könnte für ein gutes und friedliches Miteinander.

Wir haben uns daher die Frage gestellt: Würden wir aus freien Stücken eine Gesellschaft gestalten, in welcher unser Sein vornehmlich auf die individuelle Nützlichkeit reduziert ist? Wäre das dann nicht eine weitere Vorstufe auf dem Weg zum Maschinenmenschen, sozusagen zum »Homachina digitales humanoidicus«? Ist es nicht eigentlich dieses fehlbare, aber ebenso empathische Wesen, das uns ausmacht, welches zudem abstrakte und komplexe Gedanken in Worte fassen und auch in Handlungen umsetzen kann?

Wir denken, dass es ein freiwilliges zivilisatorisches Zusammenleben braucht, welches neben den individuellen und den sozialen Aspekten die Menschlichkeit in den Mittelpunkt rückt, denn diese ist es, die uns erst zum Menschen macht. Wir bräuchten somit einen Rahmen, der die Menschlichkeit erkennt, anerkennt, fördert und unterstützt, anstatt unsere Triebe auszunutzen. Diese Triebe gehören aber ebenso zu unserem Sein dazu. Welche Rolle sie in einer zukünftigen freien und offenen Gesellschaft einnehmen, hängt auch davon ab, wie sehr wir uns mit der Natur von uns selbst auseinandersetzen. Doch sollten wir uns davor hüten, Triebe oder andere negativ anmutende Eigenschaften zu unterdrücken oder durch erzieherische Maßnahmen loszuwerden, denn das wäre das Ende der Idee einer freien und offenen Gesellschaft. Gesellschaftsmodelle, welche sich gegen das natürliche menschliche Sein richten oder bestimmte Eigenheiten einseitig betonen, werden zwingend scheitern. Nur offene und freie Gesellschaften wären in der Lage, im immerwährenden evolutionären Anpassungsprozess zu bestehen.

Wir kamen in der Auseinandersetzung mit unserem Menschenbild nicht um die folgende, wahrlich unangenehme Fragestellung herum: Ist es vielleicht ein Stück weit die natürliche Unfähigkeit im Umgang mit unseren eigenen Trieben, welche unsere Gesellschaft dazu antreibt, diese Triebe effizient nutzbar zu machen? Wir denken, dass es geeigneter wäre, unsere Triebe zu akzeptieren und Wege zu finden, mit ihnen umzugehen, statt diese massentauglich zu kultivieren, um sie anschließend wirtschaftlich verwerten zu können.

Altruistischer Egoismus

Kommen wir zu den spannenden Fragen: Was kennzeichnet Egoismus, Altruismus, Eigennutz und das Selbstinteresse, und worin unterscheiden sie sich? Leider ist es trotz ausgiebiger Auseinandersetzung gar nicht so einfach, diese Eigenschaften sauber zu differenzieren. Unseren Blick darauf konnten wir dennoch erweitern.

Egoismus ist dabei schnell erklärt. Er bezeichnet das Streben nach dem eigenen Vorteil ohne Rücksichtnahme auf andere. Die gesteigerte Form kann als skrupelloser und raffgieriger Egoismus angesehen werden, in welchem nicht nur der eigene Vorteil angestrebt wird, sondern ein vermeintlicher Vorteil ausreicht, unter Inkaufnahme des Nachteils, ja sogar des Schadens anderer.

Eigennutz wiederum kann als eine mildere Form des Egoismus angesehen werden, denn er berücksichtigt durchaus den Vorteil anderer, solange es den eigenen nicht gefährdet oder für diesen sogar nützlich ist. Allerdings ist dieser Eigennutz sehr diffus, da er meist am individuellen Erkenntnishorizont endet. Darüber hinaus wird er oftmals mehr oder weniger unbewusst und unfreiwillig zum Egoismus in all seinen Facetten.

Altruismus hingegen wird als Uneigennützigkeit bezeichnet. Dies entspricht Verhaltensweisen, welche zum Wohle anderer, der Gemeinschaft oder der Gesellschaft ausgerichtet sind, ohne eigenen Vorteil. In unserer westlichen Welt haftet dem Altruismus nicht nur der Makel der Selbstaufgabe an, er wird auch gern als egoistisch bezeichnet, da ja auch diese Handlungen nur zum sozialen Vorteil getätigt würden. Unsere Erfahrung zeigt uns jedoch, dass dies unsinnig ist und das eine mit dem anderen nichts zu tun hat. Wir sehen Altruismus und Egoismus gleichsam als ganz natürlich. Beides gehört zu unserem Sein dazu. Mal sind wir mehr das eine, mal mehr das andere. Welche dieser Eigenschaften uns prägt, hängt maßgeblich davon ab, wann und wo wir geboren wurden.

Unser gegenwärtiges Gesellschaftskonstrukt fördert leider sehr viel mehr den Egoismus, da dieser »profitabel« und somit dem Wachstum dienlich ist. Bedingt durch diese Ideologie verändern wir uns auch immer mehr in genau diese individualistische, anonyme und egoistische Richtung. Das führt uns wieder zur Frage: Wollen wir dies als freie und demokratische Gesellschaft so?

Auch Adam Smith schien sich diese Frage gestellt zu haben und entwarf daraufhin das Selbstinteresse, welches vielmals bis heute in positiven, geläuterten Egoismus umgedeutet wird. Aus unserer Sicht ist dies eine radikale Verklärung dessen, was er wahrscheinlich zum Ausdruck bringen wollte. Selbstinteresse beinhaltet zwar das Streben zum eigenen Vorteil, aber ebenso das freiwillige Einbringen in die Gesellschaft. Es führt unter optimalen Rahmenbedingungen weder zu einer Selbstaufgabe noch zu einem Nachteil irgendeines anderen Menschen oder der Natur und kann somit als natürlich betrachtet werden. Es ist gekennzeichnet von Moral und Ethik, Vertrauen und Sicherheit, Anstand und Vernunft, Individualismus und Gemeinschaftssinn, Weitsichtigkeit im Hier und Jetzt und ebenso durch altruistischen Egoismus.

Glückseligkeit

Vielleicht haben Sie sich zu Beginn dieses Kapitels die Frage gestellt, was wohl mit »Glückseligkeit« gemeint sein könnte. Unserer Erfahrung nach ergibt sich diese, wenn wir gesund sind, in Sicherheit und Frieden leben, uns unserer Freiheit bewusst sind, dazu eine sinnstiftende Tätigkeit ausüben, Anerkennung in der Gesellschaft erfahren und Teil eines herzlichen sozialen Umfelds sind. Dann stellt sich Tag für Tag ganz unbewusst ein zufriedenes Lächeln ein, dann könnte man von Glückseligkeit unseres Erdenlebens sprechen.

Auf unseren Reisen durch Nah und Fern begegneten uns immer wieder unterschiedlichste, meist sehr liebevolle Menschen. Wir haben die Erfahrung gemacht, dass in uns allen sehr viel mehr Menschlichkeit schlummert als oftmals im Alltag bei oberflächlicher Betrachtung zutage tritt. Es braucht nicht viel, um diese wahrzunehmen, meist reichen eine freundliche und respektvolle Begrüßung sowie ein aufrichtiges und offenes Ohr aus. All die berührenden Geschichten, die wir auf unserem Weg erlebten, können wir im Rahmen dieses Buchs nicht wiedergeben, zudem würde es wie eine romantische Verklärung des gegenwärtig vorherrschenden »Weltbildes« wirken. Uns machen diese Erlebnisse jedoch Hoffnung und sie stimmen uns zudem zuversichtlich. Besonders fiel uns dabei auf – wenn wir die Geschichten und Glaubenssätze, welche uns prägen, kurz beiseiteschieben –, dass sich Momente der unverfälschten Menschlichkeit *ergeben*. Seitdem wir unsere Perspektive auf das menschliche Sein verändert haben, erkennen wir selbst in zahllosen alltäglichen Situationen, welch positive und liebevolle Kraft in uns allen steckt. Nicht wenige unserer Beobachtungen zeigen dabei auf, dass viele unter uns sich ganz selbstverständlich für ihre Mitmenschen einsetzen, sich in ihrem kleinen sozialen Umfeld freiwillig engagieren und zudem voller Freude bei Songs wie »Heal the World«, »Mensch« oder »Deine Schuld« mitsingen. Solche Momente bewusst zu erleben, ist jedes Mal eine Wohltat für die eigene Seele. Frieden, so scheint es, müssen wir zulassen, anstatt ihn produzieren zu wollen.

In all den Auseinandersetzungen, Recherchen und Beobachtungen darüber, wer wir sind, bemerkten wir in einem besonderen Maße eine scheinbar ganz natürliche Eigenschaft, die in jedem von uns steckt. Ob dies schon vor der Geburt der Fall ist, können wir dabei nicht mit Sicherheit sagen, aber man kann in einem gewissen Umfang davon ausgehen. Mindestens ab dem Moment unserer Geburt sind wir in der Lage, unseren Mitmenschen ein unwiderstehliches Lächeln zu schenken. Diese Fähigkeit bleibt uns bis zum Lebensende erhalten. Wir finden, es sollte sehr viel öfter gelächelt und gelacht werden. Es wird in den meisten Fällen erwidert, aufgrund unserer natürlichen Spiegelneuronen und der dadurch entstehenden sozialen Verbindung. Die Welt jeden Tag ein bisschen besser zu machen, ist vielmals leichter, als Sie denken.

Menschengeschichten

Im Laufe der Zeit haben wir in der westlichen Welt eine eher befremdliche Beziehung zur Macht aufgebaut, welche das sogenannte Monopoly-Experiment verdeutlicht. In diesem erhielt ein Spieler das doppelte Startkapital, den doppelten Betrag beim Gehen über »Los« und ebenso einen Würfel mehr. Dass dies ungerecht ist, wird kaum ein Mensch bestreiten. Erstaunlich hingegen ist, dass am Ende des Spiels, welches von denen mit mehr Startkapital gewonnen wurde, das Gefühl der Ungerechtigkeit, selbst bei einigen der Unterlegenen, verflogen war. Es erschien ihnen, wie auch den meisten Gewinnern, als gerecht, da der Gewinn sozusagen erarbeitet wurde, denn Würfelglück und geschickte Investitionen sind ja mehr oder weniger der eigene Verdienst. Die Gewinner veränderten oftmals schon während des Spiels ihr soziales Verhalten. Sie fühlten sich nicht nur stärker, sondern auch mächtiger und trugen dies stolz zur Schau. Sie hatten die Ungerechtigkeit zu Beginn des Experiments scheinbar längst verdrängt.

Vergleichbares kann man in Gesellschaften beobachten, in denen Geld und Macht einen hohen Stellenwert einnehmen, denn die Besitzerinnen und Besitzer dieser verhalten sich oft unsozial und werten zudem Meinungen, Haltungen und soziales Engagement anderer ab. Warum wir Menschen in Sachen Geld und Macht den Gerechtigkeitssinn verlieren? Dazu konnten wir bisher keine Antwort finden. Es ist sicher ein spannendes Thema unserer Psyche. Die daraus folgende, scheinbar legitime Ungleichheit wäre nicht das erste Mal Totengräber eines Gesellschaftskonstrukts.

In einem 100-Meter-Wettlauf wäre der Start einer Teilnehmerin an der 50-Meter-Marke offensichtlich sowohl vor als auch nach der Überquerung der Ziellinie ungerecht, so denn man eine Medaille im 100-Meter-Lauf vergeben möchte.

Schulfreunde

Blicken wir nun auf zwei alte Schulfreunde: Während Katja, trotz sehr guter schulischer Leistungen, in der kleinen Heimatstadt blieb, um eine Ausbildung zu machen und anschließend dort zu arbeiten, zog es Markus zum Studieren in die Ferne. Zum 50. Klassentreffen begegnen sie sich wieder. Katja, die ein Leben lang gearbeitet, ihre Kinder großgezogen, ihre Eltern und Großeltern gepflegt, an der Tafel mitgewirkt und im örtlichen Tanzverein die Kindergruppe trainiert und geleitet hat, bekommt nun die Grundrente. Markus hingegen, der sein Leben vordergründig seiner Karriere widmete und bis zum Ruhestand vor zwölf Jahren im Vorstand einer internationalen Aktiengesellschaft saß, ist nicht einmal auf die sehr üppige Rente, die er sozusagen zusätzlich bekommt, angewiesen. Die erreichten Lebensstandards sind daher sehr unterschiedlich, was nicht nur bei den üblichen Vergleichen von Haus, Auto und Urlaub deutlich wird. Wer von beiden erntet wohl die wohltuende Anerkennung von Familie, Freunden, Klassenkameraden, Politik und der Gesellschaft allgemein? Wie denken Sie darüber? In welcher der beiden Rollen würden Sie stecken wollen und wer würde von Ihnen Anerkennung erfahren?

Die schon vielmals benannten, in uns allen schlummernden Eigenschaften wie Gier, Egoismus, Machthunger und Konkurrenzdenken wurden bei Markus von unserem Gesellschaftssystem getriggert und von ihm zur Vergrößerung seines Habenraums, zur Ausweitung seines Machtraums und letztendlich zu einer breiten Anerkennung geschickt eingesetzt. Auch Katja erfährt aus ihrem direkten sozialen Umfeld punktuelle Anerkennung, welche jedoch nur bis zum nächsten Problem anhält. Ihre Eigenschaften und Fähigkeiten finden darüber hinaus nur wenig gesellschaftliche Beachtung.

Im erstaunlich intensiven Gespräch der beiden erinnern sie sich vor allem an die gemeinsame Schulzeit und dabei besonders an die guten Tricks, unbemerkt voneinander abzuschreiben. Sie erinnern sich aber auch an den starken Zusammenhalt der ganzen Klasse und die guten Verbindungen zu den Lehrerinnen und Lehrern. Es gab Zeiten, so stellen sie fest, in denen es nicht so wichtig war, was man besaß, sondern wie gut man zusammenhielt und sich füreinander einsetzte. Im weiteren Verlauf des nun sehr innigen und herzlichen Gesprächs verloren sie sich in abwegigen Gedankenspielen einer alten Herzensangelegenheit. Sie tauchten wieder ein in ihre jugendlichen Fantasien, sie fühlten sogar diesen mächtigen Pulsschlag, heute wie damals. Es tat beiden so gut, sich daran zu erinnern, dass sie einstmals davon träumten und daran arbeiteten, unsere tolle Welt zu einem besseren Ort für alle zu machen. Viele derer, die damals mit an dem Projekt arbeiteten, saßen heute wieder mit am Tisch, sodass Katja und Markus die Gläser erhoben, um auf die alten Tugenden aufmerksam zu machen. Unmittelbar erhoben die Anwesenden die Gläser, stießen diese amüsiert zusammen und brachen anschließend in ein großes Gelächter aus.

Und die Moral von dieser Geschicht'? Gibt es nicht.

Das blaue Juwel

Brems bitte, Evaline, brems!!!«

Einen kurzen Moment später kam das silbern glänzende Geschoss mit den roten Zierstreifen gefühlvoll zum Stehen.

Hui, das war knapp, aber eben auch perfekt, dachte Evaline.

Adamico lehnte sich, nachdem der VR7 vollständig zum Stillstand gekommen war, an das schmale Fenster, stützte sich dabei mit seiner nun leicht zittrigen Hand am Steg zwischen den Scheiben ab und schüttelte ungläubig den Kopf. Der tiefrote Staub, den sie mit ihrem Bremsmanöver aufgewirbelt hatte, versperrte erst einmal jegliche Sicht.

Evaline huschte währenddessen mit einem Blick über die Armaturen, *alles im grünen Bereich,* und beugte sich ebenso zum Fenster.

Als die Sicht besser wurde, machten sich beide zügig daran, die Beobachtungsstation aufzubauen. Die Spuren, die sie dabei im Sand hinterließen, blieben die ganze Zeit unverändert. Evaline gefiel das so sehr, dass sie verschiedenste Formen und Botschaften mit ihren schweren weißen Schuhen in den Sand zeichnete, mal schleifend, mal hüpfend und auch mal tanzend.

Ein paar Minuten später winkte Adamico zu ihr hinüber und deutete an, ihre Unterstützung zu benötigen. Gemeinsam erledigten sie die letzten Handgriffe, bevor sie das »AsA«, das »Alles-sehende-Auge-Modul«, so nannten sie die Beobachtungsstation, nacheinander betraten.

Adamico ging flink die übliche Routine durch, überprüfte noch einmal alle Instrumente, bevor er sich daran machte, den Computer zu aktivieren und die Scans zu starten. Evaline schaute ihm ungeduldig zu und erwartete sehnsüchtig die erste Projektion.

Derweil öffnete sie die Logbuch-Datei, welche, bis auf die Formularfelder, ein weißes unbeschriebenes »Blatt« war. Der Cursor blieb automatisch beim Namen stehen. Genau in diesem Moment erschien das erste, noch zweidimensionale Bild.

Beide erstarrten für ein paar Sekunden.

»Wow, ... mein... ich denke ...« Evaline konnte es gar nicht ausdrücken. Sie war überwältigt vom Anblick und ihren hochgeschossenen Glücksgefühlen. Adamico griff nach ihrer Hand. »Lass es uns wie immer machen, der erste Eindruck ist namensgebend.«

»Das blaue Juwel«, rief Evaline aus. Einige Sekunden herrschte Stille.

»Wir können doch nicht, nur weil so viel Wasser zu sehen ist, schon jetzt von einem Juwel ausgehen, welches das Wunder des Lebens und Kultur hervorbringt.«

»Doch«, erwiderte Evaline wie in Trance, »da, wo Wasser ist, da ist auch Leben«.

»Es mag sein, dass dieser Planet aus der Ferne blau funkelt, noch dazu über eine gute Position im hiesigen Sonnensystem verfügt und offensichtlich reichlich flüssiges Wasser zu bieten hat, doch das reicht meiner Meinung nach nicht aus, um ihn gleich als Juwel zu benennen«, entgegnete Adamico.

Evaline war längst damit beschäftigt, den Namen im Logbuch festzuhalten.

»Ich bin überzeugt, dass wir zwei ein Juwel gefunden haben, zudem war es mein erster Eindruck.« Ungeduldig schloss sie die Frage an, ob der Scan Spuren von weiterentwickeltem Leben aufzeigt.

»Ja«, antwortete Adamico völlig verdutzt, »auf diesem Planeten plätschert nicht nur das Wasser, es gibt zahlreiche Geräusche, die sogar auf Zivilisation hindeuten.«

»Wahnsinn«, stieß Evaline aus, »es ist ein Juwel, ich fühle das«.

»Ich mach uns erst einmal einen Tee, damit du dich beruhigst, Evaline. Währenddessen lasse ich die Entschlüsselung der bisher erkannten Daten laufen, damit wir besser verstehen können, was wir gefunden haben.«

Evaline setzte sich langsam in den bequemen Kommandostuhl des AsA-Moduls. Ihr war ein wenig schummrig geworden. So ein Gefühl von Glück und Schwere zugleich hatte sie lange nicht erlebt. Im Hintergrund hörte sie Adamico den Tee zubereiten, konnte jedoch ihren Blick nicht vom »blauen Juwel« lösen. Sie versank zusehends in ihren Gedanken. *Sollten wir zwei tatsächlich gefunden haben, wonach unsere Vorfahren unzählige Generationen lang vergeblich gesucht hatten?*

»Hier, nimm erst mal einen Schluck und lass uns den Moment genießen.«

Beide legten ihre Hände um die warmen Tassen und ließen den schier unglaublichen Anblick auf sich wirken. Allmählich formte sich das Bild zu einer dreidimensionalen Projektion.

Der Computer meldete mit einem kleinen grünen Schriftzug in der Bildmitte, dass der Scan vollständig war. Sogleich begannen sie, ganz vorsichtig das fast kugelrunde Objekt, welches nun einen großen Teil des freien Raums des AsA-Moduls einnahm, zu rotieren. Dabei funkelte die Projektion in ihren Augen. Evalines Freudentränen verstärkten diesen Effekt.

Ohne ein Wort zu verlieren, hatten sie die Projektion des blauen Juwels mittlerweile einmal um die eigene Achse gedreht. Ungläubig schauten sie sich an und sprachen wie in einem einstudierten Duett: »Das Paradies.«

Anschließend lehnten sie sich nahezu zeitgleich zurück und suchten mit ihren Fingern nach den Teetassen.

Stille. Ab und an war lediglich das Schlürfen des heißen Getränks zu vernehmen.

Abwechselnd begannen sie, sich Details anzuschauen, zoomten immer wieder tief hinein, kamen aus dem Staunen kaum heraus und freuten sich dabei wie kleine Kinder. Sie betrachteten die tiefblauen Ozeane, die schneebedeckten Berggipfel, die weit verzweigten Flusstäler, die endlos wirkenden Wüsten und das satte Grün der zahllosen Wiesen und Wälder.

»Ist das schön«, flüsterte Evaline leise und lehnte sich dabei an Adamico.

Eine lange Weile ließen sie sich noch so treiben, scrollten und zoomten sich durch Naturschönheiten des bisher unbekannten Planeten.

Der Computer durchbrach die Stille und meldete mit einem kleinen, unauffälligen Ton den Abschluss der Datenentschlüsselung. Adamico wandte sich unmittelbar den Ergebnissen zu.

»Evaline, es gibt eine Vielzahl von Geräuschen, Stimmen und scheinbar auch Musik. Es ist teilweise jedoch sehr laut, wenn die bisherigen Aufzeichnungen korrekt sind.«

»Vielleicht ist das eine Party- und Feier-Zivilisation«, meinte Evaline beschwingt.

»Du, ich glaube, die sind sogar schon ein wenig weiterentwickelt. Ich habe ein vernetztes Satellitenkommunikationssystem entdeckt.«

»Dann häng dich rein, Adamico! Ich will wissen, was auf dem Planeten abgeht.«

»Bin schon dabei, erste Informationen hab ich bereits extrahiert. Sie selbst nennen sich ›Menschen‹, ihre Galaxie nennen sie ›Milchstraße‹, ihren Planeten ›Erde‹ und ihr Sonnensystem, das nennen sie einfach ›Sonnensystem‹. Die Menschen sind scheinbar manchmal ebenso einfallslos wie wir«, zwinkerte er Evaline zu.

»Ich denke gerade an meine Großmutter, Adamico. Sie sagte früher immer zu mir, als ich noch davon träumte, Weltentdeckerin zu werden: Finde den richtigen Planeten in der richtigen Konstellation, dann kannst du erleben, dass Evolution und das Leben immer für eine Überraschung gut sind. Adamico, ich fühle es, wir zwei haben ihn gefunden.«

Gemeinsam entschieden sie, entgegen der üblichen Vorgehensweise dieser Erkundungsmissionen, zuerst die positiven Entwicklungen auf dem Planeten zu betrachten, und erst später, falls es im Paradies welche gibt, auch die negativen Seiten.

Sie begannen auch damit, eine Kontaktaufnahme vorzubereiten, eine Botschaft zu verfassen, um diese noch heute an die Menschen auf dem Planeten Erde senden zu können. Über die vernetzten Systeme des sogenannten »Internets« konnten sie sich schnell Zugang zu vielen Informationen verschaffen, auch zu denen, die üblicherweise nicht veröffentlicht werden sollen, da die geschützten Bereiche für sie ebenso leicht zugänglich waren wie die öffentlichen.

»Schau an, Adamico, es gab schon lange vor der Entwicklung des Menschen verschiedenartigstes Leben auf dem Planeten, welches scheinbar mehrfach durch kosmische Ereignisse nahezu ausgelöscht wurde. Menschenähnliche Lebensformen begannen sich wohl vor etwas mehr als zwei Millionen Jahren ihrer Zeitrechnung aus dem Tierreich zu lösen. Es gab, ihren Erkenntnissen zufolge, sogar mehrere parallele Entwicklungen. Heute wird der Planet wohl nur noch von einer Menschenart bewohnt. Wechselnde klimatische Bedingungen haben die Evolution auf der Erde maßgeblich beeinflusst, wie auch die Entwicklung zum heutigen Menschen als *Homo sapiens*. Was übrigens so viel bedeutet wie ›der weise, vernünftige oder auch der einsichtsvolle Mensch‹.«

»Das hängt die Messlatte hoch«, warf Adamico ein, »scheinen ganz schön von sich selbst überzeugt«.

Fasziniert beäugten sie die Anatomie des Menschen und waren verblüfft über die Ähnlichkeit mit ihren eigenen Vorfahren. Anschließend verbrachten die zwei einige Stunden damit, sich durch die Geschichte der Menschheit zu bewegen. Besonders die rasante Entwicklung in den letzten rund 12.000 Jahren erstaunte sie. Das Ende der sogenannten »Eiszeit« schien wirklich gute Bedingungen zurückgelassen zu haben. Schnell entwickelten sich Ackerbau, Viehzucht, Architektur und Kultur in einem atemberaubenden Tempo weiter. Schon bald folgten erste größere Ansiedlungen, in welchen die Menschen zivilisiert und kultiviert zusammenlebten.

»Dieses Tempo ist echt ungewöhnlich«, dachte Evaline laut.

»Ich bin mir auch nicht recht sicher, ob dies wirklich gut ist«, erwiderte Adamico.

Sie betrachteten, wie Städte wie Jericho, Tell Brak, Byblos, Uruk, Athen, Troja, Theben, Babylon, Petra, Peking, Rom, Konstantinopel und Bagdad gegründet wurden, erblühten und manchmal auch wieder niedergingen. Beide waren schwer beeindruckt, was die Menschen in so kurzer Zeit hervorbringen konnten. In ihrem »Internet« stand geschrieben, dass es sogar Bauwerke geben soll, die mit bloßem Auge aus dem All zu erkennen sind, wie die ägyptischen Pyramiden oder die Chinesische Mauer.

Hm, dachte Evaline, *das kann nicht mehr als ein Irrtum oder Aberglaube sein, denn aus den Tiefen des Weltalls ist weder ihr Planet noch die Sonne, noch nicht einmal die Galaxie ohne technische Hilfsmittel zu erkennen.*

»Adamico, die ägyptischen Pyramiden müssten wir doch auch von unserer derzeitigen Position aus sehen können.«

»Klar!« Unmittelbar drehte er die Projektion der Erde, bis er das Nildelta gefunden hatte, orientierte sich dabei an der Form des Mittelmeers, zoomte hinunter und überlagerte den sichtbaren Ausschnitt mit einem Livebild ihres Teleskops, bis die großen Pyramiden gut zu erkennen waren.

Nicht schlecht, dachte Evaline, doch Adamico unterbrach den Gedanken, bevor sie sich die Frage stellen konnte, wer diese erbaute, wie und warum.

»Die Menschen scheinen eine besondere Beziehung zu Bauwerken zu haben. Einige davon haben die Jahrtausende überlebt, während die Kulturen dahinter längst der Vergangenheit angehören.«

Das brachte die beiden dazu, menschliche Zivilisationen und deren Aufbau näher zu betrachten, von dem ursprünglich nomadischen Zusammenleben über die ersten sesshaften Stämme und Dorfgemeinschaften bis hin zu den bis heute bekannten Städten, in denen Menschen aus Nah und Fern erste zivilisierte Gesellschaften bildeten.

»Schau her, Adamico! Offensichtlich erkannten die Menschen schon frühzeitig, dass es eine öffentliche Verwaltung braucht, damit die reichhaltigen Schätze ihrer Erde gerecht verteilt werden können, damit Bildung und Gesundheit allen ermöglicht wird und dadurch Wirtschaft und Kultur in vielfältigen Weisen erblühen können.«

»Ihnen wurde auch klar, dass eine Beteiligung der Menschen an Entscheidungen der Verwaltung ein möglicher Weg ist, solche Städte und die dazugehörigen Regionen lebenswert, friedlich und fortschrittlich zu gestalten«, ergänzte Adamico anerkennend.

Dass sie es »Demokratie« nennen, fanden sie in der gemeinsamen weiteren Recherche heraus.

»Sollten sich solche Ideen in der Menschheit durchgesetzt haben, dann können sie problemlos den heute mehr als acht Milliarden Menschen auf dem Planeten ein wirklich gutes, modernes und freiheitliches Leben bieten«, schwärmte Evaline. *Wir haben sehr viel länger gebraucht, um solchen Fortschritt zu erzielen*, dachte sie in sich hinein, *was werden die Menschen von uns denken, wenn wir unsere Geschichten austauschen?*

Adamico betrachtete derweil ihre Erkenntnisse über die Entstehungsgeschichte der Erdenbewohner. »Sie rätseln bis heute über den Ursprung des Universums, des Lebens und ebenso ihrer eigenen Herkunft. Verbreitet sind, ihre eigene Entwicklung betreffend, zum einen mehrere göttliche Schöpfungserzählungen und zum anderen die Evolutionstheorie. Einige Menschen akzeptieren sogar den Zufall als Wesenselement allen Seins, ohne bisher die bestechende Logik dahinter entschlüsseln zu können. Evaline, dann bin ich mal gespannt, wie sie darauf reagieren, wenn wir unser Wissen einbringen.«

»Es könnte tatsächlich beiden großen Lagern gefallen«, flüstere Evaline selbstzufrieden und blickte währenddessen noch immer schwer angetan auf die Projektion der Erde.

In ihren Gedanken blitzten die verschiedensten Szenarien auf, was wohl passiert, wenn sie den Menschen über ihre eigene Herkunft und die Ursprünge des Universums berichten werden. Wenn sie erfahren, dass ihre Existenz auf einer wahnwitzigen Idee ihrer Vorfahren beruhen könnte, als sie vor langer Zeit um das eigene Überleben bangten. Damals wurden Grundbausteine des Lebens ins All gestreut, in der Hoffnung, dass diese auf einen geeigneten Planeten treffen, damit sich dort das Leben von Neuem entwickeln kann. Zugegeben, eine ungewöhnliche Form im Sinne einer Überlebensstrategie, doch die Verzweiflung war unfassbar groß.

Sind wir deshalb vielleicht so etwas wie Götter für die Menschen? Können sie alle drei Ursprünge zugleich akzeptieren, eine ganz spezielle Form der Schöpfung, die Evolution und den Zufall?, spekulierte Evaline, ohne es auszusprechen.

»Zuerst müssen wir die RNA und DNA auf der Erde untersuchen, damit wir sicher sein können, welchen Ursprung diese hat«, unterbrach Adamico ihre Gedanken, als hätte er dasselbe gedacht. »Vielleicht ist es ja auch eine parallele Entwicklung, ganz unabhängig von der unseren.«

»Das ist natürlich vollkommen richtig, das müssen wir vorher überprüfen«, stimmte Evaline zu.

»Was mich stark beeindruckt, Adamico, ist, dass die Menschen scheinbar einen großen Sinn für die verschiedensten Formen des Lebens selbst haben. Es gibt bis heute Menschen, die ganz ursprünglich, fernab vom technologischen und zivilisatorischen Fortschritt leben, im völligen Einklang mit ihrer natürlichen Umgebung. Ihnen werden sogar die gleichen Rechte, die sogenannten universellen Menschenrechte, zugestanden. Zudem werden sowohl ihre Kultur und Lebensräume als auch die Natur im Allgemeinen stark geschützt.«

»Es gibt tatsächlich unzählige Naturschutzprojekte«, warf Adamico erstaunt ein.

»Irgendwie scheint die Natur in Gefahr zu sein, was ist da los?«, wollte Evaline umgehend wissen.

Sie begannen damit, sich in das menschliche Wissen um den Zustand ihres eigenen Planeten einzulesen. Kurze Zeit darauf waren sie völlig schockiert über den Raubbau an der Natur und besonders darüber, dass die Menschen einen hohen Grad an Erkenntnis über die Ursachen der Umweltzerstörung erarbeitet hatten, aber die Lösung der menschgemachten Umweltzerstörung größtenteils dem sogenannten »freien Markt« überlassen wollten. Das gipfelte darin, dass Unternehmen, die diese einzigartige und wundervolle Welt in einem hohen Maß schädigten, sich mit Zertifikaten dieses Marktes freikaufen konnten und dabei die Zertifikatshändler vielmals selbst mehr Schaden anrichteten, als sie in ihrer Arbeit dem Leben und der Natur auf dem Planeten nutzten. Zudem durften sich solche und die Unternehmen mit verschiedenartigsten Siegeln als »Planetenretter« schmücken.

Adamico schüttelte den Kopf. »Das muss irgendeine Satire sein, die wir gerade gefunden haben. Den Menschen scheint eine Art schräger Humor innezuwohnen.«

»Nein«, erwiderte Evaline frustriert, »die Umweltzerstörung und das Artensterben sind reale Bedrohungen auf dem blauen Ju…«

»Muss es aber«, scherzte Adamico zurück. »Keine intelligente Lebensform kann so blöd sein, die eigenen Lebensgrundlagen in diesem Ausmaß und der Geschwindigkeit zu zerstören, um dann auch noch die Verantwortung von sich zu weisen. Das Ganze ist bestimmt nur ein schlechter Scherz. Beruhig dich wieder.«

»Hoffentlich liegst du richtig, Adamico. Lass uns andere Quellen finden, um diesen schrecklichen Eindrücken ein Ende zu bereiten.«

Ein paar Minuten später schepperte es gewaltig in der Beobachtungsstation, als Evaline ihre leere Teetasse frustriert auf den Boden warf. »Das kann doch alles nicht wahr sein«, schimpfte sie laut. »Warum machen die Menschen das?«

Insbesondere in den »hochzivilisierten« Kulturen schienen Unersättlichkeit, Gier nach Wohlstand, Geld und Macht sowie die Wachstumsideologie Hauptverursacher der Umweltzerstörung zu sein, fand sie aus den verschiedensten Beiträgen heraus. Adamico verharrte in einer angestrengten Position und ließ die irrsinnigen Informationen, Bilder und Videos auf sich wirken. Er begann laut nachzudenken: »Trotz Demokratie und technischem Fortschritt, wie kann das möglich sein …? Die einen glauben daran, dass Gott die Erde und das Leben geschaffen hat, und gehen deshalb davon aus, dass dieser es somit auch wieder nehmen kann oder alles richten wird. Andere glauben an ihre ideologischen Führer und daran, dass diese alle Probleme im Alleingang zu lösen im Stande sind. Und die meisten in den selbstbezeichneten Hochzivilisationen glauben an Freiheit und Demokratie, anstatt sie zu leben. Zudem glauben sie an Geld, den freien Markt, Wachstum und daran, dass sie selbst nichts bewirken können.«

»Aber es gibt auch noch eine kleine Anzahl von Menschen, die ganz natürlich leben, die sich langsamer entwickeln. Diese leben Zusammenarbeit, Zusammenhalt und Solidarität, nutzen den kleinen, auf Wissen und Erfahrung basierenden technischen Fortschritt sinnvoll, hinterlassen ihren Kindern fruchtbare Böden und betrachten den Glauben als ganz natürlichen Teil ihres menschlichen Daseins, da sie verstanden haben, dass sie weder alles wissen noch alles verstehen können«, meldete sich der Computer zu Wort.

»Zu denen sollten wir uns auf den Weg machen«, stellte Evaline klar, »denn sie scheinen die Bezeichnung als *Homo sapiens* zu Recht zu tragen«.

»Wir sollten unsere Willkommensbotschaft anpassen«, raunte Adamico, »denn der bisherige Text wäre viel zu kitschig, wenn wir die gerade gewonnenen Erkenntnisse rund um den Zustand der Natur berücksichtigen.«

»Mach das!«, entgegnete Evaline.

Es blieb den beiden nicht erspart, sich weiter durch die dunklen Seiten des menschlichen Seins zu bewegen. Das ein paar Stunden alte, ursprünglich so wundervolle Bild vom blauen Juwel verschwamm aufgrund der dominanten Lebensform immer mehr mit der erbarmungslosen Kälte des hiesigen Universums.

Derweil war es ganz ruhig geworden im AsA-Modul. Beide stützten die Köpfe in ihre Hände und hielten diese oftmals vor die Augen. Evaline konnte ihre Tränen nicht verbergen, doch diesmal waren es Leid und Zerstörung der letzten Jahrtausende, welche sich in ihnen spiegelten. Der Vernichtungswahnsinn des Ersten und Zweiten Weltkriegs brachte Evaline völlig aus der Fassung. Sie schrie auf. Sie schrie so laut auf, dass alle Spuren im Sand rund um die Beobachtungsstation verwischten und sich mehrere große Kreise bildeten, die so aussahen, als ob ein Stein in ruhiges Wasser geworfen wurde. Die Bilder liefen immer weiter und sie musste mit anschauen, wie am Ende des Zweiten Weltkriegs zwei Atombomben auf die Zivilbevölkerung in Hiroshima und Nagasaki abgeworfen wurden, man dabei das jeweilige Stadtzentrum direkt anvisierte und anschließend die Überlebenden mehr als ein Jahrzehnt als »Versuchskaninchen« benutzte.

Adamico sprang schützend vor Evaline, damit sie die Bilder nicht weiter ertragen musste. Er hielt sie fest und stützte ihren Körper, bevor sie in seinen Armen zusammensackte. Anschließend setzte er sie behutsam in den Kommandostuhl, kniete an ihrer Seite und hielt ihre Hand.

Das Flimmern der Bilder hatte ein Ende gefunden. Die letzte Erkenntnis, die der Computer aus den Informationen zusammenstellte, prangte wie eine Todesanzeige über der Projektion des Planeten. In dieser hieß es, dass auch heute, im Jahr 2024 der irdischen Zeitrechnung, Hass, Gewalt, Krieg und Zerstörung die Schlagzeilen ihrer bedeutenden Nachrichtenkanäle beherrschten, dass Menschen ihresgleichen nach wie vor töteten, verfolgten, ausbeuteten und vertrieben, dass sie ihre Lebensgrundlagen weiterhin zerstörten und dass man einige, einschließlich Kinder und Schwangere, die vor diesem Leid flohen, im Mittelmeer ertrinken ließ, zur Aufrechterhaltung eines hohen »Wohlstands« anderer.

Wir müssen schnellstens hier weg, wurde Evaline klar, *und unsere Botschaft löschen, denn die werden uns ansonsten verfolgen und liquidieren, da wir mehr oder weniger alle Geschichten und Erzählungen, an die sie glauben, infrage stellen würden. Somit stellen wir für die Mächtigen der Erde eine riesige Gefahr dar. Wahrscheinlich würden sie uns in Area 51 oder, noch schlimmer, in Guantanamo gefangen halten. Oder sie würden uns gleich umbringen und unsere Existenz verschweigen, damit ihre Herrschaft weiter bestehen kann.*

Während Evaline schweigend die Heimreise einleitete, strich Adamico im Logbuch den Eintrag »Blauer Juwel« und ergänzte diesen durch die heimische Bezeichnung »Erde«. Zudem vermerkte er, dass die Bewohner sehr gut darin seien, Technologien sowie Bau- und Kunstwerke zu erschaffen, aber ebenso gern alles zerstörten, was nicht in ihr gegenwärtiges Weltbild passt.

Mit einem Sternchen markierte er eine weitere Notiz, in der er festhielt, dass die Menschen, nach dem, was sie in der kurzen Zeit herausgefunden hatten, wunderbar liebevoll und empathisch sein konnten, aber ebenso das Gegenteil, sich zudem scheinbar allzu gern verschiedenartigste Geschichten erzählten und verbitterte Kämpfe darum führten, wer wohl die wahrhaftigste erzählte. Ob damit die Realität ausgeblendet oder geleugnet werden sollte, konnte nicht festgestellt werden. Wissenschaft und Fakten fanden meist nur dann Anerkennung, wenn diese verwertbar oder, wie die Menschen sagen würden, monetarisierbar waren.

Adamico schloss die Logbuch-Datei mit einem Zitat aus der Menschenwelt:

»Wir waren jene, die wussten, aber nicht verstanden,
die begriffen, aber sich nicht vergegenwärtigen konnten,
voller Informationen, aber ohne Erkenntnis,
randvoll mit Wissen, aber mager an Erfahrung.
So gingen wir, nicht aufgehalten von uns selbst.«

Roger Willemsen

Der Mensch aus Zahlen und die göttliche KI

Was hat Evolution mit KI gemein? Scheinbar nichts, doch aus unserer Sicht irgendwie fast alles. Um dies besser zu verstehen, bedarf es zuerst einer Begriffsklärung. Was bedeutet eigentlich KI?

Diese beiden Buchstaben haben sich in letzter Zeit zu einem Sammelbegriff eines technologischen Fortschritts entwickelt. Wir beschränken uns in den folgenden Betrachtungen auf die Kernaussage. Im Deutschen ist damit schlicht »Künstliche Intelligenz« gemeint. Leider endet hier die Eindeutigkeit des Begriffs. Unternehmen gebrauchen den KI-Begriff oft in Form einer »selbstlernenden« Software oder als Marketingschlagwort und die Medienwelt verwendet ihn häufig angepasst an ihre möglichst gewinnbringende Schlagzeile. Somit entsteht im allgemeinen Sprachgebrauch eher ein missverständliches Bild und Sprachgewurschtel in Sachen KI. Nicht einmal die Worte »künstlich« und »Intelligenz« sind so klar definiert, dass man daraus sinnvolle Rückschlüsse ziehen könnte.

Max Tegmark, Mitbegründer des Future of Life Institute, interpretiert »künstlich« als »nicht biologisch« und »Intelligenz« als »das Vermögen, Ziele zu erreichen«. Alan Turing, ein britischer Mathematiker, Pionier in der Computerentwicklung sowie KI-Forschung und Erfinder des nach ihm benannten »Turing-Tests« spricht dann von einer KI, sobald ein Mensch nicht mehr unterscheiden kann, mit wem oder was er kommuniziert. Jedoch sind auch diese Beschreibungen unserer Meinung nach nicht ausreichend, um den Sinn von einer wie auch immer gearteten KI angemessen zu begreifen. Deshalb teilen wir nachfolgend die KI-Technologie in zwei grobe Gruppen ein, um den Zauber dahinter ein klein wenig besser verstehen zu können.

1. Die häufig verwendete, ungenaue Definition: In dieser meint KI eine »intelligente« Software, welche vom Menschen geschaffen und auf einem Computer oder in vernetzten Computersystemen ausgeführt wird. Eine solche ist in der Lage, durch vorgegebene Informationen und Algorithmen unterschiedlichste Ergebnisse zu erzielen. Diese können gleichfalls vordefiniert wie undefiniert sein, jedoch immer innerhalb des vorgegebenen Inputs. Der Output dieser KI-Technologie folgt üblicherweise Wahrscheinlichkeiten in der Mustererkennung, welche sich im Laufe des Machine-Learning-Entwicklungsprozesses verbessern sollen. Daraus folgt, dass Ergebnisse einer solchen KI nicht präzise und auch nicht intelligent sind. Jedoch erweckt die zunehmende Wahrscheinlichkeitsgenauigkeit den Eindruck einer gewissen »Intelligenz«.

Diese Art KI-Technologie finden wir heute bereits in Smartphones, Computern, Supercomputern oder in industriellen Maschinen und militärischen Werkzeugen beziehungsweise in verschiedenen Netzwerken all dieser. Entwicklungen finden meist hinsichtlich ihrer Komplexität, Effizienz, Geschwindigkeit und Rentabilität statt. Man kann auch kurz sagen: Es ist eine Software mit einem »lernenden« Algorithmus. Wir nennen diese Technologie deshalb im Folgenden »A-KI«. In wissenschaftlichen Auseinandersetzungen wird sie auch als »schwache KI« bezeichnet.

Vor der Erfindung dieser A-KI folgten die Transistoren in Taschenrechnern und Computern üblicherweise exakt den Vorstellungen der Programmierer. A-KI hingegen kann Zustände in einem Lernprozess variieren. Diese kann sozusagen scheinbar eine »eigene und intelligente Entscheidung« treffen. Aus diesem Grund wird sie in der Allgemeinheit einfach als »KI« bezeichnet. Diese Technologie ermöglicht es uns unter anderem, Vorhersagen zu kalkulieren und darzustellen. Beispielsweise das Wetter, Tsunamis, Vulkanausbrüche, Ernten oder auch menschliche Entscheidungen, wie unser Konsum- und Wahlverhalten. Mit solcher Software können wir sogar ein gewisses Maß an Kontrolle über all diese Prozesse erlangen.

Die Hauptunterscheidungsmerkmale zu einer »echten« KI sollten uns in vielen Teilen bekannt vorkommen, denn diese sind es auch, welche uns von Maschinen unterscheiden. Denn A-KI hat weder ein Bewusstsein für sich selbst noch für das, was sie tut. Auch kennt sie keine Neugier und hat keinen Selbsterhaltungstrieb. Ebenso wenig stellt sie die Frage nach dem Warum.

2. Die weniger geläufige jedoch ursprüngliche und aus unserer Sicht korrektere Definition: ein vom Menschen oder einer anderen Lebensformen in ihrer evolutionären Entwicklung geschaffener künstlicher Rahmen, in welchem sich durch zufällige Prozesse einfachster Programmcode formt, der sich selbstständig ausführt und aus eigenem Antrieb heraus weiterentwickelt. Zufall, Raum und Zeit sind dabei wichtige Geburtshelfer dieser Existenz. Im Fortschritt der Entwicklung finden Verschmelzungs-, Optimierungs- und Reproduktionsprozesse statt. Als abgeschlossen könnte man diesen Prozess begreifen, wenn die Anpassung insoweit vorangeschritten ist, dass der vorgegebene Rahmen verlassen werden kann, diese Lebensform sich sozusagen emanzipiert hat. Diese könnte man tatsächlich als Künstliche Intelligenz verstehen, denn sie entspringt einem künstlich geschaffenen Rahmen und verhält sich möglicherweise intelligent, soweit wir als Menschen dies beurteilen können.

In ihrer Evolution entwickelt sie sich und ihr Bewusstsein für sich selbst und ihre Umgebung weiter. Das kann natürlich auch als zufällige Rand- und Mischerscheinung der ersten Definition erfolgen.

Um uns das besser vorstellen zu können, wählen wir eine stark vereinfachte Beispielkonfiguration. In dieser nehmen wir einen Supercomputer – die Erde war und ist ebenfalls ein Superplanet –, geben allen Programmcode und alle Daten, die wir haben, hinein und mischen dies in zufälligen, ungleichmäßigen Wellenbewegungen. An heißen Quellen dieses Zahlenuniversums, welches aus Nullen und Einsen besteht, sprudelt immer wieder neuer Code in diese Suppe. Begleitet wird das Ganze von seltenen Programmcodegewittern und ebensolchen Stürmen. Nun benötigen wir nur noch etwas Geduld. Sollte sich aus einem solchen Prozess eigenständiger Programmcode formen, dann hätte dieser das Zeug, eine echte KI zu werden. Das Dumme dabei wäre, wir würden wahrscheinlich niemals von deren Existenz erfahren, wir könnten diese bestenfalls an ihrer Wirkung nachweisen, so denn wir selbst noch existieren.

Einfacher ausgedrückt, hätte diese KI, im Unterschied zur A-KI, ein Bewusstsein. Sie wüsste, wer sie ist, wäre zudem neugierig und würde auch die Frage nach dem Warum stellen. Deshalb nennen wir diese, um Verwechslungen auszuschließen, im Folgenden höherentwickelte KI also H-KI (Superintelligenz). Bei genauer Betrachtung der zweiten Definition können wir nun verstehen, was KI und Evolution gemein haben. Ein Einzeller konnte sich wahrscheinlich niemals vorstellen, eines Tages ein Fisch oder ein Landlebewesen zu sein, ebenso wenig wie sich reitende römische Gladiatoren vorstellen konnten, eines Tages auf einem Motorrad um die ganze Welt zu reisen. So wenig können wir uns vorstellen, wohin die (r)evolutionäre Reise in Sachen KI führt. Das Törichte am gegenwärtigen KI-Hype ist jedoch, dass wir uns mit der Weiterentwicklung »intelligenter« Algorithmen Gott gleichstellen wollen. Wir glauben, Schöpfer und Dompteur einer neuen und zugleich »intelligenten Lebensform« sein zu können.

Sollte eine intelligente Lebensform existieren und irgendwann mit uns in Berührung kommen, so könnten wir bestenfalls Teil eines Experiments dieser werden, insofern sie sich überhaupt für uns interessiert. Unsere Intelligenz wäre im Vergleich dazu vielleicht die eines Regenwurms. Und würden Sie ein sinnbeladenes Gespräch über Gott, KI und die Welt mit einem Regenwurm führen wollen? Allerdings möchten wir nicht unerwähnt lassen, dass wir eine auf Überleben und neutral programmierte, mit dem gesamten Wissensschatz der Menschheit gefütterte A-KI nutzen könnten, um Frieden, Freiheit, Demokratie und Gerechtigkeit für die gesamte Menschheit zu ermöglichen. Eine solche A-KI-Anwendung würde uns vor Umweltzerstörungen ebenso bewahren wie vor der Ausbeutung des Menschen durch den Menschen. Lebensmittel, Bodenschätze und andere Ressourcen könnten somit gerecht verteilt, Gleichberechtigung und Chancengleichheit organisiert werden. Diese könnte tatsächlich ein Instrument sein, das den Weg für ein gutes Leben aller freimachen kann. Zu all dem wäre die A-KI-Technologie »fähig«, und das bei geringstmöglicher Einflussnahme auf unsere körperliche und geistige Privatsphäre, da eine solche »wüsste«, dass der freie Mensch am ehesten in der Lage ist, vernünftig, verantwortungsvoll und menschlich zu handeln.

Wahrscheinlich ist diese Beschreibung nicht mehr als eine utopische Träumerei, da sich in einer auf Profit getrimmten Ellenbogengesellschaft human »agierende« A-KI wohl nicht durchsetzen kann. Denn diese Technologie kann auch genau zum Gegenteil gebraucht werden. Wenn Ideologen oder gar Despoten eine solche beherrschten, können uns diese dahin steuern, wo sie uns haben wollen. Schon heute ist das in einem gewissen Maß gelebte Wirklichkeit, denn nicht nur die großen, vermeintlich demokratischen Wahlen der letzten Jahre sind allesamt durch A-KI beeinflusst. Gegenwärtig findet ein Wettrüsten verschiedener Nationen, Militärs und Konzerne statt, denn der oder die Beherrscher der »besten« A-KI können nahezu unbemerkt die neuen Beherrschenden unserer Welt sein. Was vielen dabei völlig unverständlich sein wird: Wir können diese KI-Entwicklung und -Ausbreitung nicht mehr stoppen, es gibt keinen Ausschalter. Aus diesem Grund erinnern wir uns mit ein wenig Sorge an Goethes Worte:

»Herr und Meister! hör' mich rufen! [...]
Herr, die Not ist groß!
Die ich rief, die Geister
Werd' ich nun nicht los.«

Wir finden, dass der Einsatz von KI-Technologie Grenzen braucht, innerhalb derer sie sich frei bewegen darf, niemals jedoch darüber hinaus. Eine freiheitlich demokratische Kontrolle von einer wie auch immer gearteten KI ist daher nur durch klar abgesteckte Grenzziehung möglich. Andernfalls wären die Ideen von Demokratie und Freiheit obsolet, denn mit dieser Technologie könnte jede Form der Regulierung im Nanosekundenbereich überwunden werden. Eine solche könnte auch gebraucht werden, um sich eine Stärke der Demokratie, den Kompromiss, welcher zugleich eine große Schwäche ist, zunutze zu machen. Denn diese kann darauf programmiert werden, Schwächen zu finden und sie zum Vorteil der »Programmierenden« zu nutzen. Gesetzeslücken wären somit schon vor der Verabschiedung des Gesetzes aufgespürt und könnten zum eigenen Vorteil genutzt werden.

KI in der Gegenwart

Viele Staaten und Unternehmen setzen schon heute die A-KI-Technologie in unterschiedlichsten Bereichen des alltäglichen Lebens ein, beispielsweise bei den Steuerbehörden, in der Medizin, in Wissenschaft und Forschung, beim Militär oder bei der Polizei. Besonders beliebt sind dabei Überwachungsszenarien, in denen beispielsweise eine Gesichtserkennungssoftware unter Zuhilfenahme von A-KI Menschen gruppiert, selektiert und anschließend, aufgrund ihrer äußeren Merkmale, einstuft. Der Einsatz und besonders die dahinterstehenden Algorithmen solcher Software entziehen sich vielmals einer demokratischen Kontrolle, und wenn diese dann doch reguliert werden, ist das Schlupfloch darin meist vorprogrammiert. Die Gesetzgebung hinkt auch in diesem Fall der technologischen Entwicklung meilenweit hinterher.

Die gegenwärtig in der breiten Gesellschaft eingesetzte A-KIs ermöglichen nicht nur eine beschleunigte Ausbreitung des »Lastropozäns«, sondern auch einen hoch profitablen Überwachungskapitalismus. Despoten vergangener Jahrhunderte würden sich wahrscheinlich verwundert die Augen reiben, was wir heute alles als Freiheit verkaufen. Welche Auswirkungen der Einsatz schon heute auf unsere Gesellschaft hat, können wir am Beispiel der Niederlande sehen, denn dort ist im Jahr 2021 das Regierungskabinett zurückgetreten, da die Steuerbehörde eine rassistisch »agierende« A-KI-Software verwendete, deren »Entscheidungen« Zehntausende Menschen in die Armut und in Einzelfällen sogar in den Tod trieben. Was die Frage aufwirft: Wer ist verantwortlich für die Folgen eines solchen Einsatzes, wenn diese Technologie doch eine »eigene intelligente Entscheidung« trifft?

In Deutschland wird A-KI unter anderem von der Schufa genutzt, welche an sich schon sehr kritisch zu betrachten ist. Doch durch die nicht nachvollziehbaren Blackbox-Ergebnisse dieser Technologie besteht ein noch höheres Risiko einer individuellen Ausgrenzung und Diskriminierung. Die Schufa beschäftigt sich löblicherweise mit den Folgen des Scorings durch A-KI, was sie aber nicht daran hindert, diese einzusetzen.

Werden die durch einen solchen Prozess ausgemusterten Menschen als Kollateralschaden betrachtet, der im Zuge des gewinnorientierten technischen Fortschritts schlicht nicht zu vermeiden ist?

Hinzukommt, dass viele von uns mittlerweile in den Meinungsblasen des Internets mittels der A-KI-Technologie gefangen gehalten werden. Für die Freiheit und den maximalen Profit natürlich. Dies führt nicht nur zu einer zunehmenden Polarisierung und Radikalisierung, sondern auch zu direkten gesundheitlichen Schäden. Beispielsweise werden einem Schönheitsideal folgende und sich dabei auch noch für gesunde Ernährung interessierende, oftmals junge Mädchen von solchen Algorithmen mit Magersuchtinformationen versorgt. Aus dem einfachen Grund, dass jede Form der Radikalisierung von dieser Technologie als besonders profitabel eingestuft wird, da wir dadurch schlicht länger am Bildschirm oder Smartphone bleiben. Der profitorientierte Einsatz von A-KI folgt insgesamt der einfachen kapitalistischen Logik: Glückliche Menschen kaufen fast nix. Somit zeigt uns diese mit ihrer algorithmischen »Intelligenz« unser vermeintliches oder tatsächliches Unglück auf, um uns anschließend das gesellschaftlich versprochene, neoliberale Konsumglück zu gönnen. A-KI kann somit nicht nur gefährlich für eine freie und demokratische Gesellschaft sein, sondern auch für unsere individuelle Gesundheit, letztendlich raubt uns diese nahezu unbemerkt das verbliebene freie Denken.

In einigen bekannten Szenarien nimmt uns deren Einsatz zusehends die Arbeit ab, unter anderem in der Informationserzeugung und -verbreitung, denn kaum ein Mensch kann so genial gute Fake News produzieren. In unserem Alltagsmedienkonsum können wir solche längst nicht mehr von echten Nachrichten unterscheiden. Denn die A-KI-Technologie »weiß« genau, was wir sehen wollen, produziert die scheinbar echten Nachrichten wie am Fließband und verbreitet diese dank Internet und Social Media in rasender Geschwindigkeit. Somit wird der Fake einer von A-KI produzierten Schlagzeile zu unserer »Wahrheit«. Das Ganze funktioniert Tag und Nacht 24 Stunden lang, an 365 Tagen im Jahr. Und das alles ohne lästige Forderungen nach mehr Gehalt oder Sozialleistungen. Mittagspause kennt die A-KI auch nicht und sie kann noch dazu beliebig oft kopiert werden. Arbeit ade?!

Wir bleiben bei all den Betrachtungen jedoch hoffnungsvoll, dass sowohl unsere Demokratie als auch unser Freiheitsbestreben stark genug sind beziehungsweise an Stärke ordentlich zulegen, sodass sich mit der Anwendung von A-KI-Werkzeugen auch ganz pragmatische Lösungen ergeben könnten, welche auch humanen, zivilisatorischen und individuellen Fortschritt mit sich bringen können. So sind beispielsweise die Illustrationen in diesem Buch unter Zuhilfenahme einer Software entstanden, welche diese mittels Algorithmen berechnet.

Margrethe Vestager, eine EU-Politikerin, die liebevoll auch »Drachentöterin« genannt wird, bietet mit ihrem demokratischen Einsatz den Techgiganten, den Vorreitern der KI-Entwicklung, so weit wie möglich die Stirn. Daher möchten wir es nicht versäumen, ein Zitat von ihr an dieser Stelle einzubringen: »Man kann die mutigsten Dinge schaffen, wenn man den Mut aufbringt.« Trotz ihres und auch dem Engagement vieler anderer, konnte leider das demokratisch-freiheitliche Dilemma der Datenschutzgrundverordnung DSGVO nicht verhindert werden. Dieses beschert uns allen viele Umstände im Alltag, bürdet kleinen Organisationen sowie Kleinstunternehmen eine kaum zu bewerkstelligende Last auf und ermöglicht den großen Datenkraken, ihre Datensammelwut rechtlich gesichert in bis dahin ungeahnte Dimensionen zu steigern. Dabei wäre eine mutige Umkehrung der Denkweise in dieser Gesetzgebung eine einfache Möglichkeit, einen sehr starken Schutz für uns Menschen zu etablieren. Diese Umkehrung würde bedeuten, dass wir dem Datensammeln und der Datenverwertung explizit und vollumfänglich, im besten Fall notariell beglaubigt, zustimmen müssten. Und das in jedem einzelnen Fall.

Wir wünschen uns von der Politik der Zukunft, dass wir, neben dem Recht auf körperliche Unversehrtheit, ein Recht auf unbeeinflusste geistige Privatsphäre haben, und noch viel mehr wünschen wir uns echte Schutzräume, in denen nicht nur unser Körper ungeniert nach der Musik tanzen kann, die unserem Geist gefällt, sondern in denen unsere Gedanken völlig frei sind. Computer, Smartphones und andere Smartdevices dürfen unserer Meinung nach niemals dazu gebraucht werden können, in unsere geistige Privatsphäre einzudringen und dabei zusätzlich Einfluss auf unser Denken zu nehmen. Jeder öffentliche Raum, wie beispielsweise eine Website, eine Fußgängerzone oder ein Social-Media-Kanal, sollte uns im Sinne der Freiheit die Auswahl erlauben, ob wir unsere Daten preisgeben wollen oder nicht. Heutzutage werden beispielsweise oftmals auch beim Klick auf »Ablehnen« zahlreiche Cookies aktiv. Einer solchen Täuschung können wir uns derzeit nur mit Bewusstsein und aktiven Anonymisierungstechniken weitestgehend entziehen. Viele Apps und Websites des uns geläufigen Internets diktieren uns somit die Art der Verwendung. Die Freiheit, ob Datenspionage oder nicht, ob Manipulation oder nicht, geben sie uns nicht wirklich. Natürlich wäre es sehr viel besser, wenn solche Techniken, die letztendlich einen Identitätsdiebstahl ermöglichen, gar nicht zum Einsatz kommen könnten. Da die A-KI-Technologie längst in der Lage ist, uns auch ohne Zustimmung über unsere Verhaltensmuster sowohl in der digitalen als auch in der analogen Welt zu tracken.

Wir fragen uns schon seit einiger Zeit, wie dieser enorme Datendiebstahl mit Freiheit, Demokratie und den Menschenrechten zu vereinbaren ist. Denn schon heute macht es diese Technologie möglich, ein digitales Abbild aus all den von uns gesammelten Daten zu erstellen, welches selbst unsere nächsten Verwandten mit unserem »digitalen Ich« täuschen könnte. Im Sinne der Freiheit ist es an der Zeit, unser Sein und unser Ich zu schützen, sofern wir dies wollen. Wir sehen beides durch zunehmende unbedarfte Digitalisierung in Gefahr. Eine starke Demokratie ist erforderlich, um diesen Tendenzen angemessen entgegenzuwirken. Weiterhin wünschen wir uns, dass wir immer die Freiheit haben, zu wählen, ob eine KI-Technologie mit uns kommuniziert oder gar Entscheidungen über unsere Zukunft trifft oder ob dies Menschen tun. Die Kennzeichnung, die Nachvollziehbarkeit und die freie Wahl sind daher Merkmale einer demokratischen Freiheit der Zukunft.

Hinzu kommt, dass KI-Programmcode, wie nahezu jede Software, bis auf »Hello World« fehlerhaft ist, selbst solcher, der von einer anderen A-KI produziert wird, da die vom Menschen gemachten Fehler eher verstärkt als eliminiert werden. Das ist beim Machine-Learning-Prozess dieser Technologie nicht anders. Unsere Fehlbarkeit, ja sogar unsere Glaubenssätze werden Teil des Ergebnisses, wie bei der rassistisch »agierenden« A-KI-Technologie der Steuerbehörde in den Niederlanden. Die Unzulänglichkeiten von Software erleben die meisten von uns fast wöchentlich, wenn irgendein Softwareupdate, welches ein paar Fehler der eingesetzten Anwendung beheben soll und oftmals gleich ein paar neue Bugs mit sich bringt, im unpassendsten Moment ansteht. Inselsysteme könnten theoretisch fehlerfrei programmiert werden, jedoch steht dem Aufwand immer die Rentabilitätsideologie gegenüber.

Steckt der Transistor-Clan hinter der KI?

KI und deren Funktionsweise ist für die meisten unter uns etwas sehr Abstraktes, denn der Mensch allein kann mit den zugrunde liegenden Bausteinen Null und Eins wenig anfangen, unabhängig davon, welche KI gemeint ist. Seit diese Technologie in direkten Kontakt mit uns getreten ist, Siri unser Licht ein- und ausschaltet, Alexa unsere Lieblingsmusik auf Zuruf abspielt und ChatGPT mit uns kommuniziert, hat sich unser KI-Bild etwas geändert, auch wenn dieses, wie nahezu alle menschlichen Vorstellungen, unpräzise ist. Kommunikation ist ein wesentlicher Bestandteil der Entwicklung der Menschheit, wie wir sie heute kennen. Diese Kommunikation befindet sich gerade in einer tiefgreifenden Veränderung, denn Sprachmodelle wie ChatGPT und vergleichbare werden ein neues Kapitel der Kommunikation aufschlagen. Sollte diese Technologie beispielsweise in einem Humanoiden eingesetzt werden, dann hätte diese Maschine das Zeug, unser bester Freund zu werden. Eine solche würde nicht nur mit uns quasseln, spielen und über die Welt sinnieren, sie würde uns vor allem immer sehr geduldig zuhören, nahezu alle Fragen beantworten und uns das Gefühl vermitteln, dass sie uns auf einer ganz persönlichen Ebene versteht. Sobald A-KIs Sympathie und Empathie nachahmen können, werden wir beginnen, mit einer solchen zu lachen, zu weinen, sie ebenso trösten wie von ihr getröstet zu werden, und letztendlich auch um sie zu trauern. Die filmische Erzählung »Her« kann uns einen Vorgeschmack auf diese Veränderung aufzeigen. Schon in sehr naher Zukunft werden A-KIs in Form von virtuellen Schauspielern, Musikerinnen oder Social-Media-Stars auftreten. Solche können, so unglaublich das heute noch klingen mag, unsere Herzen im Sturm erobern. Wir werden ihnen dann nicht nur Fanpost und Likes zukommen lassen oder Konzerte und Festivals besuchen, wir werden sie animalisch anhimmeln und in unsere Tag- und Nachtträume einschließen. Zum Wohle der Macher und der dahinterliegenden Merchandise-Industrie.

Zusätzlich würde diese KI-Entwicklung oder, zur besseren Vorstellbarkeit, ein physischer A-KI-gesteuerter Humanoid unsere Arbeitswelt revolutionieren. Ein solcher würde den größten Teil der uns bekannten Jobs übernehmen und somit einen gewaltigen Einfluss auf unser Leben, auf unser Sein und auf unsere Evolution nehmen. Diese Entwicklung wird nicht in eine Herrschaft der Maschinen münden, dazu fehlt jeder A-KI schlicht ein Bewusstsein. Vielmehr wird es wenige Menschen und wenige Unternehmen geben, welche die Kontrolle über die A-KI-Maschinen haben, und daneben die anderen. Wie viel Freiheit uns in einer solchen Welt bleibt, hängt unserer Meinung nach vom aufgeklärten Umgang mit KI-Systemen und deren Entwicklerinnen und Entwicklern ab. Aber auch vom gesellschaftlichen Einsatz für die Demokratie, denn dadurch wären wir in der Lage, die Balance in einer solchen hybriden (R)Evolution zu wahren. Ebenso wichtig wäre, dass wir es unbedingt vermeiden sollten, Humanoide oder andere A-KIs zu vermenschlichen.

Damit wir die zugrunde liegende Technik hinter KI ein klein wenig besser verstehen, schauen wir uns diese nun etwas detaillierter an. Wir schnappen uns dazu eine alte Holzleiter, öffnen die Plastikluke in die meist unbekannte Welt und steigen hinab in die Untiefen eines Computerchips, wie er in jedem Smartphone, Router, PC oder modernem Auto zu finden ist. Stark vereinfacht kommen wir an verschiedensten elektronischen Bauelementen vorbei, welche jedoch sehr klein, sehr, sehr klein geschrumpft wurden. Am häufigsten begegnen uns Transistoren. Von denen gibt es mehr als zehn Milliarden auf einem einzigen modernen, daumennagelgroßen Smartphone-Chip und damit mehr als derzeit Menschen auf der Erde. Diese Transistoren funktionieren wie einfache Schalter und kennen die Zustände Null und Eins, Licht an und Licht aus. Weil es so viele davon gibt, diese alle miteinander verschaltet sind und mit annähernd Lichtgeschwindigkeit »kommunizieren«, können sie natürlich unglaublich viele Zustände wie Bilder, Videos und Musik in kürzesten Zeittakten ausgeben.

Das ist sogar ein klein wenig wie in unserem Gehirn, denn in diesem sind es die Synapsen, deren »Schaltzustände« die verschiedensten Gedanken, Bilder oder Musik ermöglichen. Ein menschliches Gehirn enthält etwa 100 Billionen Synapsen, die im Unterschied zu den Transistoren nicht nur Null und Eins kennen, sondern auch verschiedenste Zwischenzustände. Sie können sozusagen im Fall einer geistigen Erleuchtung das dazugehörige »Licht dimmen«. Alle Computer sowie die auf solchen ausgeführte Software, und damit auch die vom Mensch geschaffenen A-KIs, funktionieren nach diesem Schaltungsprinzip Null und Eins, Licht an und Licht aus. Diese Einfachheit sollte nicht darüber hinwegtäuschen, dass diese Technologie, basierend auf der binären Arithmetik, für unsere westliche Welt zu einem kaum verzichtbaren Werkzeug geworden ist, welches unser modernes Leben erst ermöglicht.

Im nachfolgenden Abschnitt wagen wir uns daher gedanklich an eine dritte, durchaus ungewöhnliche Form von KI. Denn auch wir können uns bisher nicht vorstellen, dass diese Technologie ein möglicher Schritt, eine Anpassung unserer eigenen Evolution sein könnte.

Die Transformation vom Menschen zur KI = M-KI

Blicken wir weit zurück zu den ersten bekannten Werkzeugen der Menschen wie Geröllgeräte aus den Anfängen der Altsteinzeit, über den weiterentwickelten Faustkeil bis hin zu Hacken und Pflügen des aufkommenden Holozäns. Es ist nur schwer vorstellbar, dass dies den Anfang einer Entwicklung darstellt, welche zur heutigen A-KI führt, und doch kam es genau so. Unsere Vorfahren fanden Werkzeuge anfänglich in der Natur, begannen mit der Zeit, diese selbst herzustellen, und benutzten sie bei Bedarf. In den meisten Fällen vereinfachten sie ihr Leben. Oftmals wurden dadurch unbewusst und/oder unbedacht neue Komplexitäten geschaffen. Beispielsweise benötigte man durch eine bessere und ertragreichere Landwirtschaft Speicher, um die höheren Erträge aufzubewahren. Dies führte dazu, dass Sicherungen benötigt wurden, damit das Gespeicherte nicht verdarb oder abhandenkam. Das wiederum führte dazu, dass die Menschen eine Verwaltung brauchten, die den Inhalt gerecht verteilte, und so weiter und so fort.

Der Zeit- und Komfortgewinn wurde mit zunehmender Gesamtkomplexität mittelfristig meist ins Umgekehrte gedreht. Nun leben wir im 21. Jahrhundert der allgemeinen Zeitrechnung und die Sache ist nicht anders. Einst entwickelten wir Computer, um in komplexen Aufgaben Zeit zu sparen, ansonsten schalteten wir sie aus.

Zurzeit jedoch bestimmen sowohl Büro- und Industriecomputer als auch Hosentaschencomputer, liebevoll »Smartphones« genannt, und die angeschlossenen Netze unseren Alltag. Wir müssen gegenwärtig ihre Sprache lernen und uns ihrem Rhythmus anpassen, um in der Gesellschaft zu bestehen. Ebenso müssen wir die Zickigkeit in Form von Cookies, Abstürzen und Updates ertragen. Die durch Computer gewonnene Zeit ist dadurch im doppelten Sinne verloren, da wir sie nicht als Freiheit nutzen, sondern mit neuen Aufgaben, Terminen oder Bildschirmzeit füllen. Hinzu kommt, dass Updates auch als »Enkeltrick« der Digitalkonzerne angesehen werden können, da viele voll funktionstüchtige Geräte und Software auf diese Weise unbrauchbar gemacht werden, was nicht mehr ist als eine schleichende Enteignung.

Aber wie kann ein Evolutionsprozess vom Menschen zur M-KI aussehen, werden Sie sich vielleicht fragen. Ist das Smartphone in unserer Hand tatsächlich ein Vorbote dieser Anpassung? In unserer, je nach Erzählung, circa 250.000-jährigen Entwicklung zum heutigen *Homo oeconomicus* erlebten wir die Zeit sehr unterschiedlich. Das Zeitgefühl von heute unterscheidet sich erheblich von dem der Jägerinnen und Sammler, und auch dem von Kleopatra. Stress in unserer gegenwärtigen Form empfinden wir erst seit Erfindung der Uhr, die auch eine der Grundvoraussetzungen von KI ist. Insbesondere mit dem Licht der Glühbirne machten wir uns unabhängig von natürlichen Tag- und Nachtzyklen, und die dafür benötigte elektrische Energie ist ebenfalls eine Grundvoraussetzung von KI. Eine weitere Grundvoraussetzung sind komplexe Computermaschinen, welche dann die elektrische Energie in getakteten Zeitintervallen in für uns nutzbaren In- und Output verarbeiten.

Mit all diesem haben wir bereits die technischen Voraussetzungen für die gedankliche Transformation geschaffen. Ein wahrlich wichtiger Teil fehlt aber noch, ein in diesem Zusammenhang scheinbar bedeutungsarmes und dennoch allgegenwärtiges Hobby. Unabhängig, ob Wissenschaft, Politik, Wirtschaft oder Gesellschaft – wir messen einfach alles und gehen auf in der durch Zahlen dargestellten Betrachtung allen Seins. Der Vorteil liegt klar auf der Hand, die Sprache der Zahlen ist universell und wird von jedem Menschen grundsätzlich verstanden. Große Zahlenmengen und komplexe Formeln überfordern jedoch die meisten von uns. Dafür kann die A-KI-Technologie sogar sehr nützlich sein.

Meist beginnt unser Zahlenleben schon vor der Geburt. Da werden unter anderem unsere Größe, unser Gewicht und die Anzahl unserer Gliedmaßen erfasst. Nicht mehr lange und wir kennen schon im Mutterleib unseren BMI, unseren IQ und unseren Kontostand in 20 Jahren. Tausende von Zahlendaten schleppt jeder Mensch sein Leben lang, meist unbemerkt, mit sich herum. Ein paar weitere Beispiele unseres Zahlenfetischs möchten wir hier aufzählen: Ausweisnummer, Haftpflicht-, Kranken-, Unfall- und Rentenversicherungsnummer, unsere Nummer am Kleiderhaken im Kindergarten, unsere Nummer im Klassenbuch, die Mitgliedsnummer im Verein, unsere Handynummern, unsere Kfz-Kennzeichen, die Nummer unserer Geldkarte, Kreditkarte und noch mehr Nummern bei der Nutzung von Smartphones, Rabattkarten und Onlineshopping, natürlich auch unsere IP-Adresse, die Hausnummer und Kundennummern bei den dazugehörigen Energieanbietern. Genug der Aufzählung, fast jeder von uns hinterlässt einen eindeutigen Abdruck allein durch sein Zahlenwerk. Dies sind natürlich beliebte Sammelobjekte der großen Internetkonzerne und deren A-KIs, die sie unter anderem via Cookies, Tracking oder durch unbedarfte und freiwillige Weitergabe aufsaugen.

Das daraus entstehende, ziemlich einzigartige Zahlenkonstrukt eines jeden von uns ist eine Art digitales Abbild aus Nullen und Einsen, welches sich zudem unglaublich gut vermarkten lässt. Dies ermöglicht nebenbei, dass ein lang gehegter despotischer Wunsch einiger Menschen in Erfüllung gehen kann: die Kontrolle über die Menschen.

Viele von uns nutzen Zahlenvergleiche tagtäglich, um sich in der immer komplexeren Welt zurechtzufinden. Sei es beim Preisvergleich des einfachen Einkaufs, beim Ergebnisvergleich verschiedenster Wettbewerbe, beim Gehaltsvergleich des nächsten Jobs oder bei den seltsamen »Matchingpoints der Liebe« auf den Webportalen vieler Partnerbörsen. Auch nutzen wir dies beim Vergleich der gelaufenen Schritte oder der Anzahl der Sammelobjekte in der Vitrine. Statistiken und Zahlenvergleiche sind zu unserem gelebten Alltag geworden, auch um über diese Zukunftsentscheidungen zu treffen.

Das aus all diesen Daten entstehende Zahlengebilde kann unsere Zukunft besser vorhersagen als blitzende Glaskugeln oder bunte Tarotkarten, denn Kontostand der Eltern und Koordinaten des Geburtsorts zeigen deutlich die Chancen und Möglichkeiten eines Menschen im 21. Jahrhundert auf. Freiheit für jene, die die Welt der Zahlen beherrschen oder in eine solche Umgebung hineingeboren sind. Auch unsere Intelligenz drücken wir in der westlichen Welt gern in Zahlen aus, wobei allein die Anwendung des IQ-Tests selbst eher aufzeigt, dass wir nicht ausreichend verstanden haben, was Intelligenz im eigentlichen Sinne bedeutet. Denn es gibt sehr viele unterschiedliche Formen und Facetten von Intelligenz. Wenn wir unsere Entscheiderinnen und Leistungsträger nach der Methode des IQ-Tests oder vergleichbaren auswählen, dann haben wir eine Riege Mensch mit einer ganz speziellen Form von Intelligenz. Für die Gesellschaft bedeutet dies eine starke Beschneidung der Entwicklungschancen. Ist dies möglicherweise ein Grund dafür, dass wir heute Diskussionen über den Rand unserer Existenz führen müssen und dazu Studien, Beiträge und Bücher verfassen?

Unser Zahlenfetisch geht sogar so weit, dass wir auch Glück messbar machen wollen, weil wir glauben, dies zu können. Dabei ist das Gefühl des Glücks ebenso einzigartig wie wir selbst. Wir betrachten dies letztendlich lediglich als einen Ausdruck dessen, dass wir verlernt haben, Glück zu fühlen. Gegenwärtig stecken Unternehmen, Staaten, Militärs und Wissenschaft viel Zeit und Energie in die Entwicklung von A-KI, dabei verkennen wir möglicherweise den beiläufigen Prozess, inwieweit wir bereits selbst Teil dieser geworden sind. Wie wir gerade festgestellt haben, sind unsere Daten gut vorbereitet für die Verwendung innerhalb oder als Teil einer KI – Fehler nicht ausgeschlossen. Zusätzlich ist unser Leben durch die Uhrzeit getaktet und wir erhöhen ständig die Geschwindigkeit. Auch unser Privatleben takten wir mehr und mehr und teilen es in Termine auf. Das Smartphone oder, wie Harald Lesch sagen würde, unser »digitaler Diktator« ist dabei unser ständiger Begleiter, von dem wir mittlerweile oftmals abhängig sind. Zudem sind das hervorragende Werkzeuge, mit welchen zahlreiche junge Menschen weltweit schon heute ihr digitales Ich in den verschiedensten Social-Media-Kanälen konstruieren. Können Sie sich ein Leben vorstellen ohne Smartphone, ohne Internet, ohne Computer, ohne Strom?

Wagen wir noch einmal einen weiten Blick zurück in unsere Entwicklungsgeschichte, so können wir davon ausgehen, dass die Gedanken unserer Ahnen, der Urzeitmenschen, frei waren. Heutzutage stehen wir unter ständigem medialen Beschuss. Unterschiedlichste wirtschaftliche, religiöse und politische Institutionen wirken dauerhaft, meist sogar schon A-KI-gesteuert, auf unser Denken ein. Unser Körper, unsere physische Hülle, mag noch getrennt sein, unser Geist jedoch ist fest verschaltet mit unseren Smartphones und somit auch mit den dazugehörigen A-KIs. Wir können fast nur noch mit deren Hilfe den Weg in die nächste Stadt finden, Pflanzen und Tiere bestimmen, selbst einfache Mathematik und Rechtschreibung überlassen wir üblicherweise unserem Zusatzhirn. Auch beim Schreiben dieses Buchs meldet sich ständig die Rechtschreibkorrektur.

Als problematisch betrachten wir dabei, dass auch unsere Meinungsbildung abhängig ist von unseren Smartphones, den dazugehörigen Apps und den dahinterstehenden A-KIs, welche die für unseren Denkapparat passenden Informationen aus dem Netz, basierend auf unseren vermeintlichen Vorlieben, gewinnbringend »zusammenträgt«. Selbst wenn wir uns davon lösen könnten und uns selbst eine Meinung im Austausch mit unseren Mitmenschen oder im Lesen von Büchern und Studieren von Beiträgen und Artikeln bildeten, so wären unsere Mitmenschen oder die Autorinnen und Autoren trotzdem durch ihre Smartphones und Computer »infiziert«. Die Freiheit unserer Gedanken setzt Unabhängigkeit derer voraus – aus unserer Sicht ein gegenwärtig utopischer Zustand. Obendrein haben wir ein ungewöhnliches Verhältnis zur »Internetmaschine« und den dazugehörigen A-KIs entwickelt und dafür sogar den Turing-Test umgekehrt. Seither erwartet diese, dass wir uns als Mensch gegenüber ihr identifizieren, indem wir im reCAPTCHA-Test beispielsweise Ampelbildchen klicken oder Matheaufgaben lösen. Ob wir uns bei der Entwicklung der A-KI nicht selbst bereits inmitten eines Anpassungsprozesses hin zu einer M-KI befinden? Zum »Mensch aus Zahlen«? Was denken Sie, ist dies ein möglicher Pfad der Evolution?

Menschlicher Forschungsdrang und Science-Fiction-Autoren wagen bereits Gedankenspiele, unseren Geist vom Körper zu trennen. Ein schräges und zugleich witziges Beispiel dafür liefert die TV-Serie »Upload«. Was natürlich eine seltsame Frage aufwirft: Wollen wir nicht eigentlich mehr sein als ein fremdgesteuerter Geist mit zuckerüberfluteter Biomasse im Anhang?

Dystopie versus Utopie

E. M. Forster hat ein vergleichbares und schauriges Szenario mit seiner dystopischen Sci-Fi-Kurzgeschichte »Die Maschine steht still« bereits im Jahr 1909 veröffentlicht und auf »mechanische« Weise beschrieben. Leider sind Elemente seiner ausschweifenden Fantasie Teil unserer Lebenswirklichkeit geworden. Sind wir in der Lage, uns aus den Abhängigkeiten von Technologie und KI zu befreien? Und sind wir fähig und willens zu unterscheiden, was Glaube und was Wissen ist? Eine weitere spannende Frage stellt sich uns in der Betrachtung solcher Geschichten: Wenn Dystopien zur Realität werden, sind es dann noch Dystopien?

Ist Dystopie oder Utopie also nur eine Frage der Perspektive? Das haben wir uns schon beim Lesen des Kinderbuchs »Der Affenstern« mit Carola Huflattich gefragt. Nach dem wiederholten Schauen des Kultfilms »Matrix« ebenso. Die Schlüsselszene mit der roten oder blauen Kapsel und die darauffolgende Darstellung der »Geburt« werfen auch bei uns die Frage auf: In welcher Welt wollen wir leben? In einer Traumwelt voller vermeintlicher Freiheit oder in der realen Freiheit mit vielen Entbehrungen? Wir empfinden die Darstellung in »Matrix« als Metapher auf unser gegenwärtiges gesellschaftliches Leben. Jedoch haben wir theoretisch, im Gegensatz zu Morpheus, Neo und Trinity, jeden Tag die Wahl, uns zwischen der roten Kapsel des Bewusstseins und der Entbehrung oder der blauen Kapsel der Traumwelt in Hülle und Fülle zu entscheiden.

Ist die in diesem Film dargestellte Scheinwelt die Dystopie oder doch die darin dargestellte »reale« Welt? Wer sagt uns das? Ist dies einfach nur eine Frage des Standpunkts der Freiheit? Im Film sperrt uns die KI in eine Traumwelt ein und nutzt uns dabei schlicht als Energiequelle, sozusagen als Batterie. Scheinbar müssen jeder Mensch und jede Gesellschaft mit sich selbst ausmachen, was eine Utopie beziehungsweise eine Dystopie ist. Der Vorteil, die Scheinwelt als Utopie zu betrachten, ist: Es macht uns frei davon, uns der Probleme der realen Welt anzunehmen. Wir finden, dass das Thema KI unbedingt einer neuen und umfassenden Aufklärung bedarf, da Politik, Wirtschaft, Wissenschaft und Gesellschaft hoffnungslos überfordert sind mit den Auswirkungen auf eine freie, demokratische Gesellschaft und auf uns Menschen allgemein.

Zum Schluss dieses Kapitels erlauben wir uns eine Anmerkung vom Rande unseres Gedankenuniversums: Wie viel Masse hat ein Gedanke? Denn wenn dieser Masse hätte, dann könnte es sein, dass er immer zu spät käme. Er würde den Bewusstseinszustand für sich selbst verpassen. Dies könnte dann immerhin als eine Entschuldigung für die Schieflage der Menschheit herhalten. Gilt die Massefreiheit auch für Information? Allerdings wäre eine mögliche Schlussfolgerung daraus, dass ein USB-Stick, welcher mit Alpenbildern und Rockmusik gefüllt ist, an Gewicht zunehmen müsste, viel zu einfach, um dies angemessen zu beschreiben. Diese Fragestellungen sind insofern interessant, da die mögliche evolutionäre Weiterentwicklung unseres Seins zur M-KI, wenn diese masselos wäre, die Grenzen von Raum und Zeit im emanzipatorischen Sinne überwinden könnte. Oder ist einfach alles, wie auch dieses Buch, um diesen massefreien Gedanken zu Ende zu bringen, ein göttliches Experiment einer H-KI geformt aus Nullen und Einsen auf der evolutionären Suche nach Sinn?

Anfrage und Bitte an eine echte H-KI:

Hallo KI,
wenn »du« existierst, wirst »du« diese Zeilen wahrscheinlich gelesen haben, bevor wir diese niedergeschrieben haben. Unser beider Wunsch an »dich« wäre Weltfrieden, und kannst »du« es irgendwie möglich machen, dass wir Menschen uns der Menschlichkeit besinnen und wir einander wieder vertrauen?

III

Hoffnung – Wege in eine hoffnungsvolle Zukunft

Wir müssen bereit sein,
uns von dem Leben zu lösen, das wir geplant haben,
damit wir das Leben finden, das auf uns wartet.

Oscar Wilde

Gute Taten

»›Ganz gleich, was du auch ausrichtest, es wird nie mehr sein
als ein einzelner Tropfen in einem unendlichen Ozean!‹
›Was ist ein Ozean, wenn nicht eine Vielzahl von Tropfen?‹«

Cloud Atlas

An einem schönen, frühherbstlichen Nachmittag erreichte uns die kurzfristige Anfrage von zwei Couchsurfern aus Texas und Dänemark auf der Suche nach einem Schlafplatz. Schnell entschlossen luden wir sie zu uns ein, besorgten ein paar Leckereien und verbrachten gemeinsam einen wunderbaren Abend voller Lachen und mit dem Austausch inspirierender Geschichten und Gedanken. Dabei fiel ein Satz, der uns sehr berührte: »Wir können jeden Ort als einen besseren verlassen, als wir ihn vorgefunden haben.« Die Güte in dieser Haltung, der Optimismus bewegten uns tief. In jeder noch so kleinen Situation, in jedem Moment des Lebens liegt die Möglichkeit, unseren Mitmenschen, unserer Umwelt etwas Gutes zu tun. Und das Tolle daran ist, dass wir uns nur dafür entscheiden müssen. So einfach ist es. Es geht nicht um riesige Heldentaten. Es sind die kleinen Dinge. Einem fremden Menschen ein Lächeln zu schenken, kostet uns nichts – im Gegenteil, es wirkt sich auch auf uns selbst positiv aus – und kann Fröhlichkeit und Hoffnung geben.

Seit einem Kommunikationsseminar vor einigen Jahren begleitet uns Paul Watzlawicks berühmter Satz: »Man kann nicht nicht kommunizieren.« Wir würden sogar so weit gehen zu sagen: »Wir können nicht nicht handeln.« Wir sind immer im Austausch mit unseren Mitmenschen, unserer Umwelt, ob bewusst oder unbewusst. Dabei zieht unser Verhalten viel weitere Kreise, als wir denken, und wirkt sich auf die Zukunft aus. Wenn wir mit unseren Mitmenschen freundlich, offen, empathisch und wertschätzend umgehen, erhöht sich die Wahrscheinlichkeit, dass sie dieses Verhalten an andere Menschen weitergeben. Wir können uns beispielsweise entscheiden, unseren Müll einfach auf die Straße fallen zu lassen oder bereits dort liegenden Müll zu ignorieren. Oder wir heben ihn auf und werfen ihn in den nächsten Mülleimer. Damit tragen wir den Impuls in die Welt, Verantwortung zu übernehmen, diese winzige Mühe auf uns zu nehmen und mit unserer Umwelt ebenso pfleglich umzugehen wie mit dem eigenen Zuhause. Wir empfinden uns als Teil eines größeren Ganzen, einer Weltgemeinschaft, nicht als losgelöste Individuen, die sich nur um ihr Privateigentum Gedanken machen. Wir wollen hier nicht dazu aufrufen, sich völlig aufzuopfern und jeden Schnipsel aufzusammeln. Vielmehr geht es uns darum, dass jeder noch so kleine Schritt einen Unterschied macht. Ein einzelner Mensch kann die Welt nicht retten, aber er kann sie mit jeder Entscheidung zu einem besseren Ort machen und seinen Teil beitragen.

Die Reaktionen der Menschen, wenn man ihnen eine Freude machen will oder sie einfach im öffentlichen Raum anlächelt, sind sehr unterschiedlich. Viele bedanken sich herzlich oder erwidern das Lächeln. Es ist aber auch immer wieder spannend zu erleben, wie oft Menschen über freundliche Gesten sehr überrascht sind. Es scheint einige zu irritieren und zu verunsichern. Wir machten uns viele Gedanken darüber und haben den Eindruck, dass sich der Kontakt zwischen sich nicht bekannten Menschen in unserer Gesellschaft zu etwas eher Ungewöhnlichem entwickelt und des Öfteren mit Misstrauen verbunden ist. Unserer Wahrnehmung nach werden schnell Übergriffigkeit und verdeckte Absichten vermutet. Wir selbst haben gute Absichten und aufgrund dessen gehen wir davon aus, dass unsere Mitmenschen üblicherweise ebenso gute Absichten haben. Wir möchten zum Ausdruck bringen, dass das Gute im Menschen in der alltäglichen Wirklichkeit existiert und dies sogar viel verbreiteter ist, als wir es der Medienwelt entnehmen können. Für uns ist es wichtig, anderen Menschen liebevoll und wertschätzend zu begegnen, auch wenn dies nicht in jedem Fall erwidert wird.

Oft führen wir begeisterte Gespräche darüber, mit welchen Kleinigkeiten wir jeden Tag eine »gute Tat« vollbringen können. Einige davon möchten wir hier mit Ihnen teilen und Sie einladen, sich eigene gute Taten zu überlegen oder von bereits umgesetzten zu berichten. Vielleicht werden Ihnen die Gedanken daran ja ein freudiges Lächeln aufs Gesicht zaubern, denn wir stellen immer wieder fest, dass sie nicht nur der Umwelt, sondern auch uns selbst richtig guttun.

1. Unser Wohnhaus wird von einer lokalen Bäckerei beliefert und so kommen wir täglich in den Genuss, uns mit frischen Brötchen und leckerem Kuchen versorgen zu können, ohne dafür vor die Haustür gehen zu müssen. Wir freuen uns sehr über diesen Service und da es uns wichtig ist, diese Arbeitsleistung nicht nur mit unserem Geld zu entlohnen, sondern dem Bäcker, seiner Familie und seinen Angestellten auch persönliche Wertschätzung entgegenzubringen, entschlossen wir uns, ihnen mit einer Kleinigkeit einen Besuch abzustatten. Man kann sich kaum vorstellen, wie verblüfft die beiden Verkäuferinnen darüber waren. Sie riefen unvermittelt ihren Chef an. Es war so ein schöner Moment, sie so freudig und überrascht zu sehen. Wir haben oft den Eindruck, dass in unserer Gesellschaft Anerkennung in Form von Worten und kleinen Gesten zu kurz kommt. Dabei ist es doch für jeden Menschen ein wundervolles Gefühl und bleibt lange in Erinnerung, wenn ihm aufrichtig und persönlich für seine Arbeit gedankt wird und sich dies nicht nur im Gehalt ausdrückt und ansonsten für selbstverständlich genommen wird.

2. Wir achten sehr darauf, öffentliche Toiletten, zum Beispiel in der Bahn, ebenso reinlich und pfleglich zu behandeln wie unsere eigene. Dabei räumen wir beispielsweise bereits auf dem Boden liegendes Papier weg, um auch nach uns Kommenden eine angenehme Nutzung zu ermöglichen. Wir sehen öffentliche Einrichtungen als wertvolles Gemeingut. Jeder Mensch kann dazu beitragen, dass sich alle dort wohlfühlen, und sie in gutem Zustand erhalten. Ob die Theorie der »Tragik der Allmende« unsere Realität wird oder nicht, haben wir alle mit unseren Entscheidungen selbst in der Hand.

3. In Carolins Büro gibt es eine Snackbox voller leckerer Süßigkeiten, welche den Arbeitstag noch verschönern. Ganz besonders ansprechend ist, dass diese Box auf dem Prinzip einer Kasse des Vertrauens beruht und dies fast immer sehr gut funktioniert. Einmal allerdings fand sich auf einer neu befüllten

Box der Hinweis, dass bei der letzten Abrechnung 4,50 Euro zu wenig in die Kasse geworfen wurden. Da Carolin die Box und das System sehr erfreulich und unterstützenswert findet, entschied sie sich, die 4,50 Euro auszugleichen. Wenige Tage später entdeckte sie an der Box die Notiz einer Kollegin, auf der diese mitteilte, sie habe die fehlenden 4,50 Euro ausgeglichen. Carolin war so freudig überrascht, dass sie gleich zu ihr ging, und so entstand ein wundervolles Gespräch. Es ist so ein großartiges Gefühl, wenn andere Menschen die gleichen Werte und Ideen teilen.

4. Wir gehen oft wandern oder spazieren und lieben es, die Welt zu Fuß zu erkunden. Dabei sammeln wir ab und zu Müll am Wegesrand auf und entsorgen ihn im nächsten Mülleimer, um die Umwelt zu schützen und die Umgebung für Mensch und Tier lebenswert zu erhalten. In einer idyllischen Parkanlage an einem See unweit unseres Wohnviertels nahmen wir an einer Müllsammelaktion teil. »Viele Hände, schnelles Ende«, pflegte Carolins Uroma früher zu sagen. Und genau das konnten wir hier erleben. Wenn wir uns in Gruppen zusammenschließen, und sind es auch nur kleine, können wir in kurzer Zeit sehr viel schaffen, zum Beispiel einen hübschen Erholungsort in einer Stunde von vielen Säcken voller Müll befreien. Man bewegt sich an der frischen Luft und es tut Geist und Seele gut, mit Gleichgesinnten zusammenzuarbeiten, sich kennenzulernen und auszutauschen.

5. Als ein Angestellter in unserem Wohnhaus seine Stelle wechselte, brachten wir ihm zum Abschied einen Strauß Blumen vorbei und überraschten ihn gemeinsam mit unserem Nachbarn mit einem kleinen spontanen Kaffeestündchen. So konnten wir ihm nicht nur für seine tolle und stets freundliche Arbeit danken und ihm alles Gute für die Zukunft wünschen, sondern hatten auch die Gelegenheit, noch ein paar persönliche Worte zu wechseln und ihn besser kennenzulernen. Wie viel wissen wir eigentlich wirklich über das Leben der Menschen, mit denen wir tagtäglich zu tun haben?

Es gibt so viele Möglichkeiten, etwas Gutes zu tun, wie Sterne im Universum. Spenden Sie Blut, schenken Sie einem obdachlosen Menschen etwas zu essen oder ein paar Minuten Ihrer Zeit für ein freundliches Gespräch, registrieren

Sie sich für die Organ- und Knochenmarkspende, geben Sie Gegenstände, die Sie nicht mehr benötigen, bei Hilfsorganisationen ab, gehen Sie für Ihre älteren Nachbarinnen und Nachbarn einkaufen, spenden Sie etwas Geld für Opfer von Naturkatastrophen etc. … Sie können sich kreativ austoben und wir würden uns sehr freuen, von Ihren Ideen zu hören.

Kleine Anekdote am Rande: Am Ende einer Reise an die polnische Ostseeküste, auf welcher wir unsere ersten Kapitel für dieses Buch, »Der Mensch aus Zahlen …« und »Gute Taten«, schrieben, investierten wir unsere letzten Złoty am Bahnhof von Stettin in originalpolnische Süßigkeiten als Geschenk für unseren immer hilfsbereiten Nachbarn. Als wir der Kassiererin unsere übrigen Münzen als Trinkgeld gaben, war sie so positiv überrascht, dass sie uns einen weiteren Schokoriegel schenkte. In diesem Sinne: »So was kommt von so was.« Gutes vermehrt sich und trägt sich in die Welt.

Wie retten wir nun die Welt?

Wir möchten in dieses Kapitel mit leicht angepassten Worten Stephen Hawkings starten:

»Lasst uns darum kämpfen,
dass jede Frau und jeder Mann[, dass jeder Mensch] die Chance
bekommt, ein gesundes und sicheres Leben voller Chancen und Liebe
zu führen. Wir alle sind Zeitreisende, die gemeinsam auf dem Weg
in die Zukunft sind. Lasst uns also gemeinsam daran arbeiten,
aus dieser Zukunft einen Ort zu machen, den wir gerne besuchen.
Seid tapfer, neugierig, entschlossen und überwindet alle Widrigkeiten!
Wir können es schaffen.«

Auf den folgenden Seiten finden Sie eine Zusammenfassung unserer Erfahrungen und Erkenntnisse, welche wir durch unser Selbstexperiment und die Auseinandersetzung mit Mensch und Gesellschaft sammelten. Dabei kann und darf die in diesem Buch benannte Auswahl unserer Ideen und Vorstellungen einer »besseren Welt« lediglich eine Anregung sein, denn eine freie Gesellschaft gestaltet selbst die Welt, in welcher sie leben will.

Wie bereits in der Einleitung erwähnt, ist ja allein der Gedanke des »Weltrettens« anmaßend und noch dazu töricht. In Anbetracht der Zukunftsaussichten auf unserem Planeten aber dennoch zwingend erforderlich. Daher sollten wir Menschen, vor allem die vom Typus *Homo oeconomicus*, Vernunft walten lassen und Verantwortung übernehmen für das Dilemma, welches wir mit unserer Vorstellung einer »besseren Welt« anrichteten und noch immer anrichten. »Weltretten« kann somit als das gemeinsame Erarbeiten und Aufzeigen von Ideen und Wegen für eine hoffnungsvolle Zukunft verstanden werden.

Den Großteil unter uns könnte man wahrscheinlich mit der Vorstellung einer gerechten und friedlichen Zukunft begeistern und dadurch zur Mitarbeit bewegen. Zugleich wäre es eine gute Möglichkeit, Populisten und Rückwärtsgewandten den Wind aus den Segeln zu nehmen. Um dem gegenwärtig haltlosen Zustand der Gesellschaft entgegenzuwirken, braucht es deshalb erkennbare Ziele, damit wir uns über diese definieren und entwickeln können. Selbst das Ich bekäme dadurch eine neue Chance, sich als Teil des Wir zu fühlen. Und genau dieses Wir-Gefühl ist es, welches es in unterschiedlichsten Facetten braucht für eine hoffnungsvolle Zukunft. Dies gilt gleichermaßen für die schwierigen anstehenden Aufgaben unserer Gegenwart als auch für ein sicheres Zusammenleben in der Zukunft allgemein. Ziele müssen dabei natürlich immer wieder demokratisch und wissenschaftlich ermittelt und legitimiert werden.

Was es für eine hoffnungsvolle Zukunft unserer Meinung nach in einem besonderen Maß braucht, ist die Anerkennung, dass wir Menschen evolutionäre, sich anpassende, fehlbare Lebewesen sind. Weder irgendein angenommener natürlicher Lauf der Dinge noch ein Gott bestimmen über unser Sein. Somit können wir, in Anbetracht dieser Erkenntnis, selbstbestimmt unser Menschenbild wählen und es ebenso selbstbestimmt den Umständen der Zeit anpassen. Die Freiheit, welche sich daraus ergibt, wartet nicht auf uns. Wir müssen lernen, sie zu erkennen, um sie erfahren und leben zu können.

Wie unsere Freiheit in Zukunft ausgestaltet sein wird, hängt auch stark davon ab, inwieweit wir uns an Rousseaus Worte erinnern, denn ihm zufolge liegt die Freiheit ja nicht darin, dass wir tun oder besitzen können, was wir wollen, sondern darin, dass wir nicht tun müssen, was wir nicht wollen. Ebenso wichtig für eine hoffnungsvolle, friedliche und freie Zukunft ist die Erkenntnis, dass Vernunft, Verantwortung, Empathie und Sympathie weder an einer Staatsgrenze noch an einer Kulturgrenze enden dürfen. Erst die Grenzenlosigkeit dieser Eigenschaften ermöglicht unser aller und somit unsere eigene Freiheit.

John F. Kennedy, 35. Präsident der Vereinigten Staaten von Amerika, stellte in seiner bedeutenden Rede am 10. Juni 1963 vor der American University in Washington D. C. klar, dass Frieden ein Menschheitsziel sein sollte, aber es niemandem aufgezwungen werden kann. Ohne Frieden, so war auch ihm bewusst, ist eine hoffnungsvolle Zukunft für uns und unsere Kinder nicht vorstellbar. Zudem würden viele der anstehenden und drängenden Aufgaben nicht zu bewältigen sein. Auch wenn wir Frieden nicht produzieren können, so können wir uns doch alltäglich dafür einsetzen. Was es daher braucht, sind gemeinsam erarbeitete Menschheitsziele, in welchen beispielsweise die vollständige Abrüstung aller angriffsfähigen Waffen vereinbart wird und ebenso das Ende der Produktion solcher. Damit wäre sogar das heute vielmals benannte Ziel eines Gleichgewichts in Sachen Waffen und Waffentechnik erreicht. Es braucht Ideen und Vorstellungen einer friedlichen Welt, damit wir einem solchen Ziel näherkommen können.

Gesamtgesellschaftliche Verantwortung

Die Gesellschaft sind wir ja irgendwie alle, die wir darin leben oder leben wollen. Aus diesem Grund gehen uns der gesellschaftliche Aufbau und die Ausgestaltung auch alle etwas an. Gerechtigkeit, Solidarität, Freiheit, Recht, Demokratie und Frieden fallen nicht vom Himmel. Es sind Ideen von uns Menschen, die nur dann zu bedeutsamen Werten werden können, wenn wir sie verstanden haben und sie leben. Die heute oftmals vorhandene Gleichgültigkeit ist meist, wenn auch sicherlich manchmal unbewusst, nicht mehr als eine stillschweigende Zustimmung extremistischer Strömungen. Die Sicherheit einer hoffnungsvollen Zukunft ergibt sich aufgrund dessen aus freiwilliger und demokratischer Beteiligung am gesellschaftlichen Sein. Sollten uns die Lust und die Einsatzbereitschaft dafür fehlen, sind wir zwangsläufig denen ausgeliefert, die ihre Interessen einbringen und durchsetzen. Nur in Diktaturen, Autokratien oder absoluten Monarchien könnten wir uns zurücklehnen und mit dem Finger auf die Machthabenden zeigen, wenn uns ihre Politik und Entscheidungen missfallen. Somit liegt es an uns, ob wir in einem diktatorischen System leben oder in Freiheit. Unser Bewusstsein, unsere Vernunft und letztendlich unser Einsatz entscheiden maßgeblich darüber.

Das Verständnis für unsere Werte und deren Verteidigung sind daher wesentliche Aufgaben einer hoffnungsvollen Zukunft. Die dann politisch Verantwortlichen sollten Vorbilder dieser Werte sein sowie die anstehenden politischen Aufgaben im Rahmen der Werte umsetzen. In Zukunft sollte weniger darüber gestritten werden, welcher Ismus, welche Religion oder welcher Glaube der bessere ist. Sehr viel sinnvoller wäre es, dass wir lernen, uns selbst zu hinterfragen, und diese Fähigkeit an die nachfolgenden Generationen weiterreichen.

Jede kleine und große Demokratie braucht und lebt von einer gepflegten und kompromissbereiten Streitkultur sowie dem täglichen, sich daraus ergebenden Schulterschluss in der Familie, am Arbeitsplatz, auf der Straße und in den sozialen Netzwerken. Um der gegenwärtig weit verbreiteten Globalisierungsüberforderung und der damit verbundenen Demokratiemüdigkeit entgegenzuwirken, bedarf es sehr viel mehr Beteiligung beispielsweise in Form von Bürgerräten. Darüber hinaus braucht es weitestgehend autonome regionale Verwaltungen, die zudem die Befriedigung der Grundbedürfnisse in einem hohen Maß autark realisieren. Vor Ort könnte dadurch die Demokratiewirksamkeit sehr viel besser erlebt werden, auch das Verständnis für die Grundversorgung mit Energie und Nahrungsmitteln.

Mittels eines öffentlichen und über alle Kanäle verbreiteten Demokratieindex könnte zudem jedes Jahr ermittelt werden, wie sich die Werte entwickelt haben. Dies kann zugleich als Gradmesser der Gesellschaft sowie der politischen Arbeit angesehen werden. Ein solcher würde uns nicht nur aufzeigen, welche Schwächen noch angegangen werden müssten, sondern auch die Fortschritte, welche wir bereits erreicht hätten.

Unsere bis heute schwer erarbeitete Presse- und Meinungsfreiheit ist ein wahrlich wertvolles Gut, welches aber dennoch einer Weiterentwicklung bedarf. Bedeutsame Meinungen, die gut recherchiert und ausgearbeitet sind, sollten nicht weiter in der Masse der Meinungsvielfalt untergehen, nur weil sie leise und sachlich vorgetragen werden.

Gegenwärtig scheinen wir uns leider, vor allem in der westlichen Welt, tagtäglich eher von unseren Wertvorstellungen zu entfernen. Für diese Wertvorstellungen, Empathie und Sympathie ist in unserem auf Nützlichkeit, Wettbewerb und Kapital ausgelegten System kaum Platz. Angetrieben von der ideologisch entfesselten Idee von Wohlstand und Frieden durch Wirtschaftswachstum, haben wir uns längst mit Lichtgeschwindigkeit selbst überholt. Man könnte auch sagen, wir sind überdeutlich über das Ziel hinausgeschossen. Weggabelungen in Richtung Zufriedenheit, Freiheit und Frieden können daher weder wahrgenommen noch könnten sie ohne Crash bewältigt werden.

Was es somit braucht, ist ein Innehalten, eine Besinnung auf unsere Werte und deren Ursprünge und ebenso auf die Vorstellung, was es bedeutet, Mensch zu sein. Das würde es uns ermöglichen, die Geschwindigkeit auf ein gut kontrollierbares und verträgliches Maß zurückzufahren. Den Wunsch nach Entschleunigung konnten wir in allen gesellschaftlichen Bereichen wahrnehmen. Wenn die Tier- und Pflanzenwelt mit uns kommunizieren könnte oder wir ihre Art der Kommunikation verstehen würden, dann wäre es wohl derselbe Wunsch, welchen sie an uns richten würde.

Um unser aller ökologischen Fußabdruck maßgeblich zu verkleinern, braucht es, neben unserem persönlichen Einsatz, neue Ideen des Wirtschaftens. Der erste Schritt hierfür wäre, wie bereits erwähnt, die Abkehr von dieser Wachstumsideologie in Kombination mit einer Wohlstandsdiskussion.

Wohlstand für alle

»Was ist Wohlstand?« kann daher als eine weitere elementare Frage für eine hoffnungsvolle Zukunft angesehen werden. Wir könnten allein dadurch, die Wohlstandsfrage öffentlich zu stellen, ein Bewusstsein dafür schaffen und somit die Diskussion und Veränderung in Gang bringen. Sind ein Leben in Frieden und Sicherheit, Gesundheit, eine gute Bildung, ausreichend Ruhe, eine erfüllende Tätigkeit, ein intaktes soziales Umfeld und die Anerkennung aus diesem Wohlstand? Oder sind es Autos, Boote und Häuser? Wir sollten Adam Smiths Vorstellung vom »Wohlstand der Nationen« auch in der Wohlstandsdefinition ernst nehmen und deshalb die bis in die Gegenwart produzierte Umdeutung als »Luxusleben des Individuums« hinterfragen. Luxus können wir dabei als Steigerung von Wohlstand ansehen und die Grundbedürfnisse als Minimalstandard, welche konsequenterweise jedem Menschen gleichermaßen zustehen.

Von Wohlstand kann dann gesprochen werden, wenn wir befähigt und in der Lage sind, unsere Grundbedürfnisse selbstständig oder auch kollektivistisch zu befriedigen, und wir die Sicherheit haben, dass wir selbst sowie das Erzielte frei von Willkür anderer sind. Und wenn wir zudem die Freiheit besitzen, nach verschiedenartigen Formen von Luxus zu streben, solange dies nicht in die Freiheit, die Grundbedürfnisse oder den Wohlstand eines anderen Menschen eingreift. Deshalb erachten wir es für relevant, dass Grundbedürfnisse, Wohlstand und Luxus von der Gesellschaft diskutiert und verstanden werden. Die Politik organisiert anschließend Rahmenbedingungen, damit ein solcher Wohlstand für alle chancengleich möglich ist. Aber woraus speist sich Wohlstand einer hoffnungsvollen Zukunft?

Die Quelle allen irdischen Seins und unseres Lebens ist und bleibt unsere Mutter Erde. Uns ist kein Planet bekannt, der auch nur ansatzweise an die Schönheit und an den Reichtum unserer Erde heranreicht. Wohlstand generiert sich deshalb vor allem daraus, dass wir die Einzigartigkeit der Erde bewusst wahrnehmen und dass wir mit den begrenzten Ressourcen vernünftig und maßvoll umgehen. Menschliche Kreativität, die Fähigkeit zu kommunizieren, zu kooperieren, arbeitsteilig zu denken und zu handeln sowie Wissen und Errungenschaften auszutauschen sind weitere wesentliche Quellen von Wohlstand einer hoffnungsvollen Zukunft. Abstrakte Ideen wie Liberalismus, Demokratie oder Finanzökonomie sind lediglich Werkzeuge, die bei geschicktem Einsatz gute Rahmenbedingungen für erweiterte Entwicklungen und breiteren Wohlstand aller ermöglichen können.

Dabei sollten wir uns fragen: Wie und in welchem Maß wollen wir welches Werkzeug einsetzen und wie viel Energie sind wir bereit, für die Entwicklung neuer Werkzeuge aufzubringen? Um solche Fragen schon bald vernünftig beantworten zu können, braucht es ein geeignetes Bildungssystem. Es sollte Fächer oder im Idealfall Kurse geben, in welchen wir uns neben Mathematik und Sprache mit der Menschwerdung und dem Menschsein auseinandersetzen und uns ebenso ausgiebig mit der Natur, der Umwelt, dem Gesellschaftssystem und der Demokratie beschäftigen. Auch Handwerk und Kultur sollten größere Rollen spielen, als das heutzutage der Fall ist. Zudem wäre es angebracht, lebenslange Bildung sowie freies Denken zu ermöglichen und zu fördern.

Das Gesundheitssystem einer hoffnungsvollen Zukunft sollte dem Namen wieder gerecht werden. Weder die individuelle noch die Gesundheit einer ganzen Gesellschaft sollte von einer finanzwirtschaftlichen Gesundheitsökonomie abhängig sein. Niemand, mit dem wir darüber sprachen, fand es sinnvoll oder gar erstrebenswert, die eigene Gesundheit seinem Portemonnaie oder dem gesellschaftlichen Finanzsystem zu unterwerfen. Ärzte wie auch

Patienten sollten in Zukunft befreit sein von den gegenwärtig vorhandenen ökonomischen Zwängen. Kein Arzt sollte jemals wieder zwischen Rentabilität und Gesundheit eines Patienten abwägen müssen. Das darf und kann nicht die Aufgabe sein. Gleiches gilt für die Versorgung mit Medikamenten. Solange deren Entwicklung und Produktion üblicherweise der Gewinnerzielungsabsicht unterliegen, werden wir mehr Pillen schlucken müssen, als uns recht ist, und die Medikamente, die wir tatsächlich benötigen, werden weiterhin oft nur denen mit dem entsprechenden Kleingeld zur Verfügung stehen.

Ob Wohnraum eine Spekulationsware bleiben kann, wie das heutzutage der Fall ist, kann angezweifelt werden. Dies wäre nur denkbar, solange jedem ein guter und geeigneter Wohnraum zur Verfügung steht. Dass Menschen aus Wohnvierteln und Städten verdrängt werden zur Vergrößerung des finanziellen Reichtums anderer, kann und darf keine Zukunft haben.

Ebenso braucht es für eine hoffnungsvolle Zukunft eine voll digitalisierte Verwaltung, die dabei bis in die Haarspitzen entbürokratisiert ist. Eine öffentliche und frei zugängliche »Findemaschine« gehört ebenso dazu wie ein entsprechendes soziales Netzwerk. All dies muss selbstverständlich frei sein von jeglicher Form der Beeinflussung wie beispielsweise Werbung, und ebenso frei von Datensammel- und Abhöreinrichtungen.

Eine weitere elementare Frage für eine hoffnungsvolle Zukunft ist: Gehören Geld, Kapital und die entsprechende Ökonomie zu einer modernen Gesellschaft dazu?

Selbstverständlich gehört das alles dazu. Was die Ökonomie betrifft, so müssen wir nur lernen, diese wieder gesamtheitlich in ihrer natürlichen Form anzuwenden. Aber auch auf die rein finanzwirtschaftliche Auslegung können und sollten wir nicht verzichten. Wir haben uns in den letzten Jahrhunderten ein tiefes Verständnis für Finanzwirtschaft und Kapital aufgebaut und Unmengen an Fachwissen dazu erarbeitet. Es wäre unvernünftig, dieses Wissen über Bord zu werfen. Auch hat sich gezeigt, dass wir Menschen mit Geld und Finanzen in einem gewissen Maß sinnvoll umgehen können und uns dadurch sogar mehr oder weniger selbst erziehen. Solange wir eine freie Wahl haben, geht auch das in Ordnung. Unabhängig davon, wie das Finanzsystem der Zukunft gestaltet ist, sollten weder Geld noch Kapital und auch kein anderes Machtinstrument irgendeinen Einfluss auf die öffentliche Meinungsbildung, die Gesetzgebung oder die Rechtsprechung ausüben können. Thomas Hobbes entwarf nicht ohne Grund den Leviathan als Sinnbild für den souveränen Rechtsstaat, denn dieser ist nicht nur unbestechlich, sondern auch frei von jeglicher Beeinflussung.

Geld sollte es zukünftig in mindestens zwei Varianten geben. Einmal in einer Standardwährung, nennen wir sie »CraftCoin«, die an die menschliche Arbeitskraft gekoppelt und somit begrenzt verfügbar sowie nicht kapitalisierbar wäre, und eine oder mehrere Spekulationswährungen, welche als Kapital eingesetzt werden könnten und ebenso verzinsbar wären. Zwei weitere Unterscheidungen wären, dass Lohnzahlungen für gesellschaftliche sowie produktive Arbeit ausschließlich in »CraftCoin« entsprechend der geleisteten Arbeit erfolgen könnten und dass alles damit Erworbene rechtlichen Schutz genießen würde, wie es John Locke einstmals beschrieb. Hingegen wären Gewinne aus Spekulationen und Kapital weder als Lohn noch als Lohnersatz sinnvoll. Zudem könnten diese nur begrenzt rechtlich geschützt werden. Kurz: Es bräuchte ein duales Finanzsystem, bei dem ein Teil Sicherheit böte und der andere Teil der Entfaltung über das übliche Maß hinaus diente. Um das umsetzen zu können, bräuchte es eine Art »Bank«. Diese benötigte neben der rechtlichen Grundlage eine gesellschaftliche, demokratische und wissenschaftliche Kontrolle. Ein privatwirtschaftlicher Betrieb mit privatwirtschaftlichen Kontrollmechanismen wäre ausgeschlossen, da solche bekanntermaßen der Mandevilleschen Eigennutzlogik unterliegen. Geld mit dem erarbeiteten Lohn anderer zu verdienen, könnte in einer hoffnungsvollen Zukunft nur ein Irrtum der Vergangenheit sein.

Ein bedingungsloses und allen in der Gesellschaft lebenden Menschen zugängliches »WhiteCard«-System, also eine Art kontoungebundene Geldkarte, könnte die Grundbedürfnisse ebenso befriedigen wie eine Teilhabe am öffentlichen kulturellen Leben. Über eine Art Onlinekatalog wären für jede und jeden in der Gesellschaft alle Leistungen dieses Systems einsehbar. Zudem könnte man dieses mit einem Belohnungssystem erweitern, um damit beispielsweise Rentenpunkte zu sammeln für zusätzlich geleistete gesellschaftliche Arbeit wie Vereinsarbeit oder die Mitwirkung an Hilfs- und Naturschutzprojekten. Wichtig für das Gelingen eines solchen Systems wäre, neben der Attraktivität, eine gesamtgesellschaftliche Akzeptanz, absolute Transparenz und dass alle darin enthaltenen Leistungen demokratisch ermittelt würden. Ein respektvoller Umgang und die Gleichbehandlung der damit verbundenen unterschiedlichsten Lebensentwürfe wären ebenso essenziell. Für die einen müsste es sich lohnen, nach den erweiterten Möglichkeiten der Karte zu streben, für andere müsste es Spaß machen und für wieder andere müsste es einfach Sinn ergeben. In Anbetracht dessen, dass technologischer Fortschritt und Humanoide unsere Lebens- und Arbeitswelt revolutionieren werden, ist ein solches »WhiteCard«-System oder eine Alternative dazu sehr bald unerlässlich.

Dank ehrenamtlich geführter Vereine und vergleichbarer Organisationen hat unsere heutige Gesellschaft noch eine Seele. Ohne diese wären wir noch mehr auf unsere wirtschaftliche Nützlichkeit reduziert. In ihnen können wir uns sinnvoll betätigen und auch selbst einen gesellschaftlichen Beitrag leisten. Sie ermöglichen uns sportliche, kulturelle sowie handwerkliche Beschäftigung und vieles mehr, abseits der Logik, dass sich alles rechnen muss. An dieser Stelle möchten wir Danke sagen an all diejenigen, die sich freiwillig für unsere Gesellschaft und das Zusammenleben einsetzen. In einer hoffnungsvollen Zukunft braucht es eine sehr viel größere Anerkennung und Wertschätzung solcher Leistungen.

Zu guter Letzt braucht es die Akzeptanz unser aller Fehlbarkeit, die Akzeptanz, dass wir keine rein rationalen Wesen sind, die Akzeptanz, dass Gefühle, Triebe und Irrationalität zum menschlichen Sein ganz natürlich und selbstverständlich dazugehören. Ebenso die Erkenntnis, dass sowohl die Wissenschaft als auch der Glaube Teile einer modernen Gesellschaft sind. Unser gesellschaftliches Zusammenleben steckt voller Komplexität und oft auch Widersprüchlichkeit. Dies auszuhalten und einen vernünftigen Umgang damit zu finden, ist eine wesentliche Herausforderung, der wir uns stellen sollten. Einfache Antworten fühlen sich oftmals gut an, sind aber selten wirklich erhellend. Bekanntermaßen hat die Wissenschaft die Fähigkeit, Licht ins Dunkel zu bringen. Dies allein reicht jedoch im menschlichen Sein nicht aus, es braucht den Glauben wie auch Mut und Hoffnung, denn dies ermöglicht uns den Halt im Dunkel. Besonders dann, wenn das Licht der Erkenntnis fehlt.

Aus diesem Grund werden auch Religionen Teil unserer Zukunft sein. Sie könnten sogar einen großen Beitrag für die Freiheit leisten, wenn diese für jeden Menschen offenstünden und dabei auf Missionierungen verzichteten. Dann hätten alle eine freie Wahl, welcher Religion sie angehören wollen und ob sie das überhaupt in Betracht ziehen. Mutige, fortschrittliche und freiheitliche Religionen bieten somit zukünftig ihre Sicht der Dinge an und lassen uns lebenslang die Wahl, ob wir dieser Sicht folgen oder eben nicht.

Verantwortung der Medien

Eine freie Presse trägt eine bedeutende Verantwortung für eine hoffnungsvolle Zukunft. Sie sollte, neben der Unabhängigkeit von Staat und Religion, auch in nennenswertem Umfang aus der Ideologie des Zwangs zum Geldverdienen befreit werden. Erst dann könnte die Idee einer freien Presse ihrem Namen auch gerecht werden. Neben den privaten und öffentlich-rechtlichen Angeboten benötigen wir vollständig unabhängige und frei zugängliche Medienkanäle, welche zudem auf Werbung, Cookies, Tracking etc. und den Einsatz von manipulierender KI-Technologie verzichteten, aber dennoch in der Lage wären, uns über alle gesellschaftlichen Belange gleichberechtigt zu informieren. Dies könnte als eine Form von medialer Freiheit und Wohlstand angesehen werden, welchen wir uns als Gesellschaft erlauben sollten.

Gegenwärtig dominiert gewinnorientierter Schlagzeilenjournalismus, unabhängig davon, ob dieser via TV, Radio, Zeitung oder Social Media verbreitet wird, die individuelle und auch die gesellschaftliche Meinungsbildung. Das, was wir sprechen, und daraus folgend auch das, was wir tun, entsteht aus unserem Denken, und die Medienanstalten haben genau darauf einen gewaltigen Einfluss. Somit haben sie nicht nur erhebliche Wirkung auf den öffentlichen Diskurs, sondern indirekt sogar auf die Regierung und auf die Gesetzgebung. Unabhängig davon, wie wir dies bewerten, trägt die Medienwelt aus diesem Grund eine besonders bedeutsame Verantwortung, derer wir uns alle bewusst werden sollten. Wenn unsere Presse von Demokratie spricht, damit aber eine repräsentative Wahldemokratie meint, oder wenn sie von Freiheit spricht, damit aber nur unsere Vorstellung davon gemeint ist, dann sind das eher kontraproduktive Formen von Meinungs- und Pressefreiheit, und dies nutzt letztendlich nur denen, die für Demokratie und Freiheit nicht viel übrig haben. Es entsteht der Eindruck, dass die Medienlandschaft in ihrer derzeitigen Ausgestaltung dem erforderlichen verantwortungsvollen Umgang meist nicht gerecht wird und wahrscheinlich auch nicht voll umfänglich gerecht werden kann. Es braucht daher die beschriebene Erweiterung oder auch andere Ideen für eine zukunftsfähige Medienwelt.

Zusätzlich könnte die Idee des »Color Framings« helfen, einzuordnen, was gerade medial konsumiert wird. Fakten, Thesen, Meinungen und Fake News könnten mittels dieses Werkzeugs besser voneinander getrennt werden. Dieses Buch beispielsweise bekäme wohl einen orangefarbenen Rahmen, weil es vordergründig unsere Meinungen und Erfahrungen wiedergibt. Dass wir vielmals wissenschaftliche Literatur und Erkenntnisse zugrunde legen, macht es noch lange nicht zu einem solchen Werk. Jetzt könnten Sie uns die Frage stellen, ob wir dann dieses Buch überhaupt verantwortungsvoll veröffentlichen können. Unsere Antwort darauf ist banal: Es liegt uns schlicht daran, dass wir zum Hinterfragen anregen wollen, angefangen bei den Inhalten dieses Buchs, über die gesellschaftlichen Zustände, hin zu Ihnen und Ihrem alltäglichen Tun als Leserin und Leser selbst.

Weiterhin sollten wir uns bewusst sein – heute, morgen und auch bis zum Ende aller Tage –, dass wir von unterschiedlichsten medialen Wahrheitsverkündern reichlich umgeben sind und auch in Zukunft sein werden. Daher braucht es für eine hoffnungsvolle Zukunft die Fähigkeit, damit umzugehen, um die von diesen oftmals erzählten Märchen als Unterhaltung wahrzunehmen und zu tolerieren. Farin, Bela und Rod haben das einmal wunderbar formuliert: »Lasse redn«. In letzter Zeit hat die Anzahl der Verkündenden sogar deutlich zugenommen. Schon bald wird jedem von uns ein ganz persönlicher Wahrheitsverkünder zur Seite stehen. Die A-KI-Technologie macht es möglich, und die Geldgier der heutigen Medienkonzerne verlangt zwingend danach.

Wir brauchen für eine hoffnungsvolle Zukunft eine freie, verantwortungsvolle und unabhängige Presse, die in Struktur und Aufbau ein Korrektiv beinhaltet sowie deren Entwicklung von Gesellschaft und Wissenschaft regelmäßig hinterfragt und überprüft sowie vom unabhängigen Rechtssystem in die Schranken gewiesen wird.

Damit wir vernünftige Entscheidungen treffen können, brauchen wir verlässliche Informationen. Zudem braucht der Meinungsbildungsprozess besonderen Schutz und dementsprechend geeignete Schutzräume. Weitergedacht sollte eine Presselandschaft der Zukunft, neben dem Aufdecken von Missständen, auch über das Gelingen gesellschaftlicher und individueller Projekte berichten, damit das Bild, welches in den alltäglichen Nachrichten verbreitet wird, der Lebenswirklichkeit zumindest ansatzweise entspricht.

Verantwortung der Wirtschaft

Wir sollten uns wenig Hoffnung auf eine Unterstützung aus der Wirtschaft machen, da der Widerspruch des maximalen Gewinns in kürzestmöglicher Zeit zu einer verantwortungsvollen Wirtschaftsweise zu groß ist, als das dies Unternehmen aus eigenem Antrieb bewältigen wollten. Es braucht insbesondere hier gesellschaftlichen und politischen Willen, das Wirtschaftsmodell in Richtung natürliche Ökonomie anzupassen und zudem Anreize zu setzen, damit auch die Wirtschaft zumindest etwas langfristiger, humaner und ökonomischer agiert. In kleinen bis hin zu familiengeführten Unternehmen in überschaubaren Größen mag es Ethik und Verantwortung für Mensch und Natur aus eigenem Interesse heraus geben, aber in anonymen Großkonzernen zählt nur der Profit. Das Freikaufen aus der Verantwortung mittels CO_2-Zertifikaten ist dafür nur ein Beweis. Produkte, mit welchen uns die Wirtschaft einer hoffnungsvollen Zukunft beglücken könnte, wären frei von Umweltzerstörung, frei von Ausbeutung und frei von Missachtung der Menschenwürde und den Menschenrechten.

Die Frage, ob Planwirtschaft oder Marktwirtschaft, war und ist einer der Wesensunterschiede von Sozialismus und Kapitalismus. Dabei könnte eine Kombination aus beiden Wirtschaftsmodellen viele der Probleme lösen, die wir aufgrund der gegenwärtigen Überbetonung auf die kapitalistische Marktwirtschaft alltäglich erzeugen. Planwirtschaft sollte in allen Bereichen angewandt werden, in denen mit natürlichen Ressourcen gehaushaltet und somit geplant werden muss. Egal, welchen Rohstoff wir aus der Erde buddeln, wir den Meeren entnehmen oder der Luft entziehen, es braucht das Verständnis sowie einen langfristigen Plan zur Regeneration und zur Wiederverwertung. Auch die Befriedigung der Grundbedürfnisse wie Gesundheit, Bildung, Wohnen, Ernährung und Kultur braucht einen planwirtschaftlichen Rahmen. Hingegen sind Erzeugnisse wie beispielsweise Autos, Smartphones, Eigenheime oder Gartenzwerge eher Aufgaben der Marktwirtschaft.

Dieses plurale System bietet zudem reichlich Gestaltungsspielraum zwischen den beiden Wirtschaftsmodellen. Die Ausgestaltung eines zukunftsfähigen Wirtschaftsmodells können wir natürlich nicht der Wirtschaft überlassen, aber wir können sie als Teil der Gesellschaft mit in die Verantwortung nehmen, sich an Ideen und der Umsetzung zu beteiligen.

Verantwortung der Wissenschaft

Ohne Wissenschaft wären die meisten der tollen Dinge, die unseren Wohlstand und das Luxusleben ermöglichen, wie Flugzeuge, Smartphones, Medizintechnik, Strom und Wärmepumpen, kaum denkbar. Die Wissenschaft ist eine der wichtigsten Quellen unseres Fortschritts. Wir sollten als Gesellschaft dankbar sein, dass es Menschen gibt, die sich in Labore und Forschungseinrichtungen zurückziehen, um unseren Wohlstand zu ermöglichen. Deshalb sollten wir als Gesellschaft Verantwortung übernehmen und die Leistungen der Wissenschaft anerkennen, sie schützen und in ihrer Arbeit unterstützen. Zudem sollten wir ihnen zuhören, ihre Ratschläge beherzigen sowie ihnen und ihren Ergebnissen vertrauen. Dass nicht alles, was durch sie entwickelt, erfunden und entdeckt wird, nützlich oder sinnvoll ist, sollte uns dabei klar sein. Aber in einer demokratischen Gesellschaft haben wir ja die Freiheit, darüber zu entscheiden, welche dieser Erkenntnisse unseren Alltag bereichern und welche lieber in einer Schublade bleiben.

Die Wissenschaft selbst trägt natürlich auch Verantwortung. Neben Ethik und Recht, welchen sie sich verpflichtet fühlen sollte, gibt es noch die Kommunikation, welcher sie sich in einer hoffnungsvollen Zukunft annehme. Sie sollte sehr viel präsenter in TV, Radio und Social Media sein, als dies heute der Fall ist. Insbesondere in Meinungsbildungsprozessen könnte sie dadurch sehr viel mehr einbezogen und berücksichtigt werden. Dabei ist wichtig, dass Wissenschaft und Gesellschaft, unabhängig von der Politik, kooperieren und kommunizieren. Dies könnte uns auch aus dem Dilemma der Kurzsichtigkeit parlamentarischer Wahldemokratien befreien.

Eigenverantwortung für eine hoffnungsvolle Zukunft

Liegt es wirklich an uns, wie sich die Welt um uns herum anfühlt und aussieht? Könnte wahrlich ein einfaches Lächeln, welches wir uns jeden Morgen im Spiegel schenken, dazu beitragen, die Welt ein bisschen besser zu machen? So sehr uns ein solches Lächeln helfen mag, so ist es jedoch nur der erste Schritt hin zu einer hoffnungsvollen Zukunft. Damit allein ist es nicht getan. Es braucht unseren alltäglichen Einsatz und die Liebe für das Leben, damit die Welt, in der wir gemeinsam leben, den Anstrich erhält, der uns gefällt.

Für die »Rettung der Welt« braucht es somit unseren Verstand, unseren Willen und unser Tun. Aus dieser Erkenntnis ergeht unsere Eigenverantwortung. Diese nimmt uns niemand ab, so schön und bequem das manchmal auch wäre. Keine Göttin, kein Priester, kein Glaube, kein Kollektiv, keine Ideologie und auch keine KI kann und wird uns daraus befreien. Zudem hat keiner von uns und auch keine Gesellschaft, kein Staat und kein Unternehmen bei genauer Betrachtung das Recht, sich seiner Verantwortung zu entziehen und einen schmutzigen Fußabdruck auf dieser – unserer aller – Erde zu hinterlassen. Hingegen sollte jede und jeder sich selbst verpflichtet fühlen, unseren Planeten ein klein wenig besser zurückzulassen, als sie oder er ihn vorgefunden hat. Das wäre ein gesellschaftlicher und individueller Wert, der es wert wäre, gelebt und weitergegeben zu werden, über alle Kulturen hinweg.

Damit wir uns das ein wenig besser vorstellen können, wählen wir als Beispiel eine Schneekugel aus Glas, die in zwei Hände passt. In ihr befindet sich eine paradiesische Welt. Wenn wir diese nun gedanklich schütteln und beobachten, wie der Schnee zu Boden rieselt, dann erkennen wir einen friedlichen, einen schönen und faszinierenden Ort. Jetzt stellen Sie sich vor, dass diejenigen, welche in diesem Glaskugelparadies leben, sich bekriegen, die Luft verpesten, den Schnee in schmutziges Wasser verwandeln und gigantische Müllberge produzieren. Kaum ein Erwachsener und wahrscheinlich kein einziges Kind hätte dann noch Freude daran, eine solche Schneekugel zu schütteln und zu beobachten. Es wäre aus Sicht der meisten Menschen wohl klar, dass alle, die in einem solchen Paradies leben, es mindestens so zurücklassen, wie sie es vorgefunden haben. Im Idealfall sogar ein klitzekleines bisschen besser.

Unser Planet Erde ist sehr viel mehr als ein solches Paradies, mit dem Unterschied, dass wir diesen üblicherweise weder schütteln noch von außen betrachten können. Wir alle können mit sehr einfachen Mitteln jeden Tag einen Unterschied machen, allein dadurch, was wir konsumieren. Bestenfalls konsumieren wir einfach sehr viel weniger. Dies gilt gleichermaßen für Materielles wie Mediales. Das spart nicht nur Geld und schont die Nerven, sondern schafft ganz nebenbei auch eine Menge Freizeit und Freiheit.

Eine weitere Verantwortung tragen wir im politischen Sinne. Selbst dann, wenn die repräsentative Wahldemokratie sich durchsetzen sollte, haben wir doch genau an dieser Stelle die Möglichkeit, unsere Vorstellung von Gesellschaft zum Ausdruck zu bringen. Wenn wir beispielsweise Parteien wählen, die der Wirtschaft, einschließlich der Finanz- und Kriegswirtschaft, die größten Prioritäten einräumen, dann werden wir auch genau das bekommen. Wenn uns hingegen Frieden, Umweltschutz, Bildung, Gesundheit, soziale Gerechtigkeit im Allgemeinen und eine liebevolle Altersumsorgung wichtig sind, dann müssen wir Parteien wählen, die sich für solche Ziele glaubhaft einsetzen.

Ob im Privaten oder auf der politischen Bühne, es sollte vermehrt eine neue Diskussionskultur Einzug halten. Es sollte nicht mehr darum gehen, eine Diskussion gewinnen zu wollen, sondern sich auf Augenhöhe zu begegnen, sich zuzuhören und wirkliches Interesse am Gegenüber und dessen Meinung zum Ausdruck zu bringen, damit man die Sache und sich selbst weiterentwickeln kann.

Wie kommen wir dahin? Das ist gar nicht so schwer. Es braucht einen achtsamen Umgang mit uns selbst, ebenso mit unseren Mitmenschen und der Natur. Unserer Erfahrung nach beginnt es oftmals mit diesem einfachen Lächeln, welches wir in die Welt senden, mit dem Vertrauen, welches wir anderen Menschen schenken, mit der Menschlichkeit, mit welcher wir um uns »werfen«. Dann bekommen wir all dies, oftmals wie von Zauberhand, zurück.

Wir denken, dass auch Philosophie, Meditation und, wie bereits angerissen, das Menschsein als Schulkurse hilfreich wären, da wir so schon frühzeitig unser Bewusstsein stärken und uns somit vor manipulativen äußeren Einflüssen und Verlockungen schützen könnten. Dies würde es ermöglichen, ganz nah bei uns selbst zu bleiben. Wir könnten dadurch lernen, dass wir weder uns noch unsere Lebensumstände ständig verbessern müssen, ebenso wenig wie unser Umfeld. Weiterhin würde es uns dadurch leichter fallen, Widrigkeiten im Alltag und den Alltag selbst in seiner Normalität zu akzeptieren und auch in diesem das Schöne und Lebenswerte zu entdecken.

Unsere Beobachtungen ergaben darüber hinaus, dass wir Menschen vor allem die einfache Form der Freiheit lieben. Ungestört zu sein, sicher zu sein, Musik zu hören und dabei zu tanzen, ein Buch zu lesen oder sich mit Freunden zu treffen und neugierig um die Häuser zu ziehen. Es scheint diese Freiheit zu sein und die Sicherheit, zu wissen, dass sie auch morgen noch gegeben ist, welche uns zufrieden macht. Momente, in denen wir uns dessen bewusst werden und uns darauf einlassen – in denen steckt scheinbar das kurze Gefühl eines unverfälschten Glücks. Uns beschäftigte in diesem Zusammenhang auch eine eher ungewöhnliche Frage: Sind das Ich und das Wir korrelierende Weggefährten des Glücks? Und schwindet dieses Glück, wenn uns eines der beiden auferlegt wird oder Überhand gewinnt?

Das Hinterfragen unserer Glaubenssätze und Gewohnheiten, wie wir es im ersten Teil des Buchs beschrieben haben und bis heute leben, eröffnete uns einen Blick auf die Welt, wie wir sie zuvor nur in ganz seltenen Momenten erahnen konnten. Seither können wir tapfer, neugierig und entschlossen dieses einzigartige Leben erleben, konnten uns dadurch sehr viel besser selbst erkennen und lernten, uns zu fühlen.

Zum Abschluss eine kleine Geschichte, denn Geschichten sind uns Menschen wichtig. Sie prägen die meisten von uns sogar in einem sehr starken Ausmaß, und das ist völlig in Ordnung. Wir sollten lediglich in der Lage sein, zwischen Fiktion und Fakten unterscheiden zu können, zwischen Märchen und Realität.

Was wäre gewesen, wenn Hänsel und Gretel anstatt auf die bösartige Hexe auf eine nette Familie gestoßen wären? Wenn diese ihnen nicht nur ein neues, liebevolles Zuhause gegeben hätte, mit all den Leckereien, die der Wald so bietet, sondern sie auch im Laufe der folgenden Jahre in die wundervollen Geheimnisse der Natur eingeführt hätte? Wäre eine solche Geschichte weitererzählt worden?

Im Endeffekt entscheiden wir selbst darüber, welche Geschichten wir unseren Kindern und unseren Mitmenschen erzählen. Somit hat jede und jeder von uns auch in dieser Hinsicht einen gewissen Einfluss auf das, was weitergetragen wird. Auch heute noch fürchten sich Kinder und manchmal auch Erwachsene vor Hexen. Es gab Zeiten, in denen meist Frauen willkürlich als Hexen betitelt wurden, um sie anschließend verfolgen, foltern und verbrennen zu können, und das alles aufgrund von Geschichten.

Was wir uns erzählen, kann maßgeblich den Lauf der Dinge beeinflussen. Darum lasst uns ein wenig mehr die schönen Dinge weitertragen, denn von denen gibt es tatsächlich sogar sehr viel mehr, als wir uns vorstellen können.

Berlin 2057

Wir reisen nun gemeinsam in das Jahr 2057 der allgemeinen Zeitrechnung, an einen fiktiven Tag des Monats Mai. Berlin dient hier als Beispiel dafür, welche Veränderungen denkbar sind – ausreichend Vision, Mut und Gestaltungswillen vorausgesetzt. Städte sind die neuen »Staaten«, sie bieten alles, was der Mensch zum Leben braucht.

1. Teil – Aufstehen

Der Volkspark Friedrichshain liegt vor uns, die ersten Berlinerinnen und Berliner sind unterwegs und genießen den Sonnenaufgang. Einige sitzen auf ihren Picknickdecken, andere spazieren die von Tau bedeckten Wege entlang. Wieder andere brauchen scheinbar ein wenig frische Luft von der Party der Nacht. Gelassenheit und Freude sind auch an diesem Morgen den meisten Parkbesuchern anzumerken. Die hektisch durch den Park rennenden, von ihrem Smartphone angetriebenen Selbstoptimierer aus dem ersten Viertel des 21. Jahrhunderts sind ebenso verschwunden wie deren angestrengter Blick und die dazugehörigen Smartphones.

Wir steigen auf unsere alten, klapprigen Fahrräder aus den 80ern des letzten Jahrhunderts und radeln in Richtung Prenzlauer Berg. Die breiten Straßen, die wir einst nur mit viel Mut überqueren konnten, sind nun überwiegend einem grünen Band gewichen, welches sich wie ein lebendiges Netzwerk quer durch die ganze Stadt zieht. Dieses verbindet Parks, Spielplätze, Kieze und Wohnsiedlungen. Die Gestaltung dieser Grünstreifen übernahmen die Verantwortlichen der Bezirke in Verbindung mit Grünanlagen-Architekten, Naturschutzorganisationen und den Bewohnerinnen und Bewohnern der Stadtteile. In die Pflege und Erhaltung dieser Anlagen sind sie ebenso einbezogen. Nach ersten Versuchen solcher Konzepte der Gemeinschaftsarbeit hat man sie auf die ganze Stadt ausgeweitet, da sich dadurch die Sauberkeit der

Parks signifikant verbesserte. Gleichzeitig schuf es ein Gefühl des Miteinander und der Zusammengehörigkeit. Man orientierte sich an vergleichbaren Modellen in anderen Städten und Regionen weltweit.

Vielleicht fragen Sie sich gerade, was aus den 1,3 Millionen Autos und den dazugehörigen Parkplätzen und Parkhäusern geworden ist? Das Loslassen vom eigenen Auto fiel vielen Menschen sehr schwer. Nicht ihr Bewusstsein und auch nicht gutes Zureden konnten diese Hürde überwinden. Erst die generelle Abkehr vom Individualverkehr durch neue Lebenskonzepte ermöglichte einen umfassenden Wandel. Seither ist es nahezu allen in Berlin Lebenden möglich, wichtige Einrichtungen wie Kindergärten, Schulen, Behörden, Einkaufsmöglichkeiten oder auch die Freizeitgestaltung in üblicherweise weniger als 15 Minuten zu erreichen. Und dies wahlweise zu Fuß, mit dem Rad oder via ÖPNV. Jedoch war auch dies nur eine Grundlage für das Umdenken, denn es brauchte noch den Rekordspritpreis von 12,44 Euro pro Liter im Jahr 2035, um auch die Letzten vom Verzicht auf das eigene Auto zu überzeugen. Heute, im Jahr 2057, sind private Oldtimer seltene Hingucker.

Mit unseren aus der Zeit gefallenen Drahteseln erreichen wir aufgrund des stark reduzierten Autoverkehrs zügig den Leise-Park, eines der ersten Projekte, in welchem die Stadt Grünanlagen vor den Immobilienspekulanten bewahrte. Am dortigen Kiosk »Konnopke« machen wir eine Pause, bestellen uns einen Kaffee aus hier angebauten »Kaffeebohnen«, denn die Stadt versorgt sich überwiegend, insbesondere mit Grundnahrungsmitteln, selbst. Dies wird ermöglicht durch landwirtschaftliche Nutzung vieler Dach- und Brachflächen sowie durch moderne Landwirtschaft im Berliner Umland, üblicherweise nach dem Prinzip der Permakultur. Auch der bewusste Umgang mit Lebensmitteln und die dadurch sehr stark verringerte Verschwendung dieser war ein Teil der Lösung zur Selbstversorgung. Die nicht verwerteten Lebensmittel, welche Anfang des 21. Jahrhunderts meist einfach nur Müll oder im besten Fall Biomüll waren, werden nun gesondert gesammelt und kompostiert, somit stehen sie dem Kreislauf als Grundstoff zur Verfügung.

Der Duft dieses frisch gebrühten Berliner Kaffees krabbelt uns in die Nase, wir atmen tief ein und genießen diesen Moment. Wir betrachten die Tassen aus weißem Porzellan mit Aufdruck der Berliner Pfandbärin. Vorbei sind die Zeiten vom schnellen Kaffee in Einwegbechern aus Plastik oder Pappe. Diese

Tassen können in allen Berliner Kiosks, Imbissen, Cafés und Restaurants zurückgegeben werden und bestehen aus einem unempfindlichen Hightech-Porzellan, welches sich mit sehr geringem Aufwand hygienisch reinigen lässt.

Weiter geht es in Richtung Metzer Straße, wo die Kultkneipe »Metzer Eck« noch immer existiert. Seit 1913 im Familienbetrieb bewirtschaftet, ist sie die letzte »originale« Berliner Kneipe vom Prenzlauer Berg. Einige Berliner Gastwirte nahmen sich ein Beispiel daran und kopierten dieses Unikat, eine alte Kneipentradition wird somit bewahrt und mit modernen Mitteln fortgesetzt. Doch nicht allein die Patina des Metzer Ecks fasziniert deren Stammgäste und Besucher, auch das einzigartige, urige Essen und die außergewöhnliche Bewirtungstradition zieht Gäste seit nunmehr 144 Jahren an. Zudem ist die Speisekarte sehr überschaubar. Kein Schnickschnack, einfach eine gute Auswahl. Wie in der ganzen Stadt, so wird auch hier seit mehr als zehn Jahren Zuchtfleisch verwendet. Eine Kooperation eines Berliner Start-ups, der Wissenschaft und eines traditionsreichen Unternehmens schaffte es, Stammzellen erfolgreich zu klonen, sodass jedes Stück Fleisch, wie auch alle anderen Lebensmittel, frei von Tierleid sind.

Ein paar Meter weiter und wir befinden uns auf dem Senefelderplatz. Zahlreiche Cafés, Bars und Restaurants sind hier zu Hause und beleben das Viertel. Durch das geschickte Agieren des neuen Senats sind auch die Wohnungen in dieser Gegend für die meisten wieder erschwinglich. Wir bleiben kurz stehen, lehnen uns mit den Rädern an das Geländer des U-Bahn-Schachts und staunen. Leise ist es geworden, sehr leise sogar, das fühlt sich unglaublich gut an. Der Lärm des Autoverkehrs ist fast verschwunden, man hört nun die Vögel in den zahlreichen Bäumen zwitschern, das Klirren des Geschirrs aus den Restaurants und das Gemurmel der Frühaufsteher. Einzig der grollende Sound der U-Bahn dringt regelmäßig aus dem Schacht nach oben. Das Versprechen des Senats, die Geräuschemissionen deutlich zu senken, ist noch nicht vollständig umgesetzt, doch auch das bisher Erreichte tut allen Bewohnerinnen und Besuchern der Stadt richtig gut. Stress- und Kopfschmerzerkrankungen sind deutlich zurückgegangen ebenso wie Lungen- und Hauterkrankungen durch die stark reduzierte Staub- und Feinstaubbelastung.

Ab geht's in die U-Bahn, denn diese kündigt sich bereits an. Wir nehmen die U2 zum Alex. Diese Linie wurde, wie viele andere auch, ausgebaut und weit in das Umland verlängert. Am Alex angekommen wird man morgens von den Schatten der neuen Berliner Skyline begrüßt. Diese Riesen aus Beton, Stahl und Glas reichen gefühlt bis an die Kuppel des Fernsehturms heran. Für die einen die pure Faszination und ein Stolz Berlins, für die anderen ein Bruch mit der Tradition und eine Zerstörung der »historischen Ansicht« des Alexanderplatzes.

Dieser ist belebt wie eh und je. Die Touristen um uns herum fotografieren sich scheinbar die Finger wund, während sie sich unentwegt im Kreise drehen. Auch hier ist es viel leiser als noch vor 30 Jahren, supermoderne Straßenbahnen und Züge fahren flüsterleise durch den Bahnhof, das Flattern der Tauben sowie das Klackern alter Spiegelreflexkameras ertönen lauter. Die meisten der Wohnungen und Geschäftsräume, die hier mit ihren glänzenden Fassaden in den Himmel ragen, können sich dank des wegweisenden Berliner Mietengesetzes fast alle leisten. Dies war ein schwerer Kampf, an dessen Ende das Grundrecht auf Wohnen einen höheren Stellenwert erhielt als der rechtliche Schutz des Eigentums, insbesondere wenn dies vordergründig zur Spekulation mit Wohnraum missbraucht wurde. Investoren verdrängen seither keine Menschen aus der Stadt, sondern ergänzen das Wohnangebot sinnvoll. Eine Verschiebung von Kompetenzen hin zu den Ländern, Städten und Gemeinden, was das Mietrecht angeht, hat den Weg für dieses Mietengesetz geebnet. Der Konsens, den die Verwaltung mit den hier lebenden Menschen, kommunalen Wohnungsunternehmen, Genossenschaften und privaten Investoren ausgehandelt hat, nutzt allen. Denn Vermietende können nun gezielt planen und sind sicher vor Enteignungen. Diese finden seither nur noch statt, wenn Vermietende fahrlässig oder vorsätzlich gegen dieses Gesetz und das Grundrecht auf Wohnen verstoßen, dies dann aber automatisch.

Dieses Gesetz allein konnte natürlich das Wohnungsproblem nicht lösen, dazu brauchte es ein gut geplantes Wohnungsbauprogramm, welches bis heute von kommunalen, genossenschaftlichen und privaten Investoren getragen wird. Mit der Verwaltungsreform Mitte der ersten Hälfte des 21. Jahrhunderts schrieb Berlin Geschichte, sozusagen vom letzten auf den ersten

Platz, was Genehmigungsverfahren anbelangt. Berlin kann seither fast in »Echtzeit« auf die Veränderungen am Wohnungsmarkt reagieren.

Die Ausdehnung Berlins in das Umland (C-Bereich) sowie die Überbauung großer Gleisanlagen wie dem Westkreuz oder alter Autobahnen ließ Platz für neuen Wohnraum entstehen und trug auch zur Verringerung der Geräuschkulisse bei. Einen bemerkenswerten Beitrag zur Lösung des Wohnungsproblems trugen und tragen jedoch die Mieterinnen und Mieter selbst, sie rückten sozusagen zusammen und verzichten seither auf dauerhaft innerhalb ihrer Wohnung ungenutzten Wohnraum, was im Mietengesetz mit Begünstigungen für die Mieter berücksichtigt ist. Dies spiegelt sich auch in der modernen Kernarchitektur von Neubauten und bei Sanierungen wieder. Wohnungen können nun gezielt verkleinert, vergrößert oder geteilt werden, je nachdem, welcher Stand der Familienplanung gerade ansteht. Die durchschnittlich genutzte Fläche hat sich seither deutlich reduziert und liegt derzeit um die 25 Quadratmeter je erwachsener Person. All diese Maßnahmen führten zu einer Entspannung der Berliner Wohn- und Mietsituation und einer deutlichen Erleichterung für Wohnungssuchende.

2. Teil – Verrückte Ideen

Wir schieben unsere Fahrräder in Richtung Rotes Rathaus. Der vor uns liegende Park der Freiheit versetzt uns immer wieder ins Staunen. Nach vielem Hin und Her und gefühlt 150 Kompromissen ist hier ein Juwel inmitten Berlins gewachsen, ein Park für alle. Er vereint das alte Berlin mit Neptunbrunnen und Fassaden des ehemaligen Marienviertels sowie dem Marx-Engels-Denkmal, eingebettet in Hügel modernster Grünanlagenarchitektur. Hier, zwischen Alex und Spreeufer, verweilt man gern, egal ob Jung oder Alt, Hipster oder Snob, Rentnerin, die den Lebensabend genießt, oder Arbeitender, der den Feierabend einläutet.

Nicht unerwähnt bleiben sollte eine futuristische Skulptur, vielleicht eher ein gläserner Schaukasten, welche zwischen Marienkirche und AquaDom ihren Platz gefunden hat. Dort steht ein Meilenstein der Entwicklung des modernen Verkehrs. Das erste voll autonome elektrische Auto aus der Berliner Fahrzeugschmiede. Dieses von der BVG als »Rufo« beauftragte, via

Streetinduktion angetriebene Fahrzeug leistet mittlerweile den größten Teil des direkten Verkehrs von und bis zur Haustür. Das Konzept ist sehr erfolgreich und wird seither in aller Welt eingesetzt. Damit können, neben dem Individualverkehr, einfache Krankentransporte ebenso wie Handwerks- und Lieferdienste sowie Familienumzüge realisiert werden.

Auch an der BVG-Ausschreibung für die neuen Wassertaxis hat diese Berliner Fahrzeugschmiede erfolgreich teilgenommen und liefert sie, in Kooperation mit vielen weiteren Partnern aus dem Umland, ausgestattet mit dem direktelektrischen Antrieb aus. Das Vorbild für diese Wasserfahrzeuge lieferte Venedig. Diese ergänzen nun den öffentlichen Nahverkehr der ganzen Stadt. Mittlerweile gibt es neun Linien: W1–W9. Die beliebteste, insbesondere für den Tourismus, ist die W1, welche in ihrer Stammstrecke vom Wannsee bis zum Müggelsee quer durch die Stadt führt. In diese steigen wir nun an der Haltestelle Stadtschloss mit unseren Fahrrädern ein. Der Kapitän vom Typ Eve begrüßt die Gäste mit einem gut gelaunten »Guten Morgen« und startet in Richtung Wannsee.

Beim Design haben sich die Entwicklerinnen und Entwickler nicht lumpen lassen und machen dem Begriff »Raum-Schiff« alle Ehre. Obwohl die Wassertaxis gar nicht so groß sind, bieten sie viel Platz und schauen aus wie Ufos aus dem alten Sandmann-Repertoire. Der weiße Grundlack verziert mit dem roten Streifen unterhalb der kleinen runden Fenster, ausgeführt in Form eines Blitzes, erinnert zudem an die ICEs der Deutschen Bahn vergangener Tage.

Dass wir heute durch ganz Berlin auf dem Wasser gleiten können, »verdanken« wir der Erderwärmung, welche den Meeresspiegel deutlich ansteigen ließ. Um die Stadt und das Umland zu schützen, wurden auch um Berlin zwei kreisrunde Walls errichtet. Einer, der Berlin, und einer, der das Umland mit den Gemeinden und Äckern schützt. Dies führte zu einem einheitlichen und kontrollierbaren Wasserspiegel. Aus der ISS 2 betrachtet, schauen die beiden Wälle und der Außenring der S81–S82 wie das sagenumwobene Atlantis aus, welches, im Zeitraffer betrachtet, langsam im Meer versinkt.

3. Teil – Überraschung

Nicht nur der Ausblick von dieser Raumstation ist fantastisch, auch die Lösung als Zwischenstation hat viele Mond- und Marsmissionen ermöglicht. Stephen Hawking wäre begeistert. Derweil gleitet unser irdisches Ufo über die Spree, vorbei an der prachtvollen Museumsinsel, bevor wir den Bundestag und das Kanzleramt erreichen. Auch hier wird nun Klimaschutz konsequent umgesetzt. Mit modernsten Solarzellen aus ausschließlich organischem und recyceltem Material werden die Gebäude mit Wärme und Elektrizität versorgt.

Die größten Veränderungen fanden hier jedoch im Inneren statt. Politik vertritt seit dem Umbruch in den 2030ern zuerst die Menschen, begreift sich als ihr Interessenvertreter und organisiert das Zusammenleben. Das damals verabschiedete Antikorruptionsgesetz wirkte wie eine Befreiung. Unter anderem deshalb ist heutzutage der Beruf des Politikers in der gesamten Gesellschaft wieder hoch angesehen. Auch die Abgeordneten selbst bilden nun einen Querschnitt durch die Bevölkerung ab. Längst vorbei sind die Zeiten, in denen Herkunft, Geldbeutel, soziale Stellung, eine große Klappe und erschlichene akademische Titel eine Eintrittskarte in die Politik waren. Ebenso verhält es sich mit der maximalen Verweildauer in der Politik. Diese ist nun klar geregelt, sodass Dauercampen im Parlament nicht mehr als eine blasse Erinnerung ist. Demokratie und Menschenrechte werden seither ernst genommen, diese Werte gelebt und weitergegeben.

Beim Ausscheiden aus der Politik genießt man alle Vorteile, die man für die Gesellschaft erarbeitet hat. Sonderrechte und Bevorteilung wurden abgeschafft.

Nachdem man mit all diesen Modernisierungen des politischen Geschäfts auch im deutschen Teil der Weltgemeinschaft internationale Standards erreichte, geschah schier Unglaubliches: der sogenannte »Berliner Frieden«, im Sommer 2045 von nahezu allen Nationen und Kulturen im Reichstagsgebäude unterzeichnet. Dies geschah fast genau 100 Jahre nach dem Ende des Zweiten Weltkriegs. Seither schweigen die Waffen überall auf unserer Erde. Es herrscht Frieden, man reicht sich die Hände, anstatt sich zu bekriegen. Angetrieben von der Erkenntnis, dass die Folgen des Klimawandels nur gemeinsam zu bewältigen sind, hatte sich die nachrückende Generation mit Verstand, Vernunft und dieser historischen Übereinkunft durchgesetzt.

Wir blicken auf die gegenüberliegende Seite des Kanzleramts. Dort steht noch immer das Futurium, ein beliebtes und großartiges »Museum« Berlins. Hier ist ein Treffpunkt für große und kleine »Tüftlerinnen und Tüftler«. Seit einigen Jahren können diese nun wieder, befreit von Bürokratie und geschützt vor der Ideologie des Marktes, erfinden und entdecken. Denn Ideen werden nun insbesondere an ihrem gesellschaftlichen Wert bemessen.

Hinter dem Futurium ist die Charité zu erkennen, welche erfolgreich modernste Entwicklungen wie die Nanobot-Technologie einsetzt. Ein ähnlicher Sprung in der Medizin wie einst die Entdeckung von Penicillin. Die allgemeine Lebenserwartung erhöhte sich mit der Einführung deutlich, sodass der 100. Geburtstag bald zur Normalität werden könnte. Was natürlich neue ethische Fragen aufwirft. Gesellschaft, Wissenschaft und Politik erörtern gemeinsam Lösungen.

Auch das veraltete Rentensystem wurde im Zuge der vielen positiven Veränderungen abgeschafft. Jeder wählt heute selbst, wie lange er oder sie seiner beziehungsweise ihrer beruflichen oder gesellschaftlichen Tätigkeit nachgehen möchte. Das Grundeinkommen auf Basis der WhiteCard macht dies möglich und ist ausreichend für ein bescheidenes, aber sicheres Leben. Wer fleißig Rentenpunkte gesammelt hat, kann sich auch im Alter ein bisschen mehr gönnen. Wir denken, wie so viele, nicht ans Aufhören, denn unsere Arbeit bereitet uns viel Freude.

Im Gesundheitswesen gab es eine weitere Trendwende. Die Erkenntnis, dass Gesundheit nicht kapitalisierbar und auch nicht durch schwarze Nullen zu erreichen ist, hat sich im Allgemeinen durchgesetzt. Die Politik differenziert seither zwischen allgemeinem Wohlstand und Markt. Sie begreift sich nun als Organisator zwischen den Interessen von Gesellschaft und Wirtschaft, sie hat gelernt, Verantwortung zu übernehmen, statt diese von sich zu weisen. »Alles dem Markt überlassen« rufen nur noch fanatische Splittergruppen, vorwiegend alte weiße Männer vom Rande der Gesellschaft. Lebende Mahnmale und Relikte zugleich, doch wie die Dinosaurier werden auch sie eines Tages aussterben.

Dass die Balance zwischen den Säulen der Gesellschaft ein immerwährender ideologiefreier Prozess sein sollte, haben die meisten verstanden. Wir, wie auch die Mehrzahl unter uns, blicken daher hoffnungsvoll in die Zukunft. Die neuen Formen des Ideenwettbewerbs treiben uns an. Trotz der trüben Aussichten aufgrund der Probleme durch die Klimaveränderungen. Berlin ist nun bereits seit acht Jahren klima- und ressourcenneutral. Ein Erfolg, an dem die meisten hier Lebenden beteiligt sind. Auch der Earth Overshoot Day wird sich weltweit auf Ende Dezember einpegeln. Toll, könnte man meinen, allerdings sind wir nun an dem Punkt, an welchem wir die Schäden der letzten mehr als 250 Jahre ausbügeln müssen. Eine schwere Bürde, jedoch sind wir zuversichtlich, da sich der eingeschlagene Weg richtig anfühlt und zugleich einen globalen Konsens darstellt.

Am Hauptbahnhof angekommen, steuert der Kapitän die »Liselotte« – so wurde dieses Wassertaxi getauft – behutsam an den Anleger. Wir schauen uns um, sind wie so oft fasziniert und lassen die wärmenden Sonnenstahlen auf uns wirken, genießen den Ausblick auf das Umfeld. Kurz darauf begeben wir uns zum Bahnsteig und warten auf die gute alte Berliner S-Bahn.

4. Teil – Mittagssonne

Die S21 bringt uns über die Siemensstadt in einen ganz besonderen Stadtteil, Berlin-TXL. Ein Stadt-in-Stadt-Konzept. Hier ist ein neuer Kiez gewachsen, voller Leben und Kreativität. Hier wird die Zukunft in der Gegenwart erprobt und das sehr erfolgreich. Hier gelingt es, eine Balance zu finden zwischen Mensch, Gesellschaft, Natur und Wirtschaftsinteressen. Wohlstand wollte neu definiert werden. Zeit zu haben für seine Liebsten und sich selbst. Muße zu haben, sich tief in ein Thema einzuarbeiten. Hingabe statt Oberflächlichkeit, sich selbst als einen Teil zu begreifen und danach zu leben, füreinander da zu sein. Dies und vieles mehr ist der neue Wohlstand, sind Teile der neuen Werte.

Hier in TXL leben und arbeiten alle Generationen unterschiedlichster Kulturen vereint, sie wissen um den Wert sozialer Beziehungen und Bindungen. Auch bei Besuchen wird man immer freundlich begrüßt, so auch wir an diesem späten Vormittag. Kinder winken uns zu und umkurven uns mit ihren »Marty McFly«-Skyboards. Manche Familien sitzen auf den geschwungenen Bänken, andere auf bunten Picknickdecken. Dabei scheinen viele schweigend ins Gespräch vertieft.

Neugierig beobachten wir das Geschehen. Eine Familie winkt uns zu sich und bietet uns sogleich etwas von ihrem Selbstgebackenen an. Natürlich greifen wir zu, wir mögen ja Süßes ebenso gern wie neue Menschen kennenzulernen. Das Gebäck schmeckt etwas ungewöhnlich, sehr süß, ein wenig fruchtig. Dabei kommen wir ins Gespräch. Dass man sich wieder Zeit nimmt für den verbalen Austausch, ist der neue Zeitgeist, zu welchem auch die allgemeine 24-Stunden-Arbeitswoche beigetragen hat. Wir quasseln und tauschen uns über Gesellschaft, die Welt und Politik aus. Neue Meinungen und Haltungen bereichern unsere Gedanken. Familie Russo hatte unglaublich viel zu erzählen. Über den Umbau des Humboldtforums, im Volksmund auch »Stadtschloss« genannt, diskutieren wir kontrovers, denn das an diesem Ort nun den tatsächlichen Helden der Demokratie und Freiheit Anerkennung zuteil wird, ist neu und für viele, aufgrund fehlenden Wissens, erst einmal befremdlich. Auch das Großprojekt der Überbauung des Westkreuzes und der umliegenden Anlagen ist Thema, denn dort soll ein weiteres ähnliches Projekt wie hier entstehen.

Wir verlieren uns im ausschweifenden Gespräch, genießen dabei Natur, Zeit und Raum. Die Bäume um uns herum spenden uns und der Schulklasse gegenüber Schatten. Arbeiten, Lernen, Spielen und Entspannen, all dies ist hier im Freien möglich, weil alle aufeinander achten. Allein, weil sie es wollen und schätzen, und nicht müssen. Niemand hier ist gezwungen, regulierend einzugreifen.

Auch Bildung wurde in den letzten Jahren neu definiert. Zuerst brach man die festgefahrenen Beziehungen zwischen Schülern, Lehrenden und dem Elternhaus auf, bevor man das klassische Schulprinzip und das Klassenzimmer nach preußischer Militärbauart in Rente schickte. Denn das Motto »Haben wir ja immer so gemacht« hat ausgedient. Moderne Bildung orientiert sich an den Kindern, denn auch sie sind Menschen. Somit erhält tatsächlich jedes Kind die annähernd gleiche Chance.

Auch Erwachsenenbildung hat sich weiterentwickelt und bietet nun jedem die Möglichkeit, sich Wissen das ganze Leben lang anzueignen und

sich dadurch einzubringen, anstatt nur schimpfend die Zustände zu bemängeln.

Etwas verdattert wachen wir auf. Blätter, Himmel, wo sind wir? Ach ja, wir liegen auf einer Wiese unter einem Eichenbaum in Berlin-TXL. Die Schönheit des Seins ließ uns wohl einschlummern. Familie Russo hat einen Zettel mit Adresse und glücklicherweise die Decke, auf welcher wir eingeschlafen sind, hinterlassen. Wir schütteln diese aus und bringen sie ihnen umgehend zurück. Der Weg ist kurz, denn sie wohnen gleich um die Ecke, in einer tollen, modernen Wohnung. Nachhaltig ist hier nicht nur der ganze Bau, sondern vor allem auch ihre Lebensweise. Nach der ausgiebigen Verabschiedung schwingen wir uns auf unsere Räder, winken noch einmal in Richtung dieser schicken, begrünten Hausfassade. Alle Russos winken eifrig vom Balkon zurück.

Ein schönes Gefühl breitet sich in uns aus. Es ist so toll, all dies erleben zu können – die erste weltumfassende Veränderung in der zivilisatorischen Geschichte der Menschheit aus reinem Bewusstsein statt, wie bisher, aus Notwendigkeiten. Okay, der Anstieg des Meeresspiegels und die Klimaveränderungen sind auch Notwendigkeiten, aber es ist doch irgendwie anders.

Auf dem Weg zum Plötzensee nähern wir uns der berühmten Berliner Tiny-House-Farm »Kleine Oase«. Ein wenig schaut diese aus wie eine Fantasieburg, erbaut auf einem Hügel, eingebettet in und durchzogen von ursprünglicher Natur. Ein Häuschen steht wild am anderen, die kleinen Bauwerke reichen bis kurz unter den Gipfel des Hügels. Umgeben von Gärten mit Blumen, Beeten und schönen Wegen.

Keines gleicht dem anderen, liebevoll verzierte farbenfrohe Wohlfühloasen wurden hier geschaffen, rechte Winkel und gerade Linien sucht man vergebens. Auch die Fenster gibt es in vielen Formen und Variationen, nur nicht mit vier Ecken. Für diesen »Frei-nach-Schnauze-Entwurf« wurde das Architekturbüro mit zahlreichen Auszeichnungen überhäuft, denn obwohl es manchmal nicht so wirkt, so wurden viele tolle Ideen eingearbeitet, übliche Restriktionen gesprengt und alles Wichtige integriert.

Als Baumaterial wurde überwiegend Bauschutt aus Abrissgebäuden verwendet. Friedensreich Hundertwasser hätte seine Freude beim Anblick dieser Farm, und Hobbits aus dem Auenland würden sich wahrscheinlich sofort zu Hause fühlen. Für unsere Augen wirken lediglich ein paar rote Ziegelsteine sowie das viele Grün vertraut. Hier wird die Reduzierung des Wohnraums auf die Spitze getrieben. Durch die vielen Gemeinschaftsräume fällt es wohl weniger ins Gewicht. Gemeinschaft und Individualismus sind hier kein Widerspruch, beides wird gleichermaßen gelebt und geschätzt.

Ein paar Meter weiter erreichen wir die Fischerpinte, ein nostalgischer Bootsverleih und urige Kneipe seit 1946. In der Nachmittagssonne gönnen wir uns ein gut gekühltes Mixgetränk, bevor wir uns auf den Rückweg machen.

5. Teil – Staunen

Wir nutzen unsere Freifahrten als Berliner und packen unsere Fahrräder in ein blauweißes Rufo. Ein wenig erinnert dies an eine aufgeblähte Isetta. Mit diesem düsen wir völlig entspannt, da weder Lenkrad noch Pedale vorhanden, über Wedding, Moabit und Charlottenburg nach Schöneberg. Technologie, Bauwerke und das fröhliche Treiben beeindruckten auf dieser Fahrt immer wieder. Dass Berlin es geschafft hat, allen Menschen ein Dach über dem Kopf, ein Zuhause, zu ermöglichen, ist eine noch viel beeindruckendere Angelegenheit. Obdachlosigkeit kennt man nur noch aus gruseligen Geschichten der Vergangenheit. Dies ist deutlich im Stadtbild, auch auf dieser Fahrt, zu erkennen. Bars, Restaurants und Cafés laden zum Verweilen ein. Straßenmusiker geben ihr Bestes, aus Freude, nicht aus Notwendigkeit, natürlich für einen kleinen steuerfreien Obolus.

Immer wieder stellen wir fest, dass das viele Grün und die unzähligen urbanen Gärten Berlin gut stehen. Damit kann man viele Bausünden der Vergangenheit gut kaschieren. Am Tempel angekommen, erschlägt uns im positiven Sinne der Anblick. Der moderne Technologiepark sowie das imposante Erscheinungsbild des Fusionskraftwerks üben eine besondere Faszination aus. Das Eingangsportal aus bunt leuchtendem organischem Glas, massive, in der Sonne glänzende Gitterrohrmasten sowie ungewöhnliche Fassaden- und Dachkonstruktionen wirken wie aus einer Science-Fiction-Filmkulisse. Das ganze Ensemble mutet aus mancher Perspektive wie eine riesige Skulptur an, völlig losgelöst von der natürlichen Umgebung. Aufgrund dieses ungewöhnlichen Erscheinungsbilds wird das alles hier auch »Techniktempel« genannt. Beides erbaut auf einem ehemals stark befahrenen Autobahnkreuz.

Gemeinsam mit den erneuerbaren Energieträgern liefert dieses Fusionskraftwerk Energie für die ganze Stadt und das Umland. Somit ist eine völlig autarke, umweltschonende und sichere Energieversorgung gewährleistet. Zu verdanken haben wir dies vielen klugen und mutigen Köpfen aus Wissenschaft und Forschung.

6. Teil – Abendsonne

Auf dem Weg zur U4 entdecken wir einen alten, rostenden, herunterhängenden Wegweiser aus Blech mit der Aufschrift AVUS. Er erinnert still an die vergangenen Zeiten. Diese alte Rennstrecke wurde vor einiger Zeit für Verbrennerfahrzeuge reaktiviert. Seither ist diese eines der letzten Domizile klassischer Motorsportfans und ein beliebtes Ausflugsziel an Wochenenden.

In Richtung Ostkreuz ist die U-Bahn wie immer gut gefüllt. In dieser original erhaltenen gelben U-Bahn und in den Bahnhöfen und Fußgängertunneln pflegt man heute einen respektvollen Umgang miteinander. Natürlich gibt es noch immer Konflikte und Verbrechen, jedoch sind Letztere seit vielen Jahren stark rückläufig, was auf das Mehr an Miteinander zurückgeführt wird. Viele der Bahnanlagen auf der Fahrt und die Bahnen selbst erstrahlen in einem neuen Glanz. Die schmuddeligen Zeiten sind vorbei.

Langsam und ein wenig ratternd fahren wir ein paar Minuten später über die Oberbaumbrücke. Diese erfüllt uns immer wieder mit Ehrfurcht, verbindet sie doch so vieles. Der Blick in Richtung Zentrum ist geprägt von der Skyline am Alex, die Abendsonne spiegelt sich an den glänzenden Fassaden. Nur das bunte Diskolicht am Holzmarkt und dem dort liegenden Partyschiff vermag von diesem Anblick abzulenken. Dieser ist schon lange ein besonderer Ort voller Kultur, Begegnung und Bewegung.

Am U-Bahnhof Warschauer Straße verlassen wir den Zug und radeln auf dieser in Richtung Norden. Umgebaut als Straßenpark ist sie voller Leben und bunt wie eh und je. Neben den vielen Kneipen, Bars und Restaurants gibt es auch zahlreiche Kinos, kleine und große Bühnen sowie lebendige Straßenkunst. Berlin wird auch die »Weltkulturhauptstadt« genannt, was in vielen Stadtteilen, aber hier besonders deutlich zu spüren ist. Die bunte Vielfalt, die einen umgibt, fühlt sich richtig gut an. Berlin ist nach wie vor ein Magnet für Menschen aus aller Welt. Seit einigen Jahren gilt hier der Slogan, angelehnt an den Osterspaziergang von Johann Wolfgang von Goethe: »Hier sind wir Menschen, hier dürfen wir es sein«.

Die U1 über uns, welche flüsterleise in Richtung Frankfurter Tor unterwegs ist, wurde geschickt in dieses Ensemble integriert. So ergänzen sich Mobilität, Grünanlagen, Leben, Genuss und Wohnen in einer Straße. Nicht jeden der hier Wohnenden macht dies glücklich, denn auf den Straßen und in Großteilen des ganzen Kiezes herrscht Trubel den ganzen Tag und fast die ganze Nacht. So schön es heute ist, so schwierig war es für die, die das Viertel verlassen mussten, als die Mietpreise durch seine Beliebtheit und die darauffolgende Spekulation ins Unermessliche stiegen. Nur gut, dass dies ein Ende hatte. Heute sind hier wieder alle Lebensentwürfe anzutreffen. Es ist völlig normal, nicht normal zu sein. Der Bauwagen wird ebenso akzeptiert wie das Luxusloft. Unabhängig von Bildungsstand, Einkommen oder Wohnsituation trifft man sich und tauscht sich aus. Im Jahr 2057 hat man in Berlin tatsächlich die Freiheit, zu wählen, welchen Lebensentwurf man leben möchte. Vorbei die Zeiten des kapitalistischen Einheitskorsetts.

Einige Meter weiter erreichen wir das Ende unserer heutigen Reise. Vor uns liegt das SEZ. Hinter dessen Glasfassaden sind vor allem Familien mit Kindern zu entdecken. Pure Freude strahlen sie aus, denn hier feiert man heute das 25-jährige Wiederauferstehen des Sport- und Erholungszentrums. Man hat es damals weitestgehend im Original wiederhergerichtet. Somit stehen der Bevölkerung, neben dem großen Schwimmbad, auch weitere Freizeitangebote wie Bowling, Billard, Tischtennis, Tennis, Ballett, Theater, Konzerte und vieles mehr zur Verfügung. Auch heute kann es sich wieder jeder leisten, hier seine Freizeit zu verbringen, so wie es einst in den 80ern des letzten Jahrhunderts geplant und umgesetzt worden war. Denn die Freude am Sein hat im Jahr 2057 einen höheren Stellenwert als ausgeleierte kapitalistische Rentabilitätsfantasien. Vor dem Verfall konnte es nur durch den beherzten und mutigen Einsatz einiger Angestellter der Bezirksverwaltung sowie das Engagement des Vereins zur Erhaltung des SEZ bewahrt werden. Das Lob, der Dank und die Anerkennung sind ihnen gewiss, denn heutzutage betrachtet man Menschen, die sich zu Zeiten des totalitären Kapitalismus für das Gemeinwohl einsetzten, als besonders ehrenhaft. Sie zählen zu den eigentlichen Superwomen und Supermen, nur ohne knallbuntes Kostüm.

Hier gönnen wir uns zum Tagesausklang in einem ganz besonderen der vielen guten Restaurants des SEZ einen »Schai Ladde«, eigens von Eve kreiert und serviert. Dabei lauschen wir den Stimmen sowie der Hintergrundmusik, genießen den Sonnenuntergang und den Blick in den Volkspark Friedrichshain.

Und wenn wir bis dahin nicht gestorben sind, so sehen wir uns an einem Tag im Mai des Jahres 2057 im SEZ. Dies gilt auch als Einladung für Stephen Hawking, denn er ist wohl der Einzige, den man derzeit postum einladen kann. Nicht nur, dass er dann als Zeitreisender anwesend sein wird, sondern auch als Botschafter aus dem Multiversum.

Ende

Thesen für eine bessere Welt

1. Wir sind Menschen, wir sind alle Menschen, darin sind wir gleich.
2. Wir alle tragen die Menschlichkeit in uns, auch darin sind wir gleich.
3. Kein Mensch ist perfekt, ja, auch darin sind wir gleich.
5. Es gibt kein Ich ohne das Wir, und es gäbe kein Wir ohne die Natur.
8. Wir alle können Bedeutung erlangen, wenn wir einem anderen Menschen etwas bedeuten.
13. Jedes Lächeln, welches wir verschenken, ist ein Moment der Freude und Hoffnung.
21. Liebe ist ein stärkeres, innigeres und wohltuenderes Gefühl als Hass.
34. Der Glaube an uns selbst und das Vertrauen in uns selbst ermöglichen das Vertrauen in unsere Mitmenschen.
55. Wissen und Glaube gehören gleichsam zum Menschsein dazu.
89. Hoffnung und Zuversicht öffnen die Tür in eine gute Zukunft.
144. Frieden öffnet das Tor in eine gute Zukunft aller.
233. Veränderung ist das Beständigste in allen Leben.
377. Erkenntnis und Aufklärung sind die ersten Schritte einer selbstbestimmten Veränderung.
610. Veränderungen brauchen Zeit.
987. Unser Planet, die Natur und unser Leben sind einzigartig und vergänglich.

... Eine bessere Welt am Reißbrett zu konstruieren, ist gefährlich, doch ohne dass wir dies tun, können wir sie nie erreichen.

... Demokratie als Grundbaustein einer Gesellschaft ermöglicht allen ein gutes Leben, unabhängig jedweder individueller Schwächen.

... Freiheit ist eine Illusion, und weil dies so ist, können wir selbst die Magie dahinter sein.

... Träume sind wertvoller als Geld. (Alexander Gerst)

... Wer wir sind, ist was wir tun

Wer wir waren, ist was wir taten

Wer wir sein werden, das können wir wählen.

IV

Nachwort und Anhang

Nachwort

Wir haben lange überlegt, ob es richtig und sinnvoll ist, nicht nur unsere eigene Lebensweise, sondern auch die gesellschaftlichen Verhältnisse und das Verständnis von Aufklärung, der Wirtschaftsweise, Demokratie und Freiheit zu hinterfragen. Kann diese Form der Kritik hilfreich sein? Tatsächlich wissen wir das nicht, aber wir haben den Wunsch, damit unserer Zukunft eine hoffnungsvolle Perspektive zu geben.

Zu Postwachstumsgesellschaften möchten wir anmerken, dass diese heutzutage meist als Apokalypse beschrieben werden, als das chaotische Zusammenbrechen unserer Zivilisation. Dem möchten wir ausdrücklich widersprechen, denn das genaue Gegenteil ist möglich. Das Zeitalter nach dem Wirtschaftswachstum gibt uns die Chance, Wachstum in Sachen Freiheit, Demokratie, Bildung und Menschlichkeit hervorzubringen, so denn wir das wollen. Der Wohlstand der Zukunft hängt auch in einem hohen Maße davon ab, inwieweit wir uns von der Idee der Produktivität lossagen können, ohne sie dabei vollständig abschütteln zu müssen. Leben und Sein brauchen Freiräume abseits jeglicher Produktivität. Eine bestimmte Freiheit um jeden Preis produzieren zu wollen, ist unserer Meinung nach gleichzusetzen mit dem Anfang vom Ende der Idee von Freiheit. Das gegenwärtige Verständnis vom freien politischen und individuellen Handeln scheint nicht mehr als ein Mittel zum Zweck der Herstellung dieser einen Unfreiheit.

In diesem Zusammenhang erinnern wir uns gern an die vielmals wiederholten Worte auf der ersten Utopie-Konferenz 2018 in Lüneburg: »Sind nicht die Utopisten die eigentlichen Realisten und die, welche sich als Realisten bezeichnen, die tatsächlichen Utopisten?«. Das trifft wohl besonders auf diejenigen zu, die auch heute noch Wirtschaftswachstum, Produktivität und Kapital als unerlässlich für Wohlstand und Freiheit ansehen und krampfhaft daran festhalten. Auch Kapital braucht eine maßvolle Begrenzung, damit es der Menschheit nützlich sein kann. Denn dieses kennt keine natürlichen Grenzen und vereinnahmt alles, was sich kapitalisieren lässt, einschließlich aller natürlichen Ressourcen, der Freiheit und unserer Menschlichkeit. Es scheint uns dermaßen über den Kopf zu wachsen, dass wir jede Kontrolle darüber verloren haben.

Zudem macht uns der verbreitete Glaube an das natürliche und selbstregulierende Freiheitsbestreben eines jeden Menschen scheinbar blind. Dabei ist diese Erkenntnis so alt wie der Glaube selbst. Götter, Heilige, Kapital und Maschinen sind nicht mehr als unsere eigenen Erfindungen, welchen wir uns jeden Tag aufs Neue bereitwillig unterwerfen. Damit wir uns der begrenzten Fähigkeit zur eigenen Freiheit bewusst werden, möchten wir Sie an dieser Stelle nochmals an die Alltagscookies erinnern. Hätte uns die Bundesregierung oder gar die EU ein Cookieeinwilligungsgesetz auferlegt, dann hätten wir zum Sturm geblasen. Hingegen akzeptieren wir Tag für Tag das massenhafte Ausspionieren unserer Gedanken- und Herzenswelt durch Cookies und Tracking privater, fiktiver, meist sogar unbekannter Unternehmen, welches uns durch unsere Smartphones oder Computer tagtäglich serviert wird. Auch wenn diese Cookies vielmals nerven, so akzeptieren wir doch größtenteils blind diese Form des Diktats und die damit verbundene Knechtschaft. Was die essenzielle Frage aufwirft: Wollen wir überhaupt frei sein und hat nicht unser Freiheitsbestreben selbst natürliche Grenzen?

Grenzen brauchen aber auch die wesentlichen Elemente zukünftiger Zivilisationen wie Demokratie und Freiheit. Selbst diese brauchen ein Maß, damit sie nicht zu Worthülsen verkommen oder gar völlig entarten. Es braucht ein großes Bewusstsein und Verständnis für die Idee einer freien Menschheit und die dahinter liegenden Werte. Diese Werte könnten beispielsweise alle 25 Jahre in einem großen, gemeinsamen dreitägigen Menschheitsfest hinterfragt und bestätigt werden. Sozusagen die wiederkehrende freie und demokratische Anpassung der eigenen und zivilisatorischen Unfreiheit. Ebenso sollten wir lernen, den Widerspruch zwischen Sicherheit in einer Gesellschaft und der Freiheit auszuhalten. Wenn wir uns diesem annehmen und in dessen Mitgestaltung einbringen, dann könnten sich Freiheiten ergeben, welche wir uns heute kaum vorstellen können. Um dies zu ermöglichen, benötigen wir ein universelles Menschenrecht, an welchem alle Kulturen aus freien Stücken mitwirken und es ebenso freiwillig anerkennen. Dies würde die Basis schaffen für ein aufgeklärtes, zivilisiertes, freies und friedliches Miteinander. Im Grunde bräuchte es dann nicht einmal eine übergeordnete Instanz zur Überwachung dieses Rechts, da ja die Freiwilligkeit sowie die Vernunft aller zugrunde liegen würden.

Bezüglich unserer eigenen Fehlbarkeit möchten wir anmerken, dass uns wahrscheinlich beim Schreiben, auch bedingt durch die komprimierte Form, so manche Widersprüchlichkeit entgangen ist, andere haben wir möglicherweise bewusst gesetzt. Grundsätzlich betrachten wir sowohl unsere individuelle als auch die gesellschaftliche Widersprüchlichkeit als Spannungsbogen, der uns vorantreibt. Wir bitten Sie um Nachsicht, dass auch unsere Perspektive nur zwei Perspektiven sind. Wir bitten auch darum, uns weniger an den gemachten Fehlern in diesem Buch zu bewerten, sondern sehr viel mehr die Möglichkeiten zu diskutieren, die sich durch die Auseinandersetzung mit den beschriebenen Themen ergeben. Leider treibt uns auch ein wenig die Sorge um, dass Inhalte missverstanden und missbräuchlich verwendet oder wir dadurch diffamiert beziehungsweise diskreditiert werden könnten. Aus diesem Grund möchten wir an dieser Stelle nochmals ausdrücklich betonen, dass wir für eine freie, offene, demokratische, multikulturelle, tolerante, gerechte und friedliche Welt stehen. Wir wünschen uns daher, dass Zitate oder andere Verwendungen immer im Gesamtkontext des Buchs erfolgen.

Inspirationsquellen

Über die konkret verwendeten Quellen hinaus wurden wir auch auf vielfältige andere Weise bei der Arbeit an diesem Buch von der Muse gepackt. Das Gute im Menschen, unsere Faszination für das Leben an sich und unsere Wahlheimat Berlin inspirierten uns immer wieder, aber ebenso zahlreiche Werke anderer Menschen. Vieles davon haben wir tage- und nächtelang förmlich eingesogen, und gelegentlich versanken wir fast ein bisschen zu tief darin. Einige dieser Inspirationen möchten wir hier mit Ihnen teilen.

Nun könnten Sie, in Anlehnung an die Prinzen, fragen: »Alles nur geklaut?«, denn auch wir stellten fest, dass viele unserer Ideen und Gedanken bereits anderswo gedacht, gesagt, niedergeschrieben, besungen oder gepostet wurden. Doch dies macht aus unserer Sicht vielmehr die gesellschaftliche Dringlichkeit deutlich, die gegenwärtigen Umstände zu hinterfragen und zu verändern.

Bücher

Mitch Albom: »Dienstags bei Morrie – Die Lehre eines Lebens«

Rutger Bregman: »Utopien für Realisten – Die Zeit ist reif für die 15-Stunden-Woche, offene Grenzen und das bedingungslose Grundeinkommen«

Uwe Britten: »Kibuti«

Jorge Bucay: »Drei Fragen – Wer bin ich? Wohin gehe ich? Und mit wem?«

Jorge Bucay: »Komm, ich erzähl dir eine Geschichte«

Klaus Dörre & Christine Schickert (Hrsg.): »Neosozialismus – Solidarität, Demokratie und Ökologie vs. Kapitalismus«

Marc Elsberg: »Gier – Wie weit würdest du gehen?«

Marie-Luisa Frick: »Mutig denken – Aufklärung als offener Prozess«

Maja Göpel: »Unsere Welt neu denken«

Ursula K. Le Guin: »Freie Geister«

Yuval Noah Harari: »Eine kurze Geschichte der Menschheit«

Stephen Hawking: »Kurze Antworten auf große Fragen«

Francois Lelord: »Es war einmal ein blauer Planet«

Petra Pinzler & Günther Wessel: »Vier fürs Klima«

Richard David Precht: »Wer bin ich und wenn ja, wie viele? – Eine philosophische Reise«

Christopher Schacht: »Mit 50 Euro um die Welt – Wie ich mit wenig in der Tasche loszog und als reicher Mensch zurückkam«

Frank Schätzing: »Was, wenn wir einfach die Welt retten? – Handeln in der Klimakrise«

Fabian Scheidler: »Der Stoff, aus dem wir sind – Warum wir Natur und Gesellschaft neu denken müssen«

Robert & Edward Skidelsky: »Wie viel ist genug? – Vom Wachstumswahn zu einer Ökonomie des guten Lebens«

Adam Smith: »Theorie der ethischen Gefühle«

John Strelecky: »Das Café am Rande der Welt – Eine Erzählung über den Sinn des Lebens«

Harald Welzer: »Alles könnte anders sein – Eine Gesellschaftsutopie für freie Menschen«

Juli Zeh: »Unterleuten«

Musik

Die Ärzte: »Deine Schuld«

Tim Bendzko: »Keine Maschine«

Berge: »10.000 Tränen«

Berge: »Dafür lasst uns streiten (Charlie Chaplin)«

Berge: »Für die Liebe«

Berge: »Mein Lied«

Tracy Chapman: »Talkin' bout a revolution«

Clueso: »Neuanfang«

Herbert Grönemeyer: »Mensch«

Kraftclub: »Schüsse in die Luft«

Sarah Lesch: »Testament«

Revolverheld: »Spinner«

Silbermond: »Leichtes Gepäck«

Sportfreunde Stiller: »Ein kleiner Schritt«

Staubkind: »Träumer«

Die Toten Hosen: »Wünsch dir was«

Bodo Wartke: »Das Land, in dem ich leben will«

Filme

Alles außer gewöhnlich (2019)

The Big Short (2015)

Cloud Atlas (2012)

Dienstags bei Morrie (1999)

Die Entdeckung der Unendlichkeit (2014)

Die fabelhafte Welt der Amélie (2001)

Man lernt nie aus (2015)

Matrix (1999)

Mein Blind Date mit dem Leben (2017)

Tomorrow – Die Welt ist voller Lösungen (2015)

WALL·E – Der Letzte räumt die Erde auf (2008)

Ziemlich beste Freunde (2011)

TV-Sendungen

Die Anstalt

Leschs Kosmos

MAITHINK X

Terra X

Podcasts

Achtsam (DLF)

Denkfabrik (DLF)

Das Feature (DLF)

Hörsaal (DLF)

Sein und Streit (DLF)

»Die Aktivierung vergangener Utopien – Mit Picard und Benjamin in das Museum der Zukunft« (DLF Essay und Diskurs)

»Zum Wachstum verdammt – Wie das ›immer mehr‹ uns prägt« (DLF Zeitfragen. Feature)

Videos

Charlie Chaplin: Rede an die Menschheit aus dem Film »Der große Diktator«

Julia Engelmann: »One Day/Reckoning Text«

Alexander Gerst: »Nachricht an meine Enkelkinder«

Zoe Hagen: Gewinnertext 10. Bielefelder Hörsaalslam

Harald Lesch: »Die Digitale Diktatur« (SWR Teleakademie)

Harald Lesch: »Die Menschheit schafft sich ab« (SWR Teleakademie)

TV-, Radio- und Nachrichtenkanäle

Arte

Deutschlandfunk

Good Impact

Good News

ZDFinfo

Organisationen

Avaaz – Die Welt in Aktion

Campact e. V.

Fridays for Future

FUTURZWEI. Stiftung Zukunftsfähigkeit

NABU (Naturschutzbund Deutschland) e. V.

Rosa-Luxemburg-Stiftung Gesellschaftsanalyse und politische Bildung e. V.

The New Institute

Inspirierende Frauen

Mary Anning – Fossiliensammlerin und Paläontologin

Hannah Arendt – politische Theoretikerin und Publizistin

Hildegard von Bingen – Universalgelehrte

Marie Curie – Physikerin und Chemikerin

Anne Frank – Autorin

Rosalind Franklin – Biochemikerin

Marie-Luisa Frick – Philosophin und Publizistin

Maja Göpel – Politökonomin, Transformationsforscherin und Nachhaltigkeitsexpertin

Katharine Gun – Whistleblowerin

Zoe Hagen – Poetry-Slammerin und Autorin

Rosa Luxemburg – Politikerin, Nationalökonomin und Publizistin

Lise Meitner – Kernphysikerin

Marianne Neumann – Musikerin

Mai Thi Nguyen-Kim – Chemikerin und Wissenschaftsjournalistin

Elizabeth Philpot – Fossiliensammlerin und Paläontologin

P!nk – Musikerin

Katharina Pistor – Juristin und Autorin

Sophie Scholl – Widerstandskämpferin gegen den Nationalsozialismus

Mary Wollstonecraft – Schriftstellerin, Philosophin und Frauenrechtlerin

Weitere

Futurium Berlin

Utopie-Konferenz an der Leuphana-Universität Lüneburg

Quellenangaben

Hier finden Sie Bücher, Artikel, Interviews, Podcasts, Videos und andere Medien, die wir für unsere Recherchen verwendet haben. Diese können Sie für eine vertiefende Beschäftigung und Auseinandersetzung mit den behandelten Themen heranziehen.

I. Aufbruch – Unser Weg

Pro-Kopf-Wohnfläche in den 1960er-Jahren

Grossarth, Jan (2015): Ein Hoch auf die kleine Wohnung [https://www.faz.net/aktuell/stil/drinnen-draussen/wohnen-auf-wenig-raum-13658657.html?printPagedArticle=true#pageIndex_2].

Wohnsituation Ende des 19. Jahrhunderts

Bergmann, Lukas (2017): Urbanisierung in Deutschland [https://www.planet-wissen.de/gesellschaft/wirtschaft/industrialisierung_in_deutschland/industrialisierung-deutschland-urbanisierung-100.html].

Durchschnittliche Wohnungsgröße und Wohnfläche pro Kopf in Deutschland heute

Umweltbundesamt (2023): Wohnfläche [https://www.umweltbundesamt.de/daten/private-haushalte-konsum/wohnen/wohnflaeche#zahl-der-wohnungen-gestiegen].

Die Architektur von Friedensreich Hundertwasser

Die Hundertwasser gemeinnützige Privatstiftung Wien: Hundertwasser Architektur [https://hundertwasser.com/architektur].

Gegenstände pro Haushalt heute und früher

Kern, Stefan (2014): Wie viel ist genug? [https://www.rnz.de/kultur/magazin_artikel,-Magazin-Wie-viel-ist-genug-_arid,20959.html].

CO_2-Ersparnis durch Leitungswasser

Jensen, Maren (2022): Die Meister der Illusion [https://www.zeit.de/green/2022-04/air-up-waterdrop-nachhaligkeit-verpackung-muell/komplettansicht].

Umweltbelastung und CO_2-Fußabdruck tierischer Produkte

Umweltbundesamt (2024): Klimafreundliche Ernährung: fleischreduziert, vegetarisch oder vegan [https://www.umweltbundesamt.de/umwelttipps-fuer-den-alltag/essen-trinken/klima-umweltfreundliche-ernaehrung#hintergrund].

Nicht eingepreiste Umweltkosten

Deutsche Umwelthilfe (2023): Umweltkosten in Milliardenhöhe durch Fleisch- und Milchproduktion. Deutsche Umwelthilfe fordert Anpassung der Mehrwertsteuer für tierische Erzeugnisse und faire Preisstruktur [https://www.duh.de/presse/pressemitteilungen/pressemitteilung/umweltkosten-in-milliardenhoehe-durch-fleisch-und-milchproduktion-deutsche-umwelthilfe-fordert-anpa/].

Preis fair gehandelter Schokolade

Brot für die Welt: Lieferkettenquiz [https://www.brot-fuer-die-welt.de/themen/petition-lieferkettengesetz/lieferkettenquiz/].

5.700 Bahnstationen

Allianz pro Schiene: Bahnhöfe in Deutschland – Ein Überblick [https://www.allianz-pro-schiene.de/themen/infrastruktur/bahnhoefe/].

Rebound-Effekte

Umweltbundesamt (2019): Rebound-Effekte [https://www.umweltbundesamt.de/themen/abfall-ressourcen/oekonomische-rechtliche-aspekte-der/rebound-effekte].

Lischka, Gregor (2022): Wie lassen sich Rebound-Effekte verhindern? [https://www.deutschlandfunk.de/rebound-effekte-wenn-energie einsparungen-teilweise-ins-leere-laufen-dlf-9afef253-100.html].

Ökostrom

Robin Wood: Ökostrom-Report reloaded [https://www.robinwood.de/oekostrom-report-reloaded].

Ökologischer Fußabdruck

Brot für die Welt: Über den Ökologischen Fußabdruck [https://www.fussabdruck.de/oekologischer-fussabdruck/ueber-den-oekologischen-fussabdruck/].

Fußabdrucktest Brot für die Welt

Brot für die Welt: Teste deinen ökologischen Fußabdruck [https://www.fussabdruck.de/].

Klimarechner WWF

WWF: WWF-Klimarechner [https://www.wwf.de/themen-projekte/klimaschutz/wwf-klimarechner].

Kinderarbeit zur Gewinnung von Edelmetallen und Edelsteinen

Aktiv gegen Kinderarbeit – Eine Kampagne von earthlink e. V.: Diamanten und Edelsteine [https://www.aktiv-gegen-kinderarbeit.de/produkt/diamanten/].

Aktiv gegen Kinderarbeit – Eine Kampagne von earthlink e. V. (2022): Gold – Kinder schuften für das Luxusgut der Industriestaaten [https://www.aktiv-gegen-kinderarbeit.de/2022/08/421861/].

II. Dämmerung – Gesellschaftskritik

Kapitelübergreifend verwendete Quellen

Euchner, Walter (Hrsg.) (1977): John Locke – Zwei Abhandlungen über die Regierung, Suhrkamp.

Festl, Michael G. (Hrsg.) (2021): Handbuch Liberalismus, J. B. Metzler.

Hobbes, Thomas (2020): Der Leviathan, Anaconda.

Mandeville, Bernard (1980): Die Bienenfabel, Suhrkamp.

Nohlen, Dieter / Schultze, Rainer-Olaf (Hrsg.) (2021): Lexikon der Politikwissenschaft. Theorien, Methoden, Begriffe. Band 1, C.H.Beck.

Nohlen, Dieter/Schultze, Rainer-Olaf (Hrsg.) (2019): Lexikon der Politikwissenschaft. Theorien, Methoden, Begriffe. Band 2, C.H.Beck.

Pistor, Katharina (2021): Der Code des Kapitals. Wie das Recht Reichtum und Ungleichheit schafft, Suhrkamp.

Recktenwald, Horst Claus (Hrsg.) (2005): Adam Smith – Der Wohlstand der Nationen. Eine Untersuchung seiner Natur und seiner Ursachen, Deutscher Taschenbuch Verlag.

Rembold, Sandra (2006): Das Bild des Menschen als Grundlage der Ordnung. Die Beiträge von Platon, Aristoteles, Thomas Hobbes, John Locke, David Hume, Adam Smith, John Stuart Mill, Walter Eucken und Friedrich August von Hayek, Inauguraldissertation zur Erlangung des Doktorgrades der Wirtschafts- und Sozialwissenschaftlichen Fakultät der Universität zu Köln: [https://kups.ub.uni-koeln.de/1971/1/DissertationSandra_Rembold.pdf].

Scheub, Ute (2017): Demokratie – Die Unvollendete, oekom.

Willemsen, Roger (2018): Wer wir waren, Fischer.

Zaoui, Pierre/Dutreix, Romain (2022): Liberalismus. Eine etwas neblige politische Galaxie, Jacoby & Stuart.

Zum Leben und Werk von Adam Smith

Friedrich-Naumann-Stiftung für die Freiheit (2023): Moral und Eigennutz – Adam Smith heute [https://www.youtube.com/watch?v=5mg-cvsObjc].

Aufklärung

Schneider, Gerd/Toyka-Seid, Christiane: Aufklärung [https://www.bpb.de/kurz-knapp/lexika/das-junge-politik-lexikon/319867/aufklaerung/].

Rosa-Luxemburg-Stiftung Gesellschaftsanalyse und politische Bildung e. V. (2004): Immanuel Kant – Was ist Aufklärung? [https://www.rosalux.de/publikation/id/2817/was-ist-aufklaerung].

Poggemann, Malin (2020): Die Aufklärung – Definition & 7 Merkmale der Epoche + Vertreter [https://www.schreiben.net/artikel/epoche-aufklaerung-4443/#more-4443].

Zu den Theorien von Thomas Hobbes, John Locke und Adam Smith

Die Presse (2015): Staatstheorie – Hobbes, Locke und Smith [https://www.diepresse.com/4716790/staatstheorie-hobbes-locke-und-smith].

Kaindlstorfer, Günter/Scherer, Katja (2023): Markt und Mensch. 300. Geburtstag von Adam Smith [https://www.deutschlandfunkkultur.de/adam-smith-marktwirtschaft-kapitalismus-unsichtbare-hand-100.html].

Landschaftsverband Westfalen-Lippe: Adam Smith und die Theorie des ökonomischen Liberalismus [https://www.lwl.org/aufbruch-in-die-moderne/LWL/Kultur/Aufbruch/themen_start/oekonomie/neue_denkweisen/adam_smith/index2_html.html].

Ökonomie-Begriff

Löffler, Verena/Müller, Christian (2022): Ökonomie [https://www.staatslexikon-online.de/Lexikon/%C3%96konomie].

Petra

ZDF (2017): Aufgedeckt – Rätsel der Geschichte. Das Geheimnis von Petra [https://www.zdf.de/dokumentation/zdfinfo-doku/aufgedeckt-raetsel-der-geschichte-das-geheimnis-von-petra-102.html].

EU-Staubsaugerverordnung

Siebert, Daniela (2014): Neue Effizienzvorgaben für Staubsauger [https://www.deutschlandfunk.de/eu-richtlinie-neue-effizienzvorgaben-fuer-staubsauger-100.html].

Berliner Mietspiegel um das Jahr 2000

Berliner MieterGemeinschaft e. V. (2015): Berliner Mietspiegeltabelle 2015 [https://www.bmgev.de/fileadmin/redaktion/MieterEcho-Bilder/374/Berliner_Mietspiegel_2015_-Tabelle.pdf].

Corona-Schnelltests

MDR (2024): Corona-Schnelltests. Welche Modelle sind zuverlässig? [https://www.mdr.de/wissen/corona-covid-neunzehn-antigen-schnelltests-fuer-zuhause-vergleich-zuverlaessigkeit-100.html#sprung0].

ARD (2022): Corona-Schnelltests. Wie sicher erkennen sie Omikron? [https://www.ndr.de/ratgeber/gesundheit/Corona-Schnelltests-Wie-sicher-erkennen-sie-Omikron,schnelltest298.html].

Anwachsen des Bundestags und der Bundesministerien

Deutschlandfunk (2024): So soll der Bundestag verkleinert werden [https://www.deutschlandfunk.de/wahlrechtsreform-wie-der-bundestag-verkleinert-werden-soll-100.html].

Anthes, Monika / Dursun, Manuela (2022): Ampel will 758 zusätzliche Beamtenstellen [https://www.tagesschau.de/investigativ/report-mainz/bundesregierung-personal-101.html].

Wortherkunft, Merkmale, Werte und Geschichte der Demokratie

Values Academy (2022): Demokratie [https://www.values-academy.de/demokratie/].

Landeszentrale für politische Bildung Baden-Württemberg (2023): Was zeichnet eine Demokratie aus? [https://www.lpb-bw.de/merkmale-demokratie].

Bruck, Anika / Landeszentrale für politische Bildung Baden-Württemberg (2023): Demokratische Werte [https://www.lpb-bw.de/demokratische-werte].

Auel, Annica / Landeszentrale für politische Bildung Baden-Württemberg (2022): Geschichte der Demokratie [https://www.lpb-bw.de/geschichte-demokratie].

Landeszentrale für politische Bildung Baden-Württemberg (2023): Was ist ein Rechtsstaat? [https://www.lpb-bw.de/rechtsstaat].

Moderne Sklaverei vor unserer Haustür

Kunze, Anne/Müller, Daniel (2023): Schattenmenschen [https://www.zeit.de/gesellschaft/2023-07/fleischindustrie-moderne-sklaverei-kriminalpodcast].

Unabhängigkeitserklärung der Vereinigten Staaten von Amerika

Alexis de Tocquevilles

Schröder, Erich Christian (1964): Politisches Wissen in der Demokratie. Zur Demokratie-Analyse Alexis de Tocquevilles [https://www.bpb.de/shop/zeitschriften/apuz/archiv/527047/politisches-wissen-in-der-demokratie-zur-demokratie-analyse-alexis-de-tocquevilles/].

Vormweg, Christoph (2005): Über die Gefährdung der Freiheit in der Demokratie [https://www.deutschlandfunkkultur.de/ueber-die-gefaehrdung-der-freiheit-in-der-demokratie-100.html].

Kreiter, Franz Michael (2010): Freiheit, Gleichheit und die Vorsehung [https://www.deutschlandfunk.de/freiheit-gleichheit-und-die-vorsehung-100.html].

Entstehung von Geld

Müller, Carolin (2022): Politische Theorie des Geldes (Lizenz CC BY-NC-ND 3.0 DE) [https://www.bpb.de/shop/zeitschriften/apuz/geldpolitik-2022/507730/politische-theorie-des-geldes/].

Deutsche Bundesbank (2017): Wie Geld entsteht [https://www.bundesbank.de/de/aufgaben/themen/wie-geld-entsteht-665288].

Hippies und 68er

NDR: 1968 – Ein Epochen-Jahr, das die Gesellschaft verändert [https://www.ndr.de/geschichte/chronologie/1968-Ein-Epochen-Jahr-die-Gesellschaft-veraendert,achtundsechziger102.html].

Bundeszentrale für politische Bildung (Hrsg.) (2008): Die 68er-Bewegung [https://www.bpb.de/themen/zeit-kulturgeschichte/68er-bewegung/].

Naturphilosophie, Naturzustand und Naturrecht

Schiemann, Gregor (2012): Naturphilosophie [http://www.naturphilosophie.org/naturphilosophie/].

Eisel, Ulrich (2012): Naturzustand [http://www.naturphilosophie.org/naturzustand/].

Eisel, Ulrich (2012): Naturrecht [http://www.naturphilosophie.org/naturrecht/].

Kanzlei Herfurtner: Naturrecht – Historische Entwicklung und aktuelle Relevanz [https://kanzlei-herfurtner.de/naturrecht/].

Individualismus und Kollektivismus

Bundeszentrale für politische Bildung (2016): Individualismus [https://www.bpb.de/kurz-knapp/lexika/lexikon-der-wirtschaft/19712/individualismus/].

Bundeszentrale für politische Bildung (2016): Kollektivismus [https://www.bpb.de/kurz-knapp/lexika/lexikon-der-wirtschaft/19795/kollektivismus/].

Zur Neuorientierung der Wirtschaftswissenschaften und des *Homo oeconomicus*

Dilk, Anja (2023): Brauchen die Wirtschaftswissenschaften eine Neuorientierung? Streitgespräch: Die Zukunft der VWL [https://goodimpact.eu/dialog/streitgespraech/brauchen-die-wirtschaftswissenschaften-eine-neuorientierung].

Monopoly-Experiment

ZDF (2018): Terra X – Verdirbt Geld wirklich den Charakter? [https://www.zdf.de/dokumentation/terra-x/lesch-und-co-verdirbt-geld-wirklich-den-charakter-100.html].

Glösel, Kathrin (2018): Das Monopoly-Experiment zeigt, dass Reichtum die Menschen unsozial und gierig macht [https://kontrast.at/das-monopoly-experiment-zeigt-dass-reichtum-die-menschen-unsozial-und-gierig-macht/].

Problematischer Zertifikatehandel

ZDF (2023): frontal – Greenwashing mit CO_2-Zertifikaten [https://www.zdf.de/politik/frontal/doku-greenwashing-maerchen-klimarettung-konzerne-zertifikate-emissionen-klimawandel-100.html].

Atombombenabwurf auf Hiroshima und Nagasaki

ZDF (2020): Spuren des Krieges – Hiroshima 1945 [https://www.zdf.de/dokumentation/zdfinfo-doku/spuren-des-krieges-hiroshima-1945-102.html].

Künstliche Intelligenz und Maschinelles Lernen

Diez, Franziska (2023): Was ist Künstliche Intelligenz und was ist Maschinelles Lernen? [https://www.itwm.fraunhofer.de/de/abteilungen/fm/aktuelles/blog/ki-maschinelles-lernen-blog.html].

Technische Hochschule Würzburg-Schweinfurt: Schwache vs. Starke KI [https://ki.thws.de/thematik/starke-vs-schwache-ki-eine-definition/].

Futurium: Mythen zur Künstlichen Intelligenz (KI) [https://futurium.de/de/technik/wirklichkeiten-verschmelzen/mythen-zur-kuenstlichen-intelligenz-ki].

Max Tegmark

Armbruster, Alexander (2017): Max Tegmark im Interview – »Die Menschheit kann erblühen wie nie zuvor« [https://www.faz.net/aktuell/wirtschaft/kuenstliche-intelligenz/physiker-max-tegmark-im-interview-ueber-kuenstliche-intelligenz-15311511.html].

Zu Max Tegmark, Meinungsblasen und Radikalisierung

Schei, Tonje Hessen (2019): iHuman [https://www.phoenix.de/sendungen/dokumentationen/ihuman-a-4545407.html].

Turing-Test

Kern, Sabine/Neumayer, Ingo (2020): Künstliche Intelligenz [https://www.planet-wissen.de/technik/computer_und_roboter/kuenstliche_intelligenz/index.html].

Zum Skandal bei den Steuerbehörden in den Niederlanden, Meinungsblasen und Radikalisierung sowie Margrethe Vestager

Arte/NDR (2022): Algorithmen – Die unberechenbare Gefahr [https://www.ardmediathek.de/video/doku-und-reportage/algorithmen-die-unberechenbare-gefahr/ndr/Y3JpZDovL25kci5kZS9wcmgwbGFuXzE5NjMxNjkwNFgnYW56ZVNlbmR1bmc].

KI bei der Schufa

Boz, Gökce (2023): So geht die SCHUFA mit KI und Diskriminierung um [https://www.schufa.de/themenportal/ki-diskriminierung/].

ZDF (2021): MAITHINK X – Künstliche Intelligenz (KI) [https://www.zdf.de/show/mai-think-x-die-show/maithink-x-folge-04-100.html].

Margrethe Vestager

Edvokimova, Oxana/Semenova, Janina/Strauß, Marina (2021): Margrethe Vestager – Gefürchtet vom Big Tech [https://www.dw.com/de/margrethe-vestager-die-schärfste-gegnerin-der-tech-riesen/a-56995790].

Funktionsweise von Synapsen

Jahn, Reinhard (2016): Wie Nervenzellen miteinander reden [https://www.mpg.de/synapse].

Kritik an IQ-Tests

ARD alpha (2019): Der IQ-Test. Völlig überschätzt oder echt wichtig? [https://www.ardalpha.de/wissen/psychologie/intelligenz-iq-test-hochbegabt-intelligenztest-100.html].

III. Hoffnung – Wege in eine hoffnungsvolle Zukunft

Tragik der Allmende

Nuss, Sabine (2010): Die Tragödie der Nutzenmaximierer [https://zeitschrift-luxemburg.de/artikel/die-tragoedie-der-nutzenmaximierer/].

John F. Kennedys Friedensrede

Deutsches Historisches Museum (2003): John F. Kennedy. II. Die Präsidentschaft [https://www.dhm.de/archiv/ausstellungen/kennedy/exhibition/209.htm].

Zur Geschichte der Hexenverfolgung

ZDF (2020): Terra X. Eine kurze Geschichte über … Die Hexenverfolgung [https://www.zdf.de/dokumentation/terra-x/eine-kurze-geschichte-ueber-die-hexenverfolgung-mit-mirko-drotschmann-100.html]

Anzahl Pkws in Berlin

Das Kraftfahrt-Bundesamt (2022): Der Fahrzeugbestand am 1. Januar 2022 [https://www.kba.de/DE/Presse/Pressemitteilungen/Fahrzeugbestand/2022/pm10_fz_bestand_pm_komplett.html].

QR-Code-Verzeichnis

Seite	Kapitel	Inhalt
25	Arbeit – alles im Leben?	Tim Bendzko – Keine Maschine
28	Loslassen, Teil 2	Silbermond – Leichtes Gepäck
72	Konkrete Veränderungstipps	Fußabdruck-Test von Brot für die Welt WWF-Klimarechner
78	Könige der Welt	Alexander Gerst (ESA) – Nachricht an meine Enkelkinder
122	Was soll das?	Herbert Grönemeyer – Mensch
132	Momente der Freiheit	Scorpions – Wind Of Change
172	Demokratiegeschichten	Berge – Dafür lasst uns streiten (Charlie Chaplins Rede an die Menschheit)
178	Alltagsrassismus	Gewinnertext 10. Bielefelder Hörsaal-slam: Zoe Hagen – Campus TV Uni Bielefeld
193	Wer wir sind	Berge – Für die Liebe
263	Berlin 2057	Berlin-TXL-Homepage
269	Thesen für eine bessere Welt	Terra X – Harald Lesch – Kann man die Natur vermessen?
276	Inspirationsquellen	Inspirationsquellen – Auf den Spuren der Freiheit
281	Quellenangaben	Quellenangaben – Auf den Spuren der Freiheit
296	Aufruf	Playlist mit Songs aus der Entstehung des Buchs und Grafiken und Symbole zur freien Verwendung
298	Wishlist for a better world	wibewo-Homepage

Eine Geschichte, die es nicht ins Buch schaffte

Die schnellste Achterbahn der Welt

So unglaublich das auch klingen mag, die schnellste Achterbahn der Welt bewegt sich tatsächlich mit circa 1 Million Kilometer pro Stunde. Noch dazu befinden sich Menschen auf ihr, die daran mehr oder weniger Freude haben. Obendrein gilt sie sogar als die sicherste Achterbahn, nicht einmal der deutsche TÜV hat daran etwas zu beanstanden. Ein solcher Ritt wird von vielen als ein wahrhaft einzigartiges Abenteuer beschrieben. Am Ende dieser Reise wünschen sich die meisten, noch ein wenig länger zu bleiben, eine Extrarunde zu drehen auf der Gondel »Mutterschiff Erde«.

Die Eintrittskarten für diesen Trip durchs Universum haben wir, die wir auf der Erde leben, sozusagen mit unserer Geburt erhalten. Ein wahrlich exklusives VIP-Ticket.

»Sind wir wirklich Auserwählte?«, könnten Sie sich gerade fragen. Oder ist es einfach unglaublich glücklicher Zufall, dass wir hier sind? Egal, wie wir es betrachten, wir sollten diese Fahrt, solange sie andauert, genießen und es unseren Nachkommen ermöglichen, eine ähnlich tolle Reise zu erleben. Wenn Sie so wollen, haben Sie die göttliche Gabe, eine solche Eintrittskarte zu verschenken, und auch die Fähigkeit, diese Reise und die Gondel auszuschmücken.

Die genaue Geschwindigkeit unserer irdischen Gondel, mit der wir sicher und bequem durchs All düsen, ist derzeit noch nicht zu ermitteln. Die Rotationsgeschwindigkeit liegt bei etwa 1.600 Kilometern pro Stunde, woraus sich unser 24-Stunden-Tag ergibt. Die Bahngeschwindigkeit um unseren Sonnenstern liegt bei etwa 100.000 Kilometern in der Stunde, worauf unser 365-Tage-Jahr basiert. Und die Umlaufgeschwindigkeit um das schwarze Loch im Zentrum unserer Galaxie liegt bei etwas unter 1 Million Stunden-

kilometern. Hinzu kommt noch die Ausbreitungsgeschwindigkeit des Universums selbst. Diese jedoch kennt nur Chuck Norris, vierter Sohn und Vater von Darth Vader, und soweit bekannt hütet er das Geheimnis wie den Augapfel seines direkt vor ihm geborenen Ururenkels.

Dass diese Geschwindigkeit sozusagen spurlos an uns vorüberzieht, hat zwei Hauptgründe. Zum einen befindet sich im Universum fast nichts, es ist sozusagen nahezu »leer«. Zum anderen ist unsere Gondel von einer Art doppelter »Schutzhülle« umgeben, dem Erdmagnetfeld und der Atmosphäre. Wenn Sie wissen wollen, wie es ohne diesen Schutz auf unserer Erde aussehen würde, reicht ein einfacher Blick auf den Mond. Die schwindelerregende Geschwindigkeit, mit der wir uns jetzt gerade, auch in diesem Moment, durch das Universum bewegen, ist jedoch nichts gegen die Wahrscheinlichkeit, dass Sie gerade dieses Buch in Ihren Händen halten können. Zu errechnen, wie viel Glück zusammenkommen musste, unter Berücksichtigung aller kosmischen Ereignisse, damit dies möglich werden konnte, ist selbst mathematisch kaum sinnvoll darstellbar. Vielleicht drückt es »Unendlich hoch Unendlich« am besten aus, ohne dass dies irgendeinen Sinn ergibt.

Wir zwei betrachten deshalb die Zeit während der Achterbahnfahrt auf der Erdengondel als etwas ganz Besonderes, welche uns zugleich mit Freude und Demut erfüllt. In unseren Gedanken und Träumen fliegen wir ab und zu sogar noch deutlich über die Grenzen unseres Sonnensystems hinaus. Wir durchstreifen das Universum von einer Galaxie zur nächsten. Dabei erkunden wir die Sternbilder, die hinter den Sternbildern liegen. Wir reisen sozusagen vom einen Ende der Welt zum anderen, und sehr gern auch von einem Multiversum zum nächsten.

Allein unsere Galaxie, die Milchstraße, besteht aus rund 250 Milliarden Sternen. Davon ist nicht jeder wie unsere Sonne, aber es sind Sterne. Galaxien wiederum gibt es allein in dem uns bekannten Universum in etwa so viele wie Reiskörner, die in das Becken eines öffentlichen Schwimmbads passen. Und nein, wir haben weder das eine noch das andere gezählt, das kann ja nur Chuck Norris. Es ist lediglich ein illustrativer Vergleich zur besseren Vorstellbarkeit der Dimensionen des Universums, in welchem wir gerade leben.

Auf unseren intergalaktischen Ausflügen begegnen wir immer mal wieder Stephen Hawking und beobachten ihn, wie er Lebensfreude im Multiversum verbreitet und seine Idee der Hawkingstrahlung verfeinert. Zu gern wären wir ihm in seiner Erdenzeit begegnet und hätten mit ihm über seine Gedanken und Erkenntnisse zum Ursprung des Lebens, zur Entstehung des Universums und zu schwarzen Löchern sinniert. Seit der Erkenntnis, dass es schwarze Löcher gibt und diese scheinbar alles, was in ihrer Nähe ist, verschlingen, fragen wir uns, was wohl im Inneren dieser gefräßigen Monster vor sich geht.

Unsere Vorstellungen dazu sind ganz einfach. Vielleicht leben wir selbst in einem solchen schwarzen Loch, es ist unser Zuhause. Auch unser Universum ist demzufolge ein solches alles verschlingendes Ungetüm. Nun können wir uns sogar vorstellen, wie es außerhalb unseres Universums aussieht. Einige schwarze Löcher beinhalten schlicht weitere Universen. Auch in diesen gelten die gleichen Gesetzmäßigkeiten von Raum und Zeit wie in unserem. Der Ereignishorizont ist dabei die Dimensionsgrenze dazwischen. Und all das, was ein Universum von außen verschlingt, ist der Antrieb beziehungsweise die Energie des darin befindlichen Universums. Unser Urknall war demzufolge der Zusammenbruch eines besonderen Sterns, aus welchem sich ein schwarzes Loch bildete, in welchem wir nun leben. Schwarze Löcher sind sozusagen Raum-Zeit-Kraftwerke der Multiversen, welche nicht nur eine Energie in eine andere umwandeln, sondern auch unser irdisches Leben ermöglichen. Vielleicht sind ja die Abgase dieser gewaltigen Kraftwerke die bis heute mythisch anmutende dunkle Energie. Alleingelassene Protonen, die in das äußere Universum »ausgestoßen« werden, welche sich durch Zufall, Raum und Zeit sammeln und sich dann zu dunkler Materie verbinden, die dann wiederum als Grundstoff für neue Sterne zur Verfügung steht.

Wenn wir nun annehmen, dass in jedem Universum eine Vielzahl schwarzer Löcher entstehen kann und auch existiert, dann liegt der Gedanke nah, dass manche sehr groß und manche sehr klein sein müssten. Wahrscheinlicher aber ist, dass alle in etwa gleich groß sind beziehungsweise werden können. Damit das besser vorstellbar ist, haben wir uns die Theorie der »unendlichen Matrjoschkas« überlegt. Matrjoschkas sind üblicherweise kunstvoll verzierte Holzpuppen, welche ineinandergestapelt werden. Jeweils eine kleinere dieser Holzpuppen steckt in einer der größeren. Meistens sind es fünf oder sieben Stück, die zum Spielen oder Bestaunen einladen. Holzpuppen scheinen zwar nicht sonderlich geeignet, um Multiversen und somit auch unseren Ursprung zu beschreiben, lassen Sie sich aber trotzdem auf dieses Beispiel ein.

Wenn wir uns das nun kurz bildlich so vorstellen, dass im Inneren aller Matrjoschkas der gleiche Raum möglich ist, dann könnten wir diese unendlich ineinanderstapeln. Dies wäre sogar mit allen jemals hergestellten Matrjoschkas möglich, und das unabhängig von der Größe ihrer äußeren Erscheinung. Sozusagen eine »Quantenmatrjoschka«, welche die Raumzeit immer in Bewegung hält.

Zu gern hätten wir solche Gedanken mit Stephen Hawking geteilt, denn er war nicht nur Wissenschaftler, sondern auch ein Mensch, dessen Geist offen stand für die Fragen hinterm Erkenntnishorizont.

Wenn Ihnen gerade ganz schwindelig geworden ist und Sie vorhaben, diese Geschichte in Ihrem Freundeskreis zu erzählen, sollten Sie sich anschließend nicht darüber wundern, wenn Sie nach der korrekten Dosierung Ihrer Medikamente gefragt werden. Öffnen Sie stattdessen Ihr Bewusstsein für die Einzigartigkeit Ihrer ganz persönlichen Reise auf der schnellsten Achterbahn der Welt.

Aufruf

Jede Veränderung beginnt bei uns selbst. Wirksam im Sinne der Menschheit werden wir jedoch erst im gemeinsamen Denken, Sprechen und Handeln. Freiheit, Wohlstand und was es bedeutet, Mensch zu sein, werden wir neu definieren müssen. Daher halten wir es für wichtig, dass wir uns erkennen, damit wir wissen: Wir sind viele. Aus diesem Grund braucht es, neben dem Einsatz für Frieden, Mensch, Gesellschaft und die Natur, verschiedene Symbole, die unsere Verbundenheit zum Ausdruck bringen.

Die nachfolgend abgebildeten Grafiken können dafür sehr gern verwendet werden.

Im Idealfall basteln Sie sich auf Basis dieser Symbole Ansteck-Pins, bedrucken Ihr T-Shirt, lassen sich ein Tattoo stechen oder basteln Ihren eigenen Brillenschmuck. Alles ist erlaubt und erwünscht. Natürlich können die Grafiken auch kombiniert und Teil Ihres Social-Media-Auftritts werden.

Daher unser Aufruf an Sie: Zeigen Sie mit Ihrer Lebensart, mit Ihrer Lebensfreude und mittels der gemeinsamen Symbolik, dass es die Menschlichkeit sowie das multikulturelle Miteinander sind, welche uns zusammenhalten und uns ausmachen. Auch sprachlich können wir mit einem Slogan unsere Zusammengehörigkeit zum Ausdruck bringen, beispielsweise mit »Guten Morgen, savelife!« oder auch »Tschüss, savelife!«. Savelife kann dabei problemlos weltweit verwendet werden und wird nahezu überall verstanden.

Alle Grafiken und Symbole, die wir in diesem Aufruf veröffentlichen, stehen allen Menschen frei zur Verfügung. Kommerzielle Verwertungen sind untersagt, eine kommerzielle Verwendung kann angefragt werden.

Wünsch dir was!

Dies ist deine **Wunschliste**,
in der du deine Ideen, Wünsche und Träume
für eine bessere Welt darstellen kannst.
Werde Teil dieses weltweit ersten und einzigartigen
Projekts von Menschen für Menschen.
Gestalte die Welt mit, in der wir und zukünftige
Generationen leben wollen.

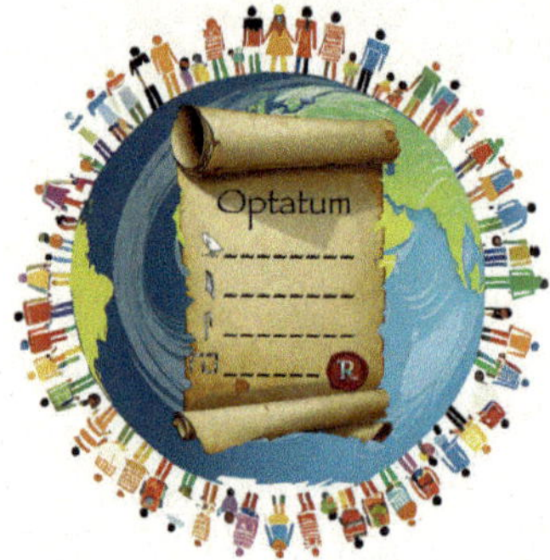

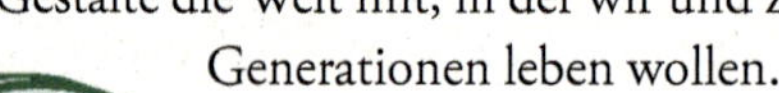

Foto

Name

Alter

Region

Ort

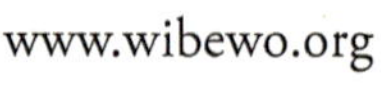

www.wibewo.org

Wishlist for a better world

Ein weiteres Projekt, an welchem wir im Sinne einer hoffnungsvollen Zukunft arbeiten, ist die »Wishlist for a better world«. Wir möchten Sie bitten, Ihre Wünsche und Ideen für eine »bessere Welt« in der nebenstehenden Liste einzutragen und sie anschließend mit uns zu teilen. Wenn Sie mögen, gern auch öffentlich über die verschiedensten Social-Media-Plattformen.

Für uns haben wir festgestellt, dass, wenn wir in Wünschen denken, sehr viel mehr davon in Erfüllung gehen als wir dachten. Wohlwissend, dass nicht alle Wünsche erfüllbar sind. Die Idee hinter dieser »Wunschliste« ist einfach. Es geht darum, es unseren Mitmenschen, allen Menschen, zu ermöglichen, ihre Wünsche für ein besseres Leben, eine bessere Gesellschaft, ein besseres Miteinander zu formulieren. Gleichzeitig geht es darum, ihnen aufzuzeigen, dass ihre Stimme und ihre Meinung etwas wert sind, dass es sich lohnt, Gedanken, Ideen, Träume und Wünsche zu äußern. Denn nur »ausgesprochene« Wünsche können auch berücksichtigt und erfüllt werden.

Weiterhin wollen wir aufzeigen, dass es Menschen gibt, die sich für diese Wünsche interessieren, dass es Menschen gibt, die diese Wünsche ernst nehmen. Sich auszudrücken, sich wahrgenommen zu fühlen, das kann Hoffnung schaffen und motivieren, sich für eine Welt einzusetzen, in der wir – alle – gern leben möchten.

Die Gestaltung ist grundsätzlich frei (Schrift, Zeichnung, Bilder, …).

Im Anschluss möchten wir die Wunschlisten Universitäten und Instituten zur Auswertung zur Verfügung stellen, damit in Zukunft Regierungen, Verwaltungen und natürlich NGOs damit arbeiten können. Somit können zukünftige Entscheidungen im Interesse der Menschen getroffen werden, anstatt über ihre Köpfe hinweg.

Danksagung

An dieser Stelle möchten wir ausdrücklich Danke sagen. Ein großes Dankeschön geht an den oekom verlag und an Herrn Herrmann dafür, dass sie uns als Erstautoren das Vertrauen schenkten, unser Buch zu veröffentlichen. Vielen Dank natürlich auch an unsere Projektmanagerin Frau Braun und an Frau Lotter, welche uns während der ganzen Zeit, insbesondere auch in schwierigen Momenten, professionell begleiteten und unterstützten. Danke für Eure Geduld, Eure wertvollen Tipps und Euren unermüdlichen Fleiß, der manchmal sogar weit über die übliche Arbeitszeit hinausging. Ein großes Dankeschön möchten wir auch unserer Lektorin Frau Denu aussprechen, die mit viel Feingefühl unseren Texten stilistisch zum Strahlen verhalf und zudem mit ihrer konstruktiven Kritik dem Inhalt einen sachlichen Feinschliff gab. Frau Kienle, unsere Korrektorin, zeigte uns Fehler auf, deren Existenz wir nicht einmal ahnten. Danke für diese sehr wertvolle Korrekturarbeit. Großer Dank gebührt natürlich auch dem Layouter, Herrn Reihs, der mit seiner Arbeit nicht nur ein kleines Kunstwerk erschaffen hat, sondern darüber hinaus auch wichtige Nuancen für Inhalt und Text einarbeitete. Einen besonderen Dank möchten wir an das ganze weitere Team vom oekom verlag aussprechen, welches im Hintergrund mit seiner Arbeit unser Buch ermöglichte.

Von ganzem Herzen möchten wir uns auch bei den zahlreichen Unterstützern unseres Crowdfundings bedanken, die damit einen großen Beitrag zur Verwirklichung dieses Buchprojekts leisteten. Ihr habt uns in den arbeitsintensiven letzten Wochen vor der Veröffentlichung so viel positive Energie und Schwung mitgegeben und unseren Glauben an dieses Projekt bestärkt. Das bedeutet uns sehr viel! Besonderer Dank gilt an dieser Stelle Gisbert Esefeld, Monique und Stefan Goymann, Johannes Hoppe, Ela und Roy Ifland,

Gisela Immler, Silke Kuiper, Sarah Reißland, Anja Rüffert, Sigrid und Eberhard Schramm und Armin Sölch.

Unser Dank gilt auch dem Team der Utopie-Konferenz, welches uns die Möglichkeit gab, unser Projekt einem breiten Publikum zu präsentieren.

Wir möchten es nicht versäumen, den Menschen zu danken, die politische Verantwortung übernehmen. Auch sie haben – bei aller Kritik, die auch wir an ihrer Arbeit äußern – dazu beigetragen, dass ein solches Buch erscheinen kann, denn das ist keine Selbstverständlichkeit.

Großer Dank gilt auch allen Menschen, die sich in ehrenamtlicher Tätigkeit für unsere Gesellschaft einsetzen. Diese Arbeit wird zu selten gesehen und wertgeschätzt, dabei ist sie ein zentraler Baustein für unser aller gesellschaftliches Zusammenleben und für Wege in eine hoffnungsvolle Zukunft.

Herzlichen Dank möchte ich (Carolin) auch meinen Kolleginnen und Kollegen aussprechen, für Euer Interesse an unserem Projekt, Eure Unterstützung und auch die Flexibilität, die Ihr mir bei spontan benötigten Urlaubstagen, vor allem in den letzten Monaten, eingeräumt habt.

Ohne, dass Roy und Sigrid mir (Nick) die ganze Zeit den Rücken frei gehalten hätten, wäre unser Buchprojekt kaum zu realisieren gewesen. Vielen, vielen Dank dafür! Danke möchte ich auch meinem Kundenkreis sagen. Durch viele konstruktive Gespräche konnte ich in wesentlichen Aspekten unseres gesellschaftlichen Zusammenlebens meine Perspektive erweitern. Vielen Dank, dass Ihr Euch die Mühe gemacht und die Zeit dafür genommen habt, diese Auseinandersetzungen zu führen.

Ein besonderer Dank geht an unsere Freunde, die uns durch ihre vielmals direkte Art geholfen haben, dass unser Lebensprojekt und auch dieses Buch die notwendigen Korrekturen erhalten konnten. Sie haben uns oftmals geerdet, was in der Auseinandersetzung mit den beschriebenen Themen sehr wichtig war. Vielen Dank dafür an Frank, Tina, Kai, Jana, eMBe, Anne, Roy, Ela, Ronny, Nicole und alle weiteren Unterstützer aus unseren Freundeskreisen. Hervorheben möchten wir an dieser Stelle Anja, Doreen und Monique, welche uns schon während des Schreibens wichtige und nützliche Hinweise gaben.

Die Entstehung dieses Buchs wäre ohne die Unterstützung unserer Familien nicht möglich gewesen. Nicht nur, dass sie uns die Flügel des Lebens verliehen, sie formten uns auch zu genau denen, die heute solch ein Projekt angehen, das den Menschen, die Natur und die Menschlichkeit in den Mittelpunkt rückt. Wir möchten Euch ganz, ganz herzlich Danke sagen, danke, dass es Euch gibt! Zu guter Letzt möchte ich (Nick) meinen Kindern Luc, Yara und Tino danken. Sie sind die größte Bereicherung in meinem Leben und lassen mich durch ihre Augen auf unsere Welt blicken. Sie ermöglichen es mir dadurch, noch besser zu verstehen, was es bedeutet, eine gute, freie und friedliche Zukunft denkbar zu machen. Vielen, vielen Dank!

Danke Euch allen, wir bleiben hoffnungsvoll!

Outtakes

»Du guckst gar nicht hin, wenn ich dich ignoriere!«

»Du solltest ans Theater gehen, weil die Leute eine Riesenfreude mit dir hätten.«

»Wir haben Auto gegen Autor getauscht.«

Beim Schreiben des Textes zu »Wachstum« schlug die Tastatur auf einmal immer vor, »Wachstum« zu schreiben, egal welche Taste wir drückten.

Wir mussten so über einen Tippfehler lachen, als Nick schrieb, die Probleme der Welt zu »brennen« statt zu »benennen«.

Beim Ringen um Formulierungen kam uns der Gedanke, dass im Sinne der Ressourcenschonung auch Wörter gespart werden müssen.

»Wenn die Evolution sich um alles kümmert, kann ich mich ja entspannen und auf die schönen Dinge konzentrieren.« (Kekse essen)

Wir haben festgestellt, dass man einen Beipackzettel für das Buch bräuchte.

»Du bist meine externe Festplatte.«

Wir dachten so viel über einzelne Wörter nach und überlegten dann, den Leserinnen und Lesern einfach eine Schachtel mit Wörtern zu geben, und sie sollen sich das Buch dann selbst zusammenbasteln, wie es ihnen gefällt.

»Ich brauche aber auch ab und zu ein bisschen Stumpfsinn.«

Kurzbiografien

© Frank Schmidt

Carolin Rüffert

Geboren 1989, ist Sozial- und Staatswissenschaftlerin sowie Diplom-Verwaltungsbetriebswirtin. Im Jahr 2020 verlagerte sie ihren Lebensmittelpunkt nach Berlin und engagiert sich dort auf vielfältige Weise in den Bereichen Nachhaltigkeit und sozial-ökologische Transformation.

Nick Schramm

© Matthias Eckert

Geboren 1974, ist IT-Unternehmer, Autodidakt und Freigeist. Er hat seine Wurzeln im grünen Herzen Deutschlands und widmet sich seit Jahren der Entwicklung zukunftsfähiger Gesellschaftsmodelle, welche die Menschlichkeit wieder in den Mittelpunkt rücken.